문화 속의 성

학민글밭 72

문화 속의 성

윤가현 지음

학민사

산업화 사회에 충분히 적응하지 못한 상태로 우리 문화권은 이미 20세기 말 정보화시대를 맞이했다. 수많은 정보를 접하면서 편리함을 누리기도 하지만, 역시 정보의 홍수 속에서 여러 가지 폐단도 경험하고 있다. 그 대표적인 예가 바로 감각적인 쾌락을 무분별하게 추구하면서 인간의 존재가치를 잃어버리고 있다는 것인데, 우리 주변에는 매일 컴퓨터 통신으로 성적 상대를 찾거나 포르노 사이트를 즐겨 찾는 성인들이나 청소년들이 부지기수다.

어느 문화권에서나 성을 감각적 쾌락추구의 수단으로 여기는 사람들도 있고, 이와 반대로 단순히 종족보존의 수단으로 여기는 사람들도 있다. 그러나 시대에 따라서 그들의 입장이 달라진다. 흔히 성을 이해하는 동시대인들의 눈이 종족보존보다도 쾌락추구에 초점이 맞추어지는 경우를 성 혁명이라고 부른다. 성 혁명은 역사적으로 수 차례 반복되고 있지만, 가장 최근의 성 혁명은 20세기 후반에 전개되었다. 굳이 시기를 따지자면, 서구 문화권은 1960년대 초반, 그리고 우리 문화권은 서구보다 거의 25년 정도 늦게 전개되고 있다.

물론 우리보다 늦게 변화를 보인, 또 아직도 변화가 없는 문화권도 있지만, 필자는 21세기 초 우리의 모습이 서구와 별다른 차이가 없을 정도로 좁아져 있음을 지난 12년 동안 대학에서 성교육을 담당하면서 느껴왔다. 빠른 변화를 추구하다보니 무질서처럼 보이는 부분이 허다했다. 이러한 상황에서 우리의 현재 모습을 지난날이나 다른 문화권의 모습과 비교해 보고자 글을 정리하게 되었다. 성이 무엇인가를 안다면 무질서 속에서도 질서가 찾아질 수 있다고 기대했기 때문이다. 원고의 일부는 1990년대 중반부터 최근에 이르기까지 각종 잡지 및 신문 등에 기고한 글을 재구성한 것들이다.

이 책에서는 이미 성 혁명이 전개되는 시점, 또 정보화 사회에서 요구되는 인간의 존재가치에 관한 세 가지 특성을 강조하였다. 첫째 과거 산업화 사회 이전에는 신체능력의 가치가 매우 높았지만, 정보화 사회에서는 그보다도 정신 능력이 더 중요하게 부각했으며, 둘째 정신 능력에서 양성간의 차가 없으므로 과거와 달리 여성의 정신 능력이 충분히 계발되어 사회에 공헌할 수 있는 환경을 가꾸어야 하며, 셋째 남녀 모두 성적인 욕구가 동일하므로 과거와 달리 남성의 성욕만을 강조해서는 안 된다는 점이다.

둘째와 셋째를 합하여 성을 바라보자는 뜻이다. 즉 과거의 성은 단순히 생물학적 차원의 성욕을 토대로 이해되었지만, 최근에는 생물학적 차원의 성욕에다가 남녀간의 인간관계를 접목시켜 이해한다는 점이다. 이러한 맥락에서 최근 우리 문화권에는 양성평등의 차원에서의 성교육이 전개되기 시작했다. 양성평등이란 자신의 성별에 상관없이 자신의 능력을 발휘할 수 있는 사회, 또 신체보다도 정신적인 능력을 중요시하는 사회를 이룬다는 뜻이다. 물론 이 책에서는 기존의 남성문화권의 냄새가 물씬 풍기는 남녀평등이라는 용어를 사용했지만, 이 책에서 사용되는 남녀평등의 개념은 양성평등의 차원에서 이해해주길 당부하고 싶다.

이 책은 인간의 성욕을 다루는 내용이 주를 이루지만, 결국 인간평등의 길을 제시하는 의도에서 전개된 것들이 대부분이다. 이 책의 출판은 이러한 의도를 헤아린 학민사와의 교섭으로 이루어졌는데, 글을 쓰는 작업이 쉽다고 여기는 사람은 거의 없다. 그렇기 때문에 내가 의도한 내용을 제대로 표현하지 못한 부분이 적지 않음을 내 스스로도 느낀다. 졸고이지만, 편집과 교정에 관심과 정성을 아끼지 않으신 학민사 김학민 사장님을 비롯하여 양기원 편집부장님께 진심으로 감사 드리는 바이다.

빛고을 용봉골에서 윤가현

문화 속의 성

차   례

변태의 세계

문화와 성

섹슈얼리지의 탄생

섹설러지(Sexology)의 탄생

인류 탄생과 함께 시작된 성의 역사는 그만큼 장구하다. 그럼에도 불구하고 성이 본격적인 연구대상으로 부각된 시기는 겨우 20세기에 들어와서다.

물론 전에도 성을 연구하는 사람들이 전혀 없지는 않았지만, 최소한 19세기 경까지는 이 분야에 대한 학문적 명칭조차 없었다.

또 이를 연구하던 서구 학자들은 대부분 의사들이었다. 그들은 이구동성으로 신체 질병이나 정신이상의 원인을 자위행위를 비롯한 과다한 성 행동으로 귀착시켰다. "인간의 본질은 남성의 정액 속에 담겨 있다"는 고대 유태교의 관점을 받아들인 해석이다.

반면 동양의 도교에서는 성을 최대한 즐기도록 가르쳤으며, 특히 건강하게 장수하기 위해서는 사춘기에 접어든 어린 여자를 품고 자면서 기(氣)를 빼앗아야 한다고 주장하기도 했다. 그렇지만 도교주의자들은 음양에 의한 설득력있는 논리를 전개하였어도 그 논리를 과학적으로 증명하지는 못했다.

근래 성을 연구하는 학문 분야를 '섹설러지(sexology)'라고 부른다. 우리는 이를 '성과학' 또는 '성학'이라고 번역한다. 그러나 학명 자체가 성행위를 연상시키는 섹스라는 단어와 관련되어 이를 수치와 외설로 연결시키는 사람들이 많다.

그런 연유로 혹자는 아무리 학문 분야가 다양화되었다고 하더라도 어떻게 섹설러지라는 학문이 존재할 수 있느냐고 반문한다. 윤리나 도덕을 내세워, 또는 신의 섭리에 위배되는 내용을 꺼려 학문의 존재 자체를 부정하는 학자들도 있다.

근래의 행동과학자들은 인간의 성 행동 양상이 달라지면 인류 역사나 사회현상들도 변한다고 믿기에 주저하지 않고 성의 연구에 종사하고 있다. 그렇지만 유감스럽게도 성에 대한 연구는 연구자의 의도대로 진행되지 않기도 한다.

연구를 해도 왜곡된 결과를 얻는 경우가 허다하다. 조사에 응하는 사람들을 비롯하여 일반인들이 성에 대한 편견을 떨쳐버리지 못한 게 주요한 원인이다.

그 편견의 특성과 그러한 편견이 도사릴 수밖에 없었던 배경을 살펴보자.

생리적 반응을 측정하는 연구를 제외한 성에 대한 연구는 대부분 설문지나 면접 방식으로 자료를 수집한다. 그렇지만 그 자료들을 대상으로 해서 밝혀진 많은 내용들은 다음과 같은 이유로 그 신뢰성에 대해서 의심하지 않을 수 없다.

첫째, 신뢰성은 표본으로 선정된 연구대상자들이 얼마나 자발적으로 조사에 응해 주는가에 달려 있다.

다른 주제의 연구들에서도 비슷하겠지만 특히 성 행동이나 태도에 관한 연구 가운데 자발성이 부족한 상태에서 얻어진 연구결과는 전체집단에 일반화시키는데 큰 영향을 미친다. 성에 관한 조사에 순순히 또 솔직히 응하는 사람들을 찾기가 매우 어렵기 때문이다.

둘째, 조사에 참여하더라도 누구나 쉽게 왜곡된 반응을 할 수 있다.

어렵게 연구에 참여하더라도 성에 대한 공공연한 표현을 일종의 금기로 여기는 사람이 많기 때문에 진실을 노출하지 않는다. 질문에 대한 답이 사회적으로 비난받을 내용이라면 아예 거짓으로 반응하게 된다.

왜 그런가? 익명으로 신분을 보장하는 상태로 조사해도 질문 자체나 응답에서 불안이나 수치심을 느끼기 때문이다.

또 개인들은 사회·문화·종교·도덕 기준에 의하여 자신의 성을 표현할 때 여러 가지 제약을 받는다. 역시 성 행동에 대해서 나름대로 타인들의 반응에 대한 기준을 설정하고 정상이나 보통의 수준이라고 생각되는 영역의 한도 내에서만 답하게 된다.

예를 들어 한 30대 초반의 남성이 "일주일에 성관계를 몇 차례 정도 경험하십니까"라는 질문을 받는다고 하자. 그는 우선 자기 나이 또래들이 주로 어느 정도라고 대답하는가를 고려하여 그 기준에 맞추어 대답하려고 애쓴다.

자신의 상황을 정확하게 계산하다 보면, 여러 가지 이유로 그 기준에 해당되지 않는 경우가 많아 그렇게 답한다. 부부관계를 가지려고 했지만, 피로하거나 갑자기 아이가 아프거나 친지가 방문하는 등등의 이유로 관계를 갖지 못했다. 그럼에도 불구하고 응답자는 부부관계를 가졌다는 것을 전제로 답한다.

또 다른 예로 남성의 외도를 묻는다고 하자. 외도를 즐기는 남성일지라도 외도란 사회적으로 바람직하지 못하다고 응답하게 된다. 사회적으로 용납되기 어려운 주제일 경우 응답자들의 태도는 자신의 실제 행동과 일치하지 않는다.

따라서 성에 대한 연구 결과는 기껏 어떤 행동 양상에 대한 일반인들의 대략적인 기준이나 개념만을 추론하고 있을 뿐이다.

셋째, 조사 대상자가 성실하게 반응하려고 애를 써도 응답이 정확하지 못한 경우가 생긴다. 이는 질문의 형태가 어떠한가에 따라 파생되는 방법론적 문제다.

구체적인 예로, 성관계 빈도를 물을 때 어떠한 단어를 사용하는가에 따라서 응답자들의 답이 다르다.

일주일에 한번 성관계를 갖는 사람이 있다고 하자. 그 사람이 스스로 자신은 성관계를 자주 가지는 편이라고 생각하고 있다면, "얼마나 자주"라는 질문과, "일주일에 몇 차례"라는 질문에 서로 답이 다를 가능성이 크다.

그밖의 문제점으로 성을 연구하는 사람들에 대한 편견이 매우 심하다는 점을 들 수 있다. 다른 분야의 학자들은 물론 일반인들까지도 성의 연구에 대한 가치나 적합성에 의문을 제기하는 경향이 있고, 또 성을 연구하는 학자들과 성이라는 연구영역간의 관계를 연관시키려는 편견을 지니고 있다.

예를 들면, 기억의 원리를 연구하는 심리학자가 자신의 기억을 증진시키기 위해 연구하고 있다고 보지 않는 반면, 동성애를 전문적으로 연구하는 학자가 있다면 사람들은 일단 그 연구자가 동성애 성향이 있기 때문에, 또는 그와 어떠한 관련이 있기 때문에 그와 같은 연구를 한다고 가정해 버린다.

섹스의 어원은 '둘로 나눈다'

　고대 그리스인들은 동시대 다른 문화권들에 비하여 매우 수준높은 문명생활을 하였다. 그리스 철학자들의 얘기를 되새겨보면, 당시 그리스인들에게는 성욕 발산이 문명생활의 일부로 이해되고 있었는지도 모른다.

　철학자의 눈에는 성욕 해소를 위하여 몸부림치는 사람들의 모습이 무척 딱하게 보였던 것같다. 또 당시의 사람들도 요즈음처럼 거만하고 교만한 속성을 지니고 살아간 것같다.

　그러한 인간의 모습이 마치 본능이라도 되는 양 하나의 신화를 만들어냈다. 플라톤의 『향연(*Symposium*)』에 소개되는 아리스토파네스의 이야기가 바로 그것이다.

　우리나라에서도 최소한 중등교육을 받은 사람이라면 누구나 영문단어 섹스(sex)를 알고 있을 것이다. 그렇지만 섹스라는 단어의 어원이 그 신화 속에 숨어있는지를 아는 사람은 그렇게 많지 않다.

　그 신화에 의하면, 인간의 조상은 신들과 함께 살고 있었다. 그뿐만 아니라 당시 사람들의 생김새는 요즈음과 달랐다. 오늘날의 남자나 여자의 모습을 하고 있기도 했지만, 남녀가 합해진 '양성체'가 존재했다.

　양성체의 겉모습을 상상해보면, 몸은 둥글고, 손발은 합해 네 쌍, 머리는 둘, 등은 함께 붙어 있었다. 반듯하게 걸을 수도 있고, 여덟

개의 손발을 이용하여 땅을 짚고 굴러다닐 수도 있고, 아주 빠르게 움직일 수도 있었다.

양성체의 신체 능력은 보통의 남자나 여자보다 훨씬 뛰어났지만, 머리가 둘이라 지적 능력도 매우 우수했다. 신들과 비교하여 별로 뒤질 바가 없다고 생각한 양성체 인간은 자존심이 강하여 신들에게 함부로 대들기도 하였다.

신들은 그들의 무례함에 화를 내기도 하고, 위협을 느끼기도 하였다. 신들의 노여움과 불만이 커지자, 결국 제3세대 신들의 총수인 제우스는 그들을 둘로 나누어버리기로 결정하게 되었다.

둘로 나누어질 경우 신체나 지적 기능이 훨씬 더 약해질 것이고, 다루기가 훨씬 쉬울 것이라고 믿고서 내린 신들의 결정이었다.

그러면서 신들이 인간에게 경고하기를, 앞으로 신들을 우습게 여기거나 무례하게 행동할 경우 몸을 또다시 반으로 나누어 한 발로 껑충껑충 뛰어다니도록 만들어 버릴 것이라고 했다.

이러한 신화는 인간의 교만함을 지적하기 위하여 만들어졌다고 생각된다.

하여간 신들의 결정으로 인하여 모든 사람들이 태어나는 순간 남녀로 구분되어 있으며, 원래 한 몸이었던 남녀는 예전처럼 하나가 되려고 서로 다른 반쪽을 찾게 되었다고 전해진다. 바로 이러한 상황에서 섹스의 어원을 찾을 수 있다.

원래 한 몸이었던 남녀가 "둘로 나뉘어져 남자와 여자로 되었다"라는 라틴어 동사형(secare)에서 유래된 영어 단어가 바로 섹스이다.

곧 섹스의 의미는 '둘로 나눈다', 또는 '남녀로 나눈다' 라는 동사형에서 출발하였다. 그러나 르네상스 시대 문란한 생활에 탐닉한 유럽인들을 바로잡기 위해 13~14세기 종교개혁 당시 라틴어 성경을 영어로 번역하는 과정에서 이미 '남녀(암수)로 갈라진 상태' 라는 명사형으로 사용되기 시작하였다.

기독교 성경 「창세기」의 '노아의 방주(Noah's Ark)' 편에 40일 동안 비가 내릴 것을 대비하여 동물의 씨가 마르지 않도록 암컷과 수컷 한 쌍씩 배 안에 가두는 대목이 나온다. 이때 암수로 나뉘어진 상태를 기술하기 위해 선택된 단어가 섹스였다.

이 시기부터 섹스의 순수한 의미는 성교나 성관계가 아니라 출생 당시 남녀 또는 암수로 구분된 상태, 즉 생물학적인 성별이었다.

그러나 섹스의 의미는 그 상태로 고정된 게 아니라 세월이 흐르면서 다른 의미로 변질되고 확장되었다.

섹스의 단순한 의미에 식상한 사람들은 언제부터인가 남녀 또는 암수의 결합과정에 의미를 돌리고 있었다. 결국 18세기에는 섹스가 종족보존을 위하여 남녀가 성행위를 하는 뜻으로 부각되었다.

그것도 부족하여 19세기에 들어와서는 종족보존과 상관없이 성적 욕구를 발산하는 행위까지 의미가 확장되었다.

무슨 단어이든 사람들이 어떻게 사용하느냐에 따라서 그 사전적 의미가 변한다. 예를 들면, '당근'이라는 말을 근래 우리 문화권에서 "당연하다"는 의미로 사용하고 있다.

물론 속어나 농담으로 그렇게 사용한다고 해도 몇 세대에 걸쳐서 그런 표현이 사라지지 않는다면 당근의 의미는 '야채'뿐만 아니라 '당연함'으로 바뀔 수 있다.

섹스의 주된 의미를 생물학적으로 구분된 성별보다도 성욕을 발산하는 행위로 이해하려고 하는 것도 수 세기 동안 속어로 사용하면서 그렇게 되었다. 고정된 틀에서 탈피하고자 하는 사람들의 심리가 작용하면서 의미가 변질되었다.

대부분의 문화권에서는 생물학적 성별에 따라서 서로 다르게 살아가야 하는 사회 분위기를 조장하였다. 자신의 의지와는 상관없이 태어나지만, 태어나는 순간 아들 또는 딸이었는가에 따라서 개인에게 적용시키는 틀이 너무 달랐다.

배우고 싶어도 여자이었기에 불가능했고, 아들에게는 전답을 팔아서라도 학자금을 마련해 주었다. 또 아들에게는 그렇지 않아도 딸에게만은 귀가시간을 엄격히 적용하였다.

이처럼 생물학적 성별에 따라서 후천적 행동기준도 다르게 설정되었다. 그 이유는 어느 사회나 남성이 여성보다 모든 면에서 우월하다고 여기었기 때문이었다.

이러한 차원에서 후천적으로도 남녀의 서로 다른 특성을 구분하고 있다. 후천적으로 구분된 성별의 특성은 영문으로 젠더(gender)라고 한다.

남성은 공격적이고 용감해야 되는 반면, 여성은 수동적이고 유순해야 된다는 구분, 또는 치마를 입는 행위는 여성에게는 적절하지만 남성에게는 그렇지 않다는 것 등이 바로 여자로 태어나면 여자다운 기준에 맞추어, 그리고 남자로 태어나면 남자답게 살아가야 한다는 후천적인 구분, 젠더인 것이다.

이러한 구분 때문에 남자가 핸드백을 들고 다니거나 색조화장을 하고 다니면 이상하게 여긴다.

동양에서는 섹스와 젠더를 모두 성(性)으로 번역한다. 마음 심(心)은 후천성을, 또 날 생(生)은 선천성을 나타내주므로 '성'은 사람이 어떻게 태어나서 어떻게 살아가는가를 의미해주는 폭넓은 뜻을 포함하고 있다.

구체적으로는 성별의 구분이나 성적인 욕망과 관련된 행동을 비롯하여 개인의 성격이나 특성, 믿음, 가치관, 태도, 의무 등도 여기에 속한다.

그 폭넓은 의미 중의 하나가 바로 모든 인류에게 공통적으로 부여된 의무, 즉 남녀간의 성적 결합에 의한 종족보존인 셈이다. 이런 차원에서 섹스를 단순히 성교행위로만 이해한다면 폭이 너무 좁은 해석이 아닐 수 없다.

먹이를 보면 발기하는 보노보 원숭이

성행위의 기능은 크게 종족보존과 재창조로 구분된다.(이 책 *52~5* 쪽 참조) 이러한 기능이 과연 사회 문화적인 요인에 의해 결정되는가, 아니면 유전적인 요인에 의해 결정되는가를 사람과 가까운 유인원들을 토대로 살펴보자.

우선 사람과 가까운 유인원으로는 침팬지와 보노보(bonobo : 학명 **Pan paniscus**)가 있다. 침팬지가 인간과 가깝다는 사실은 우리에게 잘 알려져 있지만, 보노보 원숭이에 대해서는 잘 모르는 사람이 많다.

보노보 원숭이와 인간 사이는 유전인자의 구조가 *98%* 정도 공유되고 있을 정도로 가깝다. 흔히 개와 여우 사이보다도 더 가깝다고 할 정도의 관계이다.

그런데 보노보 원숭이는 *1933*년에야 하나의 종으로 인식되었다. 그 전에는 몸집이 작기 때문에 침팬지 새끼 정도로 생각되었다. 또 이 새끼 원숭이가 건강에 좋다고 잘못 전해져 사람들에게 많이 잡아먹히기도 했으며, 지금은 거의 멸종단계에 임박해 인간의 보호를 받고 있다.

사람과 침팬지, 보노보 원숭이들은 모두 성행동의 기능이나 암수 간의 관계 및 사회행동이 서로 다르게 발달되어 있다.

침팬지는 절대적으로 수컷 중심사회를 유지하고 있는 반면, 보노보 원숭이는 암컷 중심 또는 암수의 평등사회를 유지하고 있다. 사람의 경우는 그 중간에 해당되지만, 과거에는 중간이 아니라 침팬지에

숫컷 우두머리가 먹이를 독차지하는 침팬치

더 가까운 모습이었다.

침팬지는 수컷, 그 중에서도 우두머리 수컷 중심의 생활을 한다. 눈앞에 먹이가 보일 경우 우두머리 수컷이 먹고싶은 만큼 먹은 다음 두 번째 강자가 나머지를 차지하듯이 위계질서가 꽤 강한 편이다.

침팬지들의 교미행위도 기본적으로 그런 질서 속에서 이루어진다. 암컷은 발정기가 되면 엉덩이 부위가 선홍색으로 바뀌는 등 교미를 해야할 시기임을 수컷에게 알려준다. 우두머리 수컷은 이를 놓치지 않고 교미를 시도한다.

만약 다른 수컷이 그 암컷과 교미를 시도하다가 우두머리에게 발각되면 생존의 위협을 받게 된다. 그럼에도 불구하고 우두머리가 아닌 수컷들도 우두머리의 눈을 피해서 발정기의 암컷과 교미를 시도한다.

다시 말하면, 암컷이 발정기가 되면 꼭 우두머리 수컷하고만 교미하는 것은 아니다. 일단 우두머리와 교미를 시도한 이후에도 암컷은 우두머리에게 들키지 않을 장소로 다른 수컷을 유인하여 교미를 시도한다.

무리 중에 성년이 된 수컷이 다섯 마리라고 하면, 암컷은 어떻게 해서든지 그 다섯 마리 수컷을 따로따로 유인하여 교미를 한다.

이미 수태가 되었다고 하더라도 혹시 놓친 수컷이 있으면 그를 유인하여 교미를 한다. 침팬지의 교미시간이 몇 십 초에 불과할 정도로 짧기 때문에 우두머리에게 들킬 가능성은 크지 않다.

성 행위 후 사이좋게 먹이를 나누어 먹는 보노보 원숭이

　이러한 얘기를 들으면 암컷 침팬지가 매우 문란한 성생활을 하는 것으로 생각될 수 있다. 그러나 암컷이 여러 수컷을 상대해야 하는 이유는 매우 단순하다. 자신이 낳은 새끼를 살리기 위한 전략이다.

　수컷 침팬지들은 암컷에 비해 행동이 매우 거칠다. 힘이 약한 새끼라도 눈에 거슬리면 쉽게 공격한다. 그러나 자기 새끼에게는 거친 행동을 보이지 않는다.

　암컷은 새끼가 태어나면 주변의 수컷들에게 그들의 새끼일지도 모른다는 태도를 보인다. 즉 새끼를 안전한 환경에서 키워나가기 위해 여러 마리의 수컷을 상대하는 것이다.

　이와는 대조적으로 보노보 원숭이들에게는 가까운 가족을 제외하고는 누구나 성관계의 대상이 되며, 그들의 성행위는 먹이와 관계가 깊다. 먹이가 보이면 서로 먹고싶은 욕구가 생긴다는 것을 이해할 수 있다.

　그런데 두 마리 이상의 보노보 앞에 먹이가 있다면 서로 먹고싶다는 충동 때문에 갈등이 생기게 된다. 먹이 주변에 모인 모든 보노보들은 그 갈등을 해소하기 위하여 성행위를 시도한다.

　몇 마리의 보노보가 모였든지, 또는 그들의 성별이나 연령을 구별하지 않고 성행위를 한 후에 서로 사이좋게 나누어 먹는다. 암컷끼리도 서로 생식기를 비벼댄 후에 먹이를 나누어 가지며, 수컷끼리도 마찬가지이다.

　이러한 생활을 한 탓인지 보노보 원숭이 수컷은 혼자 있을 때에도 먹이가 보이면 조건화된 반응인 발기현상이 나타난다. 새끼도 마찬가지의 반응을 보인다.

그렇기 때문에 보노보 원숭이들에게는 성행위는 갈등을 해결하기 위한 수단으로 발달한 사회생활의 한 형태라고 할 수 있다.

또 외부의 침공을 받을 때도 갈등을 피하기 위하여 보노보 원숭이들은 옆에 있는 원숭이들과 성행위를 한다.

그러다 보면 이미 공격을 받아 사망할 가능성이 높다. 결국 보노보 원숭이는 아프리카 콩고와 자이레 강가의 일부 지역에 몇천 마리 정도밖에 남아 있지 않다.

침팬지들의 교미행위는 그 목적이 종족보존인 반면, 보노보들의 성행위는 갈등을 해소하는 차원에서 이루어진다.

사람의 성행위는 종족보존과 쾌락추구 두 가지 차원에서 이루어지지만, 근래 쾌락추구의 비중이 더 크다면 보노보에 더 가까운 성 행동을 시도하고 있는 셈이다.

직립보행과 '선교사 체위'

진화론적 관점에서 인류의 조상은 네 발로 기어다니는 짐승에 불과했다.

네발짐승(animal)은 감각기관 중에서도 후각이 발달했기에 낯선 상대를 만나면 서로 자연스럽게 코를 상대방의 둔부에 갖다댄다.

생식기 부위에서 발산되는 냄새를 통해서 상대방이 자신과 동성인지 아닌지를 알 수 있다. 특히 수컷은 암컷이 종족보존을 위한 교미가 가능한 발정기인지 아닌지를 판단할 수 있다.

인류의 조상들도 다른 동물들과 마찬가지로 본능적으로 교미를 했다. 이러한 본능적 행위를 통해서 종족보존이 이루어졌다.

그러나 교미관계는 요즈음처럼 어느 때든지 가능했던 게 아니다. 암컷의 발정주기에만 나타났다. 발정주기 이외의 시기에는 수컷이 강제적으로 교미를 하려고 하더라도 암컷의 둔부에서 접촉해야 하는 성교의 위치 때문에 거의 불가능했다.

집에서 기르고 있는 개들이 노니는 모습을 상상해 보자. 수캐는 암캐의 등 위로 올라타려고 하지만, 암캐는 발정기가 아닐 경우 수캐를 뿌리친다.

곧 인류의 조상들도 수컷은 교미를 통해서 쾌감을 얻을지라도 암컷이 허락하는 그 시기에 한해서만 쾌락의 느낌이 가능했다. 그 이유는 암컷의 경우 교미관계의 자세가 어떠한 쾌락도 맛보기 어려운 위치를 취하고 있었기 때문이다.

인류의 조상도 약 4백만 년 전까지는 다른 영장류처럼 네 발로 기어다녔지만, 진화과정에서 다른 유인원들과는 달리 직립보행을 할 수 있게 되었다. 직립보행의 상태로 진화하는 과정에서 인간에게는 최소한 세 가지의 변화가 나타났다.

첫째, 걸어다니면서 일부러 냄새를 맡는 동작을 취하기 어려워지자 후각기능이 쇠퇴했다. 그 대신 시각기능이 발달하였다.

이로 인하여 멀리서도 다른 사람의 머리나 가슴, 생식기 등 체형이나 체격을 보고서 곧바로 성별을 구별할 수 있게 되었다.

둘째, 직립보행의 진화과정에서 여성의 신체에서 골반의 위치가 이동하였다. 이로 인하여 성교행위의 자세가 다양해졌고, 여성도 예전과는 달리 성관계를 통해서 가끔 기쁨을 맛보는 것도 가능해졌다.

즉 네발 짐승의 시절 여성의 둔부에서 남성이 성교를 시도하던 후미성교 자세로부터 이제는 남녀가 서로 얼굴을 마주보는 상태에서의 정면성교도 가능해지기 시작했다.

얼굴을 마주보는 상태의 성교행위도 남성이 여성의 몸 위에서 시도하는 방법을 비롯하여 여러 가지 변형된 형태가 존재한다.

서양의 선교사들이 폴리네시아 지역에 들어가 선교활동을 펼 때까지 원주민들은 네발 짐승들처럼 후미성교만을 시도하고 있었다.

흔히 그 선교사들이 서로 얼굴을 마주보면서 남성이 여성의 몸 위에서 시도하는 성교행위를 원주민들에게 전수했다고 해서 '선교사 체위(missionary position)'라고 한다. 물론 선교사들이 원주민들에게 그 체위의 이점을 전해주고 싶어서 그랬던 것은 아니었다.

사도 바울의 가르침에 따르면, 여성은 성교에서도 남성 밑에서 복종적인 자세를 취해야 한다. 또 성 어거스틴(St. Augustine)의 가르침에 의하면, 남성 상위체위 이외의 다른 체위는 모두 자연에 거슬리는 도착적인 행위에 해당된다.

선교사들은 원주인들이 시도한 후미성교를 비롯하여 다른 형태의 성교체위들을 모두 비자연적인 것으로 규정하고 뜯어말렸다. 이를 계기로 '선교사 체위'라는 용어가 생겨난 것이다.

셋째, 진화과정에서 여성이 다른 포유동물의 암컷들과 구별될 수 있는 또 다른 특이사항이 있다. 암컷 동물들은 발정기에만 주로 교미를 하지만, 직립보행의 진화과정에서 여성의 발정기는 생리주기로 바뀌었다.

이를 계기로 여성들도 특정한 시기를 가리지 않고서도 남성들과 성적인 관심을 주고받게 되었다. 이때부터 원시인들은 종족보존의 차원을 떠나서 순수한 쾌락을 위한 성적 접촉이 시도되고 있다.

인간의 성행위는 종족보존보다도 쾌락추구의 차원에 더 비중을 두면서 그 자세나 기법 등이 상상을 초월할 정도로 다양하게 발달하였다. 바로 이러한 점에서 동물들과 구별된다.

후미성교를 시도하는 동물들의 교미는 쾌락의 추구와 관계가 멀뿐만 아니라 암컷이 원하지 않을 때 이루어지기도 어렵다.

사실 포유동물 암컷들이 오르가즘을 얻는가에 대해서는 잘 알려지지 않았지만, 후미성교의 자세는 서로 친교를 확인하거나 여성이 오르가즘을 얻기에는 정면성교보다 못하다.

그러나 서로 얼굴을 마주보는 상태의 성교체위는 서로 껴안고 애무하면서 친교를 북돋울 수 있는 반면, 여성의 의사와는 상관없이 발생할 수 있다.

또한 남성상위의 성교 체위에서는 성적으로 흥분되지 않은 여성과의 강제성교는 거의 항상 가능한 반면, 성적으로 준비가 되지 않은 남성과의 강제적 성교는 거의 불가능하다.

성기를 자극하는 히스테리 치료법

현대인은 매우 복잡한 환경 속에서 살아간다. 그러다 보니 자신에게 부딪쳐야 하는 생활 장면마다 잘 적응해 나가는 것이 매우 어렵다. 생활 장면의 일부를 무시하고서 살아가야 하든지, 아니면 그 일부에서 부적응 현상을 보인다.

친구들과의 관계나 학교생활을 잘 하더라도 부모와 갈등을 가지는 사람도 있고, 직장에서나 가정에서는 원만한 생활을 했어도 결혼하고 나서부터 배우자와 갈등을 가지기도 한다.

인간관계의 일부에서 갈등을 경험하면서 이를 적절하게 소화해내지 못하면 그 후유증은 두 가지 방향으로 나타난다.

하나는 소화가 안되거나 얼굴이 붓는 등 신체질환으로 발전하는 경우이고, 다른 하나는 신체질환의 증상은 보이지 않지만 정서적인 발작이 심하게 나타나는 경우다.

이러한 후유증 모두를 히스테리라고 하는데, 경우에 따라서는 후자를 칭하기도 한다. 이러한 후유증은 남성보다도 여성에게서 더 흔하게 나타난다고 생각해서인지, 히스테리라는 명칭 자체는 여자와 관계된다.

그리스어로 자궁을 히스테러(hystera)라고 하는데, 히스테리(hysteria)란 자궁이 정상적인 위치에서 벗어나서 생긴 정서적 장애의 발작이라는 뜻이다.

　그래서 고대 그리스 히포크라테스 시대로부터 20세기 전반기까지 여성의 히스테리는 성적인 결핍이나 욕구불만에 대한 자궁의 반항이라고 표현했다.

　또 중세에는 히스테리 현상은 귀신이나 마녀의 농간 때문에 나타났다고 생각하여, 히스테리 증상을 보인 여성이 박해의 대상이 되기도 했다.

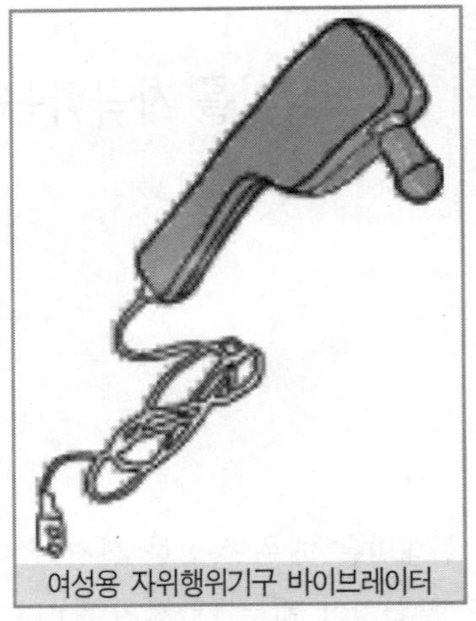

　히스테리 증상이 심한 여성이 의사를 찾으면 의사는 자궁이 제 자리를 벗어난 것이므로 성기 부위를 자극하면서 치료를 하고자 했다.

　이때 여성의 히스테리를 치료하기 위한 의료장비가 고안되었다. 바로 신체를 마사지할 수 있는 바이브레이터(vibrator)라는 기구였다.

　초창기에는 스팀(증기)의 힘을 이용하여 생식기 부위를 마사지하는 바이브레이터가 고안되었으며, 1869년에는 테일러(George Taylor)라는 사람이 전기를 이용한 마사지 기구의 특허신청을 받아 치료하게 되었다.

　또 1880년대에는 건전지를 이용하여 휴대가 가능한 마사지 기구가 개발되었고, 20세기에 들어와서는 수 십 종류의 마사지 기구들이 등장하였다.

　1950년대 킨제이의 「여성 성행동보고서」가 발표되면서 여성도 성적인 존재로 인정받는 분위기가 마련되었다. 이를 계기로 히스테리 환자들을 치료하기 위해 사용되던 마사지 기구가 다른 용도로 사용되기도 했다.

　바로 히스테리를 바라보는 입장이 바뀌었다는 뜻이다. 가정주부들이 정신적으로나 정서적으로 장애를 보이는 것은, 예를 들면 우울증

이 심하게 나타나는 것 등은 바로 성적
욕구를 방출하고 싶어하는 것과 관련된
다고 이해되었다.

다시 말하면, 히스테리가 질병으로만
국한되는 현상이 아니라 성적 욕구불만
과 관련될 수 있다는 관점이었다. 곧 바
이브레이터는 성기를 마사지하는 것이
고, 이를 사용하는 목적이 소위 히스테
리 발작처럼 보이는 바로 오르가즘을 유
도하는 것이었다.

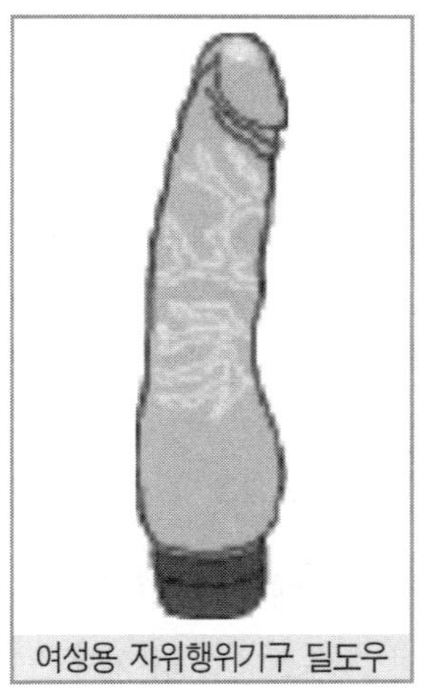

여성용 자위행위기구 딜도우

실제로 1920년대 남성들만을 위한 포르노 영화에서는 바이브레이
터로 여성이 자위행위를 하는 모습이 등장하기도 했다.

바이브레이터를 판매하는 초창기에는 '건강과 미를 강조하는 건강
보조기구'라는 광고문구가 적혀 있었다. 몸이 아픈 여성이 건강을 되
찾기 위해 마사지 기구처럼 사용해 왔지만, 이제는 자위행위 기구 또
는 성적 흥분을 불러일으키는 보조기구로 둔갑해 버렸다.

여성용 자위행위 기구는 최소한 3천년 전부터 존재했다. 이를 딜도
우(dildo)라고 부른다. 이는 '기쁨'이라는 의미를 지닌 이태리어 딜
레또(diletto)에서 유래된 속어처럼 들리지만, 실제로 16세기부터 이
런 단어가 사용되었다.

딜도우가 '과부 위로용 기구'라는 뜻으로 사용되기 시작한 시기는
19세기이며, 현재는 과부뿐만 아니라 모든 계층의 여성이 사용한다.
현대식 딜도우는 대부분 바이브레이터 기능이 장착된 채로 팔리고
있다.

근친혼 — 숨겨진 욕망

고대문화권의 건국신화들 중에서 상당수가 근친상간에 관계된다. 그리스 신화의 제우스와 헤라 및 이집트 신화의 오시리스와 이시스는 모자간이며, 또 일본 신화의 아마테라스와 스사노오는 남매간이다.

이처럼 인류의 시조를 근친상간으로 설명하는 신화들에서는 그러한 근친상간의 발생에는 전혀 사악한 마음이 없었음을 정당화하고 있다. 서구사회에서의 근친상간은 최소한 중세에 이르기까지 근친혼에 의한 종족보존의 개념이었다.

이런 차원에서 단군신화에 의한 한민족의 번성도 논리적으로 따져볼 때 근친상간의 개념에서 벗어나기 힘들다.

그럼에도 불구하고 대부분의 문화권에서는 법이나 전통, 관습 등에 의하여 근친간의 결혼을 금하고 있다.

신의 권위나 순수 혈통을 유지시키기 위하여, 또는 선민의식을 강조하기 위하여 왕족이나 귀족과 같은 계급에서는 예외가 존재했었다. 반면 평민들의 근친혼만은 엄격히 규제되었다.

고대 이집트에서는 왕위 계승에 대한 문제를 해결하기 위하여 이복 남매끼리 혼인을 시키는 경우가 있었으며, 심지어 동아프리카 수단지역의 아잔데(Azande)족 귀족은 부녀간에도 혼인을 할 수 있었다.

근친혼에 대한 욕망 때문이었는지 유럽지역에는 딸과 결혼하는 왕에 관한 설화들이 아주 많았다. 간혹 왕이 아닌 아버지도 등장하지만, 설화들의 전개는 매우 유사하다. 미모가 뛰어난 왕비, 어머니처럼 예쁜 공주, 그리고 딸을 낳은 후 나중에 아파서 죽게 되는 왕비, 죽으면서 남편에게 특정한 조건에 맞는 여인을 맞아 재혼하도록 요구한 것 등이다.

억지로 딸과 재혼하는 폭군들도 존재하지만, 왕에게는 대부분 왕비가 죽기 전에 제시한 조건을 갖춘 여성을 찾는 게 매우 어려웠다. 딸이 그 조건에 맞는 여성으로 등장하면서 왕은 알게 모르게 그녀를 왕비로 맞이한다.

설화와 같은 내용이 최근 서구사회에서 실제로 발생했다. 호주 멜버른의 40대 중반의 남성이 의붓딸과 1994년 7월 결혼한 일이다.

사실 그가 재혼했던 1979년 그녀는 10세의 소녀였다. 그러나 아내가 재혼 후 4년 정도 지나 셋째 아이를 낳고나서부터 입원생활을 하게 되었다.

이때부터 딸은 수년간 어머니의 역할을 대신했다. 그러나 이미 성숙한 딸은 아버지와 정서적으로 가까워졌고, 나중에는 아버지의 아이를 임신하였다.

병석의 어머니에게는 거짓말로 남자 친구가 생겼다고 했지만, 죄의식 때문에 나중에 사실을 고백했을 때 중병의 어머니도 어쩔 수 없었다.

그후 그녀가 새 살림을 차리게 되자 아버지는 주위 사람들의 신고로 근친상간을 범한 죄로 구속되었다. 아기를 낳고서 아내의 역할을 다하는 의붓딸의 입장을 고려하여 아버지가 석방되었을 때, 그는 곧바로 가까운 친지들을 초청하여 딸과의 결혼식을 올렸다. 이를 계기로 딸은 자신의 어머니와 인연을 끊어야 했다.

번식의 선택권은 여성이 가지고 있다

　남녀가 서로를 믿고 의지하는 친교관계로 발전하는 데에는 여러 가지 장애가 있다. 초기 데이트 단계에서는 남자는 누구나 상대를 만나면 '어디 가서 뭘 하지'로 고민한다.

　데이트를 주도하려는 남성은 상대와 보내는 시간이 멋있는 순간이기를 바라지만, 도대체 상대가 뭘 좋아하고 원하는지를 잘 모른다. 대부분의 경우 만나서 차 마시고 식사하지만, 그 다음의 스케줄이 고민이다.

　자동차가 흔해진 요즈음은 야외로 드라이브를 가기도 한다. 그러나 지난번에 갔던 장소로 다시 가는 것을 단조롭게 생각한다.

　가고 싶은 곳이 있어도 여자가 먼저 '어디 어디로 가자'고 제안하지 못한다. 그곳에서 혹시 만약의 일이 벌어질 때 본인 책임감이 커지므로 말을 꺼내기 어렵다.

　대부분 데이트 초기 단계에서는 여성의 외모가 남자의 마음에 들면 그녀의 환심을 사기 위한 남성의 노력이 시작된다. 즐거운 시간을 보내야 그녀가 나중에도 만나줄 것이라고 믿기 때문이다.

　핸드백이 어울린다고 말해보기도 하고, 좋아하지도 않는 연극을 좋아하는 척하며 연극 관람을 제의해 보기도 한다. 남자는 최소한 그녀가 싫어하지 않는 것이 무엇인지를 연구하는데 몰두한다.

　또 남자는 사랑의 편지도 열심히 보낸다. 그리고 몇 차례 데이트가 진행되면서 서로 친밀감이 들 수도 있지만, 친밀감은 데이트 빈도에 따라 함께 증가하는 게 아니다.

예를 들면, 친밀해지는 것같으면 여자는 마음에 드는 남자에게 일부러 퉁명스럽게 대하면서 약속도 어겨 본다. 그리고 이 남자가 어떻게 나오는가를 한 동안 관찰한다.

여자는 상대방 남자의 모습을 지켜보면서 과연 나에 대한 이해와 관심이 변하지 않을 사람일까, 책임감있고 인내심 강한 남자일까, 간혹 나에게도 어떤 도움을 필요로 할 정도로 나의 능력을 인정하는 사람일까 등을 탐색한다.

진화론적으로 해석할 때 종족 번식의 선택권은 여성이 가지고 있다. 여성은 아무 남성이나 모두 상대하는 것이 아니라 그래도 괜찮은 남성의 아기를 갖고 싶어한다는 뜻이다.

그래서 여자는 남자와 사귀더라도 그가 쓸만한 인물인지를 알기 위하여 실험을 하는 것이다. 여자들의 뜻하지 않는 태도에 무척 당황한 남성들은 대응 방식에 따라 몇 가지 유형으로 나누어진다.

첫째, 아예 다른 여자에게 관심을 돌리는 사람, 둘째는 그녀를 억지로라도 만나려고 갖가지 수단을 강구하는 사람, 셋째는 데이트의 기회는 또다시 주어질 것이라며 태도를 바꾸는 사람 등이다.

여자들은 일반적으로 첫째 부류의 남성을 가장 싫어한다. 그런 남성이라고 판단될 때 수치심과 배신감에 사로잡힌다. 자신도 그 남자가 상대하던 여러 여자 중의 한 사람이었을지 모른다는 생각 때문이다.

데이트에 돈이나 시간, 정신적 노력을 많이 투자한 남성일수록 둘째 부류에 속할 가능성이 높다. 집 앞에서 기다리고, 학교나 직장에까지 찾아다니면서 만나달라고 강요한다.

그러나 사람은 누군가 다가서면 물러서고 싶고, 물러서면 다가서고 싶어한다. 남녀 모두에게 반동의 심리가 있다.

예를 들면, 남자가 매일 여성에게 전화를 거는 경우 여자는 별로 흥미없다는 듯이 반응하지만, 매일 전화하던 남자가 며칠간만 전화를 하지 않으면 초조하게 기다리게 된다.

그래서 둘째 부류의 남성처럼 여성에게 더 적극적으로 다가서면 다가설수록 그녀의 마음이 멀어진다. 주변의 친구들은 아주 정열적인 관계라고 오인하지만, 실제 두 사람은 역학적으로 멀어지게 되어 있다.

일부 남성들은 '왜 남자가 군대에 가는 동안 여자가 변심하는가'에 관심을 갖는다. 이 역학관계가 바로 그 부분적 해답이다. 여자에게 무조건 '기다려야 된다', '너밖에 없다' 는 식의 강한 요청은 나로부터 멀어지라는 주문이나 마찬가지다.

그녀도 '염려하지 말라'고 대답했지만, 막상 2년 이상 기다리는 일은 그녀에게 별다른 전망이 없다.

셋째 부류의 남성은 현실적으로 자신의 입장을 정리하고 미래를 위하여 내실을 더욱 채우려는 사람이다. 여자의 태도에 남자의 피해의식이 강했다면 이를 보상받기 위해 자신을 더욱 가꾸려고 노력한다.

사실 여러 여성들이 이러한 남성을 바란다. 이제는 그 남자를 어느 정도 시험해 보았다고 생각한 여성이 먼저 연락을 취해본다. 그렇지만 어떤 남성들에게는 그녀가 변덕이 심하게만 생각된다.

또 그녀로부터 정신적인 고통을 심하게 받았다고 생각한 남성은 그녀에 대한 관심을 더 이상 보이지 않기도 한다. 그런 이유로 사실상 데이트 상대와 친교관계를 지속시키는 일은 쉽지 않다.

이제 서로 신뢰하는 만족스러운 관계로 발전했어도 데이트 관계는 또 다른 고통과 갈등이 계속된다. 데이트의 기능 중 하나는 상호 허용되는 범위 내에서 성적실험(sexual experimentation)의 기회를 제공하는 것이다.

물론 성 행동의 실험은 낯선 상대와도 이루어지지만, 대부분 친교관계가 맺어진 상대와 이루어진다. 요사이 청소년들 사이에서는 교

제하기 시작한 시점에서 일정 기간이 지나는 시일, 예를 들면 *100*일
을 기념하기 위한 키스 등 의미를 부여하는 성 행동을 하기도 한다.

그렇지만 데이트에 관한 여러 연구에서 공통적으로 지적되는 사항
은 남성이 여성과 의사소통에서의 어려움을 호소하는 일이다. 바로
성 행동에 관한 남녀의 해석 차이를 뜻한다.

한 예로 *1*년 정도 사귀던 남녀가 즐거운 분위기에 데이트를 즐기
고 있었다. 식사 후 호프집도 들리고, 또 다른 곳에 가서 술을 마시
면서 춤까지 추게 됐다.

남성은 신체를 밀착하며 함께 춤추던 그녀가 성관계에 대한 욕망
도 있을 것으로 믿고, 그녀에게 여관으로 가자고 유도하였다. 그러나
그녀는 이를 원하지 않았기에 그날 밤은 끝내 말다툼으로 끝났다.

남자는 '여자 친구를 충분히 안다', '이 정도면 괜찮겠지'라고 생
각했다. 화를 내는 그녀가 아쉬워진다. 지난번에는 키스를 했어도 괜
찮았는데, 오늘은 손목도 잡지 못하게 하는 여자 친구가 변덕쟁이처
럼 보인다.

그녀의 정체에 대해 여러 가지 의심을 하게 된다. 그렇지만 여자
는 남자 친구로부터 원하지 않는 성적 요구나 압력을 받고 오히려
그가 부담스러워지기 시작한다.

누구나 친교관계를 형성하면서 이를 확인하고 싶은 욕구를 지닌
다. 앞의 예처럼 통겨보면서 상대방의 태도를 살피기도 하지만, 육체
관계를 토대로 확인하려는 사람들도 많다. 후자의 방법에서 특히 남
녀 차가 심하다.

즉 남성은 막무가내로 육체관계를 먼저 생각하지만, 여성은 사회
적인 통념 때문에 이를 쉽게 받아들이지 않는다. 또 성관계의 해석도
여성은 이를 사랑의 확인이라고 생각하려는 반면, 남성은 이를 정복
과 소유의 확인으로 받아들이고 있다.

군에서 휴가 나온 남자 친구를 귀대시키고 헤어질 결심을 한 여성

의 고민을 들어보자. 그들은 이미 성관계를 경험한 사이였다.

그래서 남자는 입대 후 더 이상 사랑한다는 표현을 하지 않았다. 그럴 필요가 없다고 생각한 모양인지, 그녀에게 매번 '훈련이 어떻고 식사가 어떻고' 하는 내용만 적어보낸다.

그녀는 휴가 도중 함께 지냈던 밤도 그가 동물적인 성행위만을 추구하는 남자로 변했다고 느꼈다. 남자는 이미 그녀를 정복했으므로 소유한다고 믿고 단순하게 행동하였다.

결과적으로 그녀는 장래 자신의 위치가 의심스러워 이별을 결심했다고 한다.

일방적 섹스에 사랑은 식는다

　부부가 성교에서 항상 쾌감을 기대하는 것은 남녀 모두에게 무리다. 항상 쾌감을 얻는 부부는 거의 없다. 그러나 간혹 성교에서 쾌감을 얻고자 한다면 부부가 관계에 임하는 분위기가 매우 중요하다.

　유태인들의 「탈무드」에 보면, 자연스러운 분위기가 아니라면 절대 부부관계를 하지 않아야 된다고 적혀 있다. 어떤 갈등이 해소되지 않는 상태라든지, 시간적으로나 정신적인 여유가 없는 상태, 만취된 상태 등은 피해야 한다.

　또 자연스러운 분위기에서는 남성은 여성이 충분히 고조되었는가를 살펴야 하고, 여자도 남성에게 서둘러 성교를 시작하라고 요청하지 말아야 한다.

　몇 차례 지적했듯이 남성들은 여성들이 기대한 만큼 오랫동안 삽입한 상태에서 사정을 통제하지 못한다. 그래서 여성들은 자신이 쾌감을 경험하려면 성적으로 고조되기 전까지 남근 삽입을 유도하지 않아야 한다.

　성교시의 쾌감이란 개인마다 다르고, 상황마다 다르다. 몸이 가벼워지면서 붕 뜨는 기분이 들기도 하거나, 일시적으로 의식을 잃은 기분이거나, 손끝이나 몸의 평형감각을 잃거나, 하반신이 자신의 몸이 아닌 것같은 기분이거나, 하복부로부터 무언가 올라오는 느낌이거나 머리 속이 황홀해지는 느낌 등 다양하다.

과거 남존여비 사상이 팽배할 시절, 이런 느낌을 받지 못하고 살았던 여성들이 참 많았다. 요즈음의 여성들이 과거의 여인들처럼 이러한 느낌을 전혀 받지 못한다면, 남편과의 성교에 대한 의욕이 생기질 않을 것이다.

*1990*년대 중반 우리 문화권에서 부부간 성적 부조화를 이유로 이혼을 승인한 가정법원의 판결이 나와 화제가 되었다.

속사정이야 다르겠지만, 겉으로 드러난 문제는 상대방에게 의무감을 다하질 못할 정도로 성교를 드물게 가졌다는 이유가 매스컴에 보도되었다.

속인들은 아내가 주기적으로 성적인 쾌감을 얻으면 불만이 없을 것이라고 생각한다. 그러나 쾌감이란 단순히 성적인 기교에서만 얻어지는 것이 아니라 상대방을 이해하려는 자세가 가미된 부부관계에서 가능하다.

흔히 부부 중에 오랜 세월 동안 같은 상대와 성교를 가지므로 흥미가 떨어진다고 생각하는 사람이 많다. 부부간의 성행위를 재미없다고 표현하는 것은 의무로 생각하고 있거나, 상대방의 입장을 제대로 모르거나, 상대방과의 관계에 자신을 투자하는 것이 인색하기 때문이다.

상당수의 남성들은 부인의 입장을 정확히 이해하지 못한다. 어떤 여성들은 본인의 마음은 내키지 않았어도 남편의 기분을 상하지 않게 하기 위하여 성교에 응해 버리기도 한다. 또 상당수의 여자는 자신이 먼저 요구하고 싶을 때도 있지만 자존심 때문에 그렇게 하지 못한다.

서로 솔직한 대화를 주고받지 못하는 부부 사이에서는 사소한 일에도 감정과 자존심이 상하고 틈이 벌어진다. 이 경우 성생활을 한다고 하더라도 자연스러운 분위기가 아니므로 더욱 소원해질 수밖에 없을 것이다.

　곧 성생활의 질적인 면이란 성교의 빈도나 지속시간 등이 아니라 평소에 배우자를 아끼는 태도 등 자연스러운 분위기를 조장하려는 노력이다.

　결혼이란 부부간의 성적인 의무 이외에도 자녀 출산이라는 계약을 한 것으로 본다. 언제 아이를 가질 것인가를 이야기하고 피임하기도 한다.

　부부가 모두 아이를 원하지 않는다면 별 문제가 없지만, 배우자가 아이를 원하지 않으면 갈등이 생긴다. 실제로 서로 사랑하는 사이라고 하더라도 출산을 거부하여 이혼하는 서구인들을 보았다.

　자녀를 임신한 여성에게는 여러 가지 변화가 생긴다. 우선 호르몬의 변화로 인하여 입맛의 변화, 구토를 경험하고, 아이의 임신 때문에 자신의 꿈이나 기대가 달라지면 우울증에 빠지기도 한다.

　아이가 태어나도 남편의 관심이 아이에게만 쏠리는 느낌이 들면 아이를 낳아주는 기계처럼 느껴져서 더욱 서글퍼진다. 여자로 태어난 것을 후회하지 않고 꿋꿋이 살아왔지만, 그때처럼 슬프게 느낀 적이 없다고 한다.

　아이가 생기는 순간부터 양육하는 동안에도 아내를 이해하려는 남편의 노력이 수반되어야 임신이나 출산을 거부하는 일까지 번지지 않는다.

좋은 자극이 좋은 섹스를 만든다

한 심리학 연구자는 실험 참가자를 찾는 광고를 냈다. 아무 일도 하지 않으면서 돈을 벌 수 있다는 광고였다. 실험 참가자들이 몰려왔다. 그들이 해야 하는 일은 모든 감각 자극이 차단된 방에 가만히 누워 있기만 하면 되는 것이었다.

단 몸통이나 팔, 다리 등을 제대로 움직이지 못하도록 특수하게 고안된 옷을 입고 누워야 했다. 또 반투명 상태의 안경을 쓰고 있어 눈을 떠도 앞이 보이지 않았다.

역시 실험실 내부는 방음시설이 갖추어졌기 때문에 바깥의 소리가 잘 들리지 않는다. 실험 참가자들은 그 상태에서 졸리면 자도 된다. 물론 일정한 시간 간격에 따라서 식사와 화장실 사용을 위하여 그러한 자세로부터 해방시켜 준다.

그러한 자세로 오랫동안 누워 있을수록 돈을 더 많이 벌게 된다. 그런데 참가자들 중 상당수가 이틀이나 사흘째부터 그 실험에 참가하기를 거부했다.

돈을 더 벌고는 싶지만 더 이상 견딜 수 없었기 때문이었다. 사람은 누구나 감각자극을 받고 싶어한다.

자극을 받지 않고 48시간 이상 그런 상태로 버틴 참가자들은 헛소리가 들리는 등 환각 증상을 경험했다. 감각기관을 통해 일정한 시간 이상 자극을 받지 못하면 정상생활이 어려운 법이다.

　　우리가 외부세계로부터 받아
들인 모든 감각 자극은 일단 뇌
로 전달된다. 뇌 속의 신경세포
들은 외부에서 들어온 자극에
의하여 특정한 생화학 반응을
일으킨다.

　　이러한 반응을 계기로 우리는
자신의 삶을 유지해 나간다. 곧
외부로부터 유입되는 정보의 양

이 극히 제한되면 제대로 생활하기 어렵다.

　　그렇지만 외부의 감각자극을 추구하는 정도나 내용에 있어서는 사
람마다 다소 차이가 있다. 예를 들면, 어떤 사람들은 조용한 분위기
를 선호하지만, 다른 사람들은 암벽타기나 북극 탐험과 같은 스릴을
추구해야만 정상생활을 유지한다.

　　한 젊은 남성이 드라마에 나오는 두 청년의 차이점을 설명하면서
다음과 같은 질문을 했다. "왜 젊은 여성들이 드라마 속의 성실한 청
년보다도 바람기있는 청년을 더 멋있다고 하는가요"라는 좀 불만 섞
인 질문이었다.

　　이는 바로 모든 사람이 감각이나 스릴을 추구하는 동기가 조금씩
이라도 다르다는 말로 설명될 수 있다. 질문을 했던 남성이 상대한
여성들은 감각 추구의 동기가 다른 여성들보다 강했는지도 모른다.

　　눈이나 귀, 피부 등을 통해서 전달된 자극이 기분을 좋게 만들었
다면, 이는 무엇을 의미하는가? 뇌 속의 시상하부(hypothalamus)라
는 부위에서 쾌감을 담당하는 신경세포들이 반응했다는 뜻이다.

　　또 이러한 반응, 즉 쾌감과 관련된 자극의 내용들은 대뇌피질로
즉시 전달된다. 대뇌피질은 현재 입력된 자극으로부터의 정보와 과
거의 기억 등을 정리·판단하여 지령을 내보낸다. 지령이란 그 쾌감

에 대한 생리적 반응을 말한다.

성적 자극에 대한 반응도 마찬가지이다. 실제 성적 자극을 받거나 또는 좋아하는 상대와 성행위를 하는 환상 모두 대뇌피질을 활성화시킨다.

예를 들면, 후각기관을 자극한 향수 냄새가 성욕을 일으켰다면, 이 역시 대뇌피질의 반응 때문이다. 그 냄새와 성적 흥분간에 성립된 과거의 반응 내용이 대뇌피질에서 작용했다는 증거다.

또 여성이 남자로부터 꽃다발 선물을 받고 쉽게 흥분하는 것은 시각과 후각 자극에 의하여 그녀의 마음이 설레게 되었다는 증거다. 마음이 통하면 그에 따라서 신체적으로도 반응하게 된다.

남성들은 성적으로 흥분하면 발기가 된다. 생리적으로 발기 명령은 대뇌피질에서 시상하부, 척수를 거쳐 성기에 전달되면서 나타난다.

척수(spinal cord)는 척추 사이에 뼈로 보호받고 있는 신경세포의 집합체이며, 뇌와 신체 부위간 전달통로이다. 그렇지만 척수에 이상이 심하다면 몸과 마음이 일치되지 못할 수 있다.

즉 남성이 허리를 다쳤을 때 척수의 신경세포도 다쳤다면, 성적 자극을 받아서 지령을 내리더라도 그 흥분도가 성기에까지 전달되기 어렵다.

물론 생식기 부위에까지 전달되는 신경세포가 다쳤을 경우에 한정된 이야기이지만, 마음은 있어도 몸이 따라주지 못한다.

사랑의 과학

여성에게는 어떠한 감각자극이 중요한가?

아내는 남편과의 생활에서 어떠한 경우에 권태를 느끼는가를 생각해 보자.

물론 여성들에게도 시각적인 자극이 중요하다. 예를 들면, 여자에게 꽃다발을 선물하는 행위는 여성의 시각을 만족시키는 것이다. 역시 꽃다발은 향기를 뿜어 후각을 자극하기도 한다. 시각과 후각을 동시에 자극하는 멋있는 선물이다.

지구상의 남성들 중에서 러시아인들이 이러한 기교를 가장 잘 사용한다고 한다. 단 그들은 홀수개의 카네이션이나 장미를 선물했을 때 그 효과를 기대한다.

그렇지만 동서양을 막론하고 연애도사라고 자칭하는 남성들은, 연애에 성공하는 비결은 청각을 최대한으로 이용하는 것이라고 말한다.

한국을 비롯한 대다수 다른 문화권의 여성들에게는 생식기와 멀리 떨어져 있는 귀에 전달된 사랑의 속삭임이 절대적으로 중요하다. 즉 여성에게는 여러 가지 자극들 중에서 부드러운 언어적 자극이 쾌감을 불러일으키는데 가장 중요한 역할을 한다.

또 귓바퀴 아래는 수많은 모세혈관이 통과하면서 체온보다 약간 낮은 부위이기 때문에 귓불을 만져주는 것도 성적인 흥분 효과를 가져다준다고 한다. 즉 여성은 남성과는 달리 부드러움이 가미된 청각이나 촉각적인 자극을 원하고 있다.

사랑한다는 말을 해주거나 남편이 자신을 사랑하고 있다는 것을 표현해 주기를 원한다. 곧 남편이 자신을 사랑하는 것같지 않은 느낌이 들었을 때 여성은 권태를 느낀다. 그런데 남성, 특히 한국 남성들은 입이 매우 무겁다.

'남아일언 중천금'이라고 배워서 사랑이라는 말을 함부로 꺼내지 못한다. 결혼하기 전까지만 해도 그녀에게 매력을 가져다주기 위하여 사랑한다는 단어를 남발했던 남성들도 일단 결혼하면 좀처럼 목구멍 속에서 사랑이라는 단어를 꺼내질 못한다.

마음은 있으나 말로 표현하지 못하는 남성들도 술에 취하여 제 정신이 아니라면 좀 다르다. 자아를 통제하는 능력이 상실되었기 때문에 부인에게 사랑한다는 말을 아주 쉽게 한다. 그러나 술에서 깨어나면 또 다르다.

정말 어떤 남성들은 사랑한다고 이야기하는 것을 마치 금기라도 깨야 하는 것보다 더 어렵게 느끼고 살아간다.

그 이유는 남자들이 어려서부터 아프거나 슬프거나 사랑하거나 등의 감정표현을 제대로 못했기 때문이다. 무조건 아프거나 슬퍼도 잘 참고 견디어야 앞날이 밝다고 가르치는 환경 속에서 살아 왔다.

그래서 남자들은 좋아하고 사랑하는 감정까지도 제대로 표현하지 못한다. 만약 아내가 '당신, 나 사랑해?' 또는 '일하고 나하고 어느쪽이 더 중요해?'라고 단도직입적으로 물으면, '그걸 말이라고 하느냐'고 반문할 정도로 감정 표현이 어색하다.

그러나 남편이 자신을 사랑하고 있다는 것을 알고 있어도 아내는 이를 귀로 듣고 싶어하고, 감촉으로 확인하고 싶어한다. 남자들은 여성이 무엇에 민감한가를 잘 알아야 아내를 조정할 수도 있고, 또 지속적인 관심을 받을 수도 있다.

아내에게 항상 사랑한다는 감정을 전달해 줄 필요가 있다. 전혀 돈이 들지 않는 과제이다. 이를 모르는 남성들은 자신의 사랑을 전달하는 힘든 방법만을 생각하면서 살아간다. 성적으로 만족시켜야 된다는 생각이 바로 그 한 예가 된다.

남성이 성관계에서 정력이 강하다는 이야기를 듣는다는 것은 성교를 오랫동안 할 수 있다는 뜻이 아니다. 아내와 마음을 쉽게 통하게 만드는 기교를 안다는 말이다. 즉 청각이나 감각자극을 잘 이용한다는 것을 의미한다.

또 아내가 남편의 입장을 위해서 기교를 부리면 금상첨화이다.

예를 들면, 남자의 시각적 흥분을 고조시키기 위하여 여성이 야한 속옷을 입고 있다든지, 또 여자의 청각적 흥분을 위하여 가벼운 음악이 가미된 조건이라면 서로에게 도움이 될 것이다.

사랑하는 사람과의 애무에서 심리적으로나 육체적으로 흥분하게 되면 생리적으로 혈압이 급상승하게 된다. 말초신경이 발달한 사람일수록 혈액 순환이 빨리 나타나 얼굴 등이 더 쉽게 빨개진다.

혈압 상승의 결과 혈액 속의 산소의 양이 줄어들고, 이산화탄소의 양이 증가한다. 곧 숨이 거칠어지면서 호흡수가 증가한다. 또 성교에서 만족을 느끼는가의 여부는 성기의 크기나 성교의 지속시간보다도 상황을 심리적으로 지각하는 내용에 따라서 대뇌에서 분비된 화학물질의 작용이 달라진다.

사람이 스트레스를 받을 때 몸 속에서 호르몬의 변화가 일어나듯이 사랑이나 매력을 느낄 때도 역시 화학물질의 변화가 일어난다.

누구나 어떤 사람과 눈이 마주치거나 손목을 잡는 순간 가슴이 찡하고 얼굴 등의 피부가 화끈 달아오르는 것을 경험했을 것이다.

순간적으로 혈압의 상승 및 인슐린이나 아드레날린 등의 호르몬 분비와 같은 체내의 화학물질의 활동으로 인한 변화다.

학자들은 왜 타인에 대한 매력을 느끼는가를 진화, 유전, 심리적 경험, 또는 냄새 등의 자극 등으로 설명하는데, 동물들을 연구하는 학자들에 따르면 원래 상대방에게 매력을 느끼는 감각능력을 어느 정도 가지고 태어난다고 한다.

상대방에게 매력을 느낄 때 인간의 뇌 속에서는 페닐에틸라민(phenylethylamine)이나 도파민(dopamine), 노어에피네프린(norepinephrine)과 같은 천연의 암페타민류 화학물질이 만들어진다. 그 물질들이 분비되기 때문에 행복에 도취되거나 상대에게 홀린 듯한 느낌을 받게 된다.

그러나 연인과의 관계에서 그러한 물질의 영향은 2~3년 정도까지는 지속될 수 있지만, 그 이후로는 다른 물질의 영향을 받게 된다.

바로 마약의 성분과 비슷하면서도 뇌 속에서 생성되는 엔돌핀이다. 엔돌핀의 분비로 환각의 경험을 할 정도의 느낌을 얻기도 한다.

엔돌핀의 양이 많이 생성되고 있다면 두 사람이 서로 매력을 느끼는 단계를 넘어서 이미 안정이나 평안을 가져다주는 애착의 단계에 돌입했다고 말할 수 있다.

또 실제 성교 시에는 옥시토신이라는 호르몬이 분비되면서 이완된 상태에서 만족과 애착의 감정을 생성시킨다. 실제로 오르가즘에 달할 때 남성은 평상시보다 옥시토신의 분비 수준이 3배에서 5배 정도 더 높다.

여성도 그와 유사하다. 이렇듯이 뇌 속의 화학물질의 내용에 따라서 연인과의 관계의 질을 살펴보는 것이 가능하다.

성 혁명의 20세기

질풍노도의 성 혁명

지난 한 세대 동안 우리 문화권에서 성을 바라보는 눈이 꾸준히 진보적인 면으로 바뀌고 있다. 그럼 무한정 진보로만 달려갈 것인가? 그렇지 않다.

언젠가 다시 보수적 태도로 바뀌게 되지만, 그 때가 언제일지 예측하기가 쉽지 않다. 일반적으로 성욕 발산에 대한 기준은 짧게는 몇십 년, 길게는 수세기를 걸쳐서 보수에서 진보, 또는 그 반대로 변하고 있다.

종족보존만을 강조하는 시대에는 성욕 억제에 대한 반발심 때문에 진보적인 기준을 향하는 혁명이 일어나게 된다. 반면 성욕을 너무 자유분방하게 표현한 결과 사회문제가 심각하게 제기되면 기준이 보수로 회귀하게 된다.

기준이 어느 쪽으로 변하고 있는가를 혼전 성교에 대한 태도를 토대로 짐작해 보자. 요즈음 청소년들은 *10*년이나 *20*년 전의 청소년들보다 결혼 상대자가 아니더라도 혼전에 성관계를 가질 수 있다는 태도를 더 분명하게 취하고 있다.

대부분의 현대 문화권은 *20*세기 중반과 후반에 접어들면서 성 혁명의 시대를 맞이하고 있다. 역사적인 배경을 범세계적으로 살펴보면, 성 혁명은 비단 지난 반세기 동안에만 발생하고 있는 현상은 아니다.

그리스 도시국가 문화권에서는 성에 대한 태도가 지금보다도 훨씬 더 쾌락적으로 흐르는 경향을 보였다. 그러다가 기원전 *500*년 경에 태도가 회귀하여 동성애 등을 비판하게 되었다.

그후 또 다른 성 혁명의 발생은 기원전 300년 경의 그리스 시대와 서기 300년 경의 로마 시대를 대표적으로 들 수 있다.

또 중세의 유럽도 매우 문란했던 사회였다. 당시는 교황을 비롯한 고위 종교 지도자들도 보통 사람들처럼 파렴치한 생활을 즐기는 시기였다.

그러나 무질서에 가까운 생활에 염증을 느끼면서 다시 순결을 미덕으로 받아들이던 시대가 전개되기 시작했다. 요즈음 다시 성 혁명의 종말 또는 진행을 맞이하고 있는지도 모르겠다.

하여간 20세기 후반 성 혁명이 도래했다고 가정하더라고 이는 고대의 그것과는 약간 성격이 다르다. 고대의 성 혁명은 대부분 종교적인 관점에서 발생했으며, 지금보다도 더 서서히 진행되었다.

근래의 성 혁명은 매우 빠르게 진행되고 있기 때문에 행동이나 태도의 변화 속도에 적응하지 못하는 사람도 많다. 나이 든 사람들이 젊은 세대들의 성 행동 양상을 보면서 역겨워하는 게 그 예다.

여기서 우리 문화권의 모습을 잠시 살펴보자.

고구려나 고려시대의 기록을 적은 역사서나 견문기록들에 의하면, 당시의 성인 남녀들은 남녀가 함께 옷을 벗고 시냇물에서 목욕을 하였으며, 남녀의 결합이나 이별 등이 오늘날보다도 더 자유스러웠다고 한다. 또 신라나 고려시대에서는 근친 결혼과 같은 족내혼이 성행하기도 했다.

반면 조선시대는 '남녀 7세 부동석'의 교육철학 때문에 혼전까지는 외간 남자들의 얼굴을 바로 보지 않도록 가르치기도 했다.

유교의 창시자인 공자는 사실 섹스 자체를 부정적으로 보지 않았고, 또 죄의식과 연관시키지도 않았다. 그러나 그는 자신이 여자로 태어나지 않아서 다행이라고 말한 것으로 보아 여성에 대한 차별의식을 가지고 살았던 인물이다.

우리 문화권에서는 성에 관한 공자의 생각을 좀 다른 방식으로 발전시켜 왔다. 표면적으로 성을 억압하기는 했지만, 이를 거의 항상 여성에게만 적용시켰다. 여성의 성은 결혼 후, 그것도 자녀생산을 위한 차원으로 한정시켰다.

이와 같은 유교의 영향은 적어도 20세기 중반 이후까지 계속되었다. 그렇지만 20세기 중반 이후 산업화로 인한 인구의 도시집중, 정보와 통신 및 교통수단의 발달로 우리에게도 큰 변화가 생겼다.

여기에 덧붙여 의술의 발달, 평균수명의 연장 등으로 우리가 살고 있는 지구는 이미 초만원의 상태이다. 오히려 인구 억제의 문제가 등장하고 있는 실정이다.

성행동의 기본 기능 중에서 종족보존의 기능이 퇴색할 수밖에 없는 상황이 도래했다. 그 결과가 성 혁명으로 나타나고 있다.

예전의 상황에 비추어 볼 때, 한 사회 문화권에서 나타난 태도나 행동 변화의 마지막 종착역은 동성애의 인정일지도 모른다.

필자는 서구사회의 일부가 이미 그 종착역에 가까워지고 있는 상황이라고 본다. 그렇다면 머지않아 다시 보수적인 태도로 회귀할지도 모른다.

지금의 상황에 회의를 느끼게 되고, 머지않아 기독교를 근간으로 하는 문화권에서는 캘빈의 청교도적인 도덕성을 기초로 한 성 관념이 거세게 대두할 가능성이 높다는 말이다.

이미 그 움직임들이 나타나기 시작했다. 예를 들면, 사춘기에 접어들자마자 성교행위를 가지던 미국의 10대들이 1994년 7월 하순 '트루러브 웨이트(True Love Waits)'라는 모임을 갖고 결혼하는 그 날까지 순결을 지키자는 운동을 전개했다.

이러한 운동은 1990년대에 한 침례교 단체로부터 시작되었는데, 우리 문화권에서도 그 영향을 받기도 했다. 그렇지만 그러한 순결운동이 한편에서는 비판을 심하게 받고 있다.

바로 여성의 순결을 강조하던 과거의 모습으로 회귀될 가능성이 크다고 보기 때문이다. 사실상 성에 대한 태도가 진보적으로 유지되는 시기에서는 남녀간의 성욕 표출에 대한 기준이 크게 다르지 않지만, 보수적인 시기에는 남녀간에 적용되는 기준이 너무도 다르다.

당분간 성 혁명이 지속될 것이라는 또 다른 면을 에이즈(AIDS)의 도래에서도 찾아볼 수 있다. 혹자는 사람들이 성욕을 무분별하게 발산했기에 그런 재앙이 생겼다고 믿으면서 성 혁명의 종말이 왔다고 주장하였다.

현대인들은 과학자들의 노력을 믿는다. 수그러진 성욕을 살려주는 '비아그라(Viagra)'와 같은 약물도 개발되고 있는데, AIDS 퇴치에 효과가 높은 약물쯤이야 시간문제라고 생각해 버린다.

그래서 성 혁명을 보다 정확하게 이해할 필요가 있다. 성 혁명이 진행된다고 해도 욕망을 추구하기 위한 어떠한 행동도 용납된다는 말은 아니다.

인간이 언제나 무한정으로 욕망을 발산했다면 인류의 문명사회는 존재하지 못했다. 어느 시대, 어느 사회에서나 그 욕망을 적절하게 규제하려는 움직임이 있었기 때문에 오늘날 우리는 문화를 창조하고 있다.

섹스는 창조의 원천

근자에야 성에 대한 정보가 범람하면서 이를 어느 정도 자유스럽게 얘기할 수 있지만, 20세기 초반까지만 해도 성을 언급할 때 대단한 용기가 필요했다.

여기에서 1920년대 후반 미국 중서부 지역 소재의 어느 유명한 대학에서 발생했던 사례를 하나 소개하겠다.

공공연한 장소에서 성에 대한 언급이 거의 금기되던 시절 두 명의 교수가 대학생들을 상대로 다음의 두 가지 질문을 했다.

하나는 "결혼전 남녀의 성교행위를 어떻게 생각하는가"였고, 다른 하나는 "배우자가 아닌 다른 이성과 성관계를 가지는 기혼자를 어떻게 생각하는가"였다.

이 연구는 학생들에게 익명으로 질문에 대한 태도를 측정하는 설문지 조사에 불과했다. 그런데 두 교수의 연구 시도는 당시 매우 심각한 결과를 초래했다.

연구 주제가 '깨끗하지 못하다'고 여겨지는 '성'과 관련되었기 때문이었다. 이로 인하여 신성한 상아탑을 모독했다는 여론이 거세게 형성되어 버렸다.

결국 그들은 대학으로부터 징계를 받게 되었다. 한 교수는 일정 기간 동안 자격정지를 당했고, 다른 한 교수는 파면되었다.

20세기 후반의 상황은 서양뿐만 아니라 우리나라도 많이 달라졌다.

초·중·고등학교에서 성교육의 바람이 불기 시작했고, 몇몇 대학에서는 이미 실시되고 있다.

필자도 대학생을 상대로 성에 관련된 심리학 강좌를 *1990*년부터 매년 열고 있다. 처음에는 전공과목으로 강좌를 열었지만, 교과과정이 개편되기 전 몇 년 동안 '심리학 특강'이라는 제목으로 강의를 했다.

무슨 내용인지도 모르고 시간표에 맞는 과목을 고르다가 수강신청을 했던 학생들에게서 무척 흥미로운 남녀 차이가 나타났다.

일부 남학생들은 "세상에 이런 강의라면 학점과 상관없이 꼭 들어야 할 과목이 아니겠는가"하면서 자신의 수강신청 사실을 흐뭇해했다.

반면 일부 여학생들은 "성에 관련된 과목인 줄 몰랐는데, 아무래도 수강신청을 잘못한 것같다"고 하면서 수강신청을 취소하기도 했다.

남학생과 달리 여학생들은 혹시 나중에라도 누가 "무슨 과목을 수강하고 있는가"를 물었을 때, 대답하기도 곤란할 뿐만 아니라 아마 자신이 '끼있는 여자'로 취급당할지도 모른다고 우려했기 때문이었을 것이다.

그러나 불과 몇 년 후 상황이 달라졌다. 상당수의 학생들이 성에 관해서 알아야 할 필요가 있다고 느끼고 수강신청을 하며, 또 수강생의 수는 남학생들보다 여학생들이 더 많아졌다.

또 대중을 상대로 성에 관련된 강연을 할 때 필자는 청중들이 쑥스러워하는 것을 무마시키려고 "지난번의 섹스는 어떠셨습니까"라는 말로 서두를 꺼낼 때도 있다. 그러면 "좋았습니다!"라고 서슴없이 답하는 사람도 생겨났다.

성에 관련된 이야기를 예전보다 거리낌없이 주고받을 수 있는 요즈음, 왜 사람들이 성관계를 추구하는가, 그 다양한 이유를 먼저 알아야 현재와 과거의 상황을 이해할 수 있다.

사람들은 사랑이나 친교의 확인, 재화의 획득, 원만한 결혼생활의 지속, 화해의 추구, 갈등의 해소, 쾌락의 추구, *2*세의 출산 등의 이유로 성관계를 추구한다. 또 성행위를 하는 이유를 사랑이나 관심을 얻기 위해서, 화가 나서, 습관이 되어서 등으로 답하는 사람들도 있다.

그 다양한 기능들은 크게 이분되는데, 두 가지 모두 창조(creation)의 개념과 관련된다. 쉽게 말하면 하나는 종족보존이고, 다른 하나는 쾌락의 추구이다.

우선 종족보존(procreation)의 기능을 살펴보자. 후세를 생산한다는 일은 인류의 영속과 관계가 깊은 인간의 가장 공통적이고, 가장 기본적이며, 또 가장 중요한 의무에 해당된다.

대부분의 문화권에서 종족보존의 기준에 따른 성행위는 결혼제도 이내에서 시도되는 것만을 용납한다. 그것도 쾌락을 추구하는 차원이라면 옳지 않다고 본다. 그렇기 때문에 종족보존의 기능이 없는 아동들이나 노인들의 성욕 표출은 모두 부정되며, 자녀생산과 상관없는 성행위는 물론 환상이나 욕망 등도 죄악시된다.

쾌락추구의 기능을 보자. 이를 보다 정확하게 표현하면 재창조(recreation)라고 한다. 성교행위를 통해 욕구불만과 긴장, 스트레스를 해소하여 생활의 원동력인 에너지를 재충전시키기 때문이다. 이러한 의미를 정확히 알면, 단순히 오락이나 쾌락의 추구와는 차원이 다름을 알 수 있다.

성교의 행위는 위의 두 가지 기능을 동시에 충족시키기도 하지만, 어느 시대에서나 사람들은 그들 중 하나에 더 큰 비중을 두고 살아간다. 또 성행동의 정상 범주는 종족보존과 재창조 중에서 어디에 비중을 두고 있는가에 따라서 결정된다.

일반적으로 종족보존의 비중이 높아지면 보수 또는 전통, 이와 반대로 재창조나 쾌락추구의 비중이 높아지면 진보 또는 자유주의적 태도로 변하고 있다고 표현한다.

이러한 변화를 흔히 정치적 용어를 차용하여 성 혁명(sexual revolution)이라고 표현하는데, 그 중에서도 특히 후자와 같이 보수에서 진보적 기준으로 변하는 현상을 혁명이라고 한다.

물론 변화속도는 정치적인 혁명과는 달리 급격히 이루어지지는 않고 있다. 그렇기 때문에 일부 학자들은 '혁명'의 표현보다는 영문의 첫 철자인 r을 떼어내고 '진화(evolution)'라는 단어를 쓰기도 한다.

진보적인 입장에서는 나이나 성별 등과 관계없이 모든 인간을 성적인 존재로 여기며, 성의 개념도 종족보존에서 벗어난 행동까지 포함시킨다. 누구든지 성욕의 표현과 관련된 생각이나 환상, 감정 등을 지닐 수 있음을 인정하되, 행동의 표현은 각 사회 문화권에 따라 적절하게 통제되면 무난하다는 관점이다.

그러나 문제는 바로 여기서 비롯된다. 각 사회 문화권이나 지역마다 행동기준이 동일하지 않고, 또 동일한 문화권이라 하더라도 성에 관한 태도는 시대에 따라 변하고 있다는 점이다.

과거에 비해 쾌락 추구의 기능이 더 중요시되는, 즉 보수적 태도에서 진보적 태도로 전환돼가고 있는 경우가 많지만 그 반대의 경우도 흔하다.

그렇다면 성에 관한 우리 사회 일반의 태도는 어떤가?

우리 사회는 *1970*년대보다 *1990*년대가 더 진보적인 입장을 보이며, *1990*년대보다도 현재의 태도가 훨씬 더 진보적이다. 우리는 성 혁명이 진행되는 과정에 살아가고 있다.

중년세대가 지닌 기준이 요즈음 청소년의 기준과 다르다. 부모의 기준에서 자녀의 행동이 정상에서 벗어났지만, 자녀의 기준에서는 지극히 정상이다.

분명한 사실 하나는 *20*세기 중반 이래 우리나라를 비롯한 대부분의 문화권에서 성에 관한 태도는 더욱 개방적이고 진보적인 차원으로 바뀌어 가고 있는 것이다.

피임약의 개발과 성의 개방

여성의 몸에서 분비되고 있는 에스트로겐(estrogen)은 주로 난소 내부에 있는 난자를 성숙시켜 배출시키는 기능을 하는 반면 프로게스테론(progesterone)은 배출된 난자가 수정란이 되어 살아갈 수 있는 환경을 조성하는 역할을 한다.

이러한 호르몬 분비의 수준 및 시기 등의 제반 사항을 두뇌가 조정하지만, 그 중에서도 시상하부에 있는 신경세포들이 그 일을 적극적으로 맡고 있다.

1940년대 초 일부 학자들은 아이를 낳고 수유를 하고 있는 동안 배란이 억제된다는 점에서 이를 역으로 이용하면 피임방법을 개발할 수 있을 것이라고 생각했다.

지속적인 관심을 가진 끝에 1950년대 중반 그들은 그 두 가지 호르몬 수준을 인위적으로 조절하는 경구피임약 개발에 성공했으며, 이는 1960년대부터 보급되었다.

여성이 피임약을 복용하면 두뇌는 마치 자기가 명령하여 그러한 호르몬을 분비하는 것으로 착각하게 된다. 결국 뇌는 에스트로겐 분비명령을 내리지 않으므로 배란이 억제되면서 피임효과가 생긴다.

물론 뇌의 명령에 의해 정상적으로 분비되는 호르몬의 양은 매일 조금씩 다르므로 경구피임약도 이를 기초로 만들어졌다. 그러므로 여성은 번거롭지만 자신의 생리주기에 따라서 정확한 날에 복용해야

노어플랜드 / 성냥개비 크기의 캡슐 6개를 눈에 잘 띄지 않는 피부 아래에 심는다.

부작용이 적고 피임 효과도 생긴다.

그러나 경구피임약이 보급되던 초창기에는 복용 규칙을 제대로 따르던 일부 여성들에게서도 부작용이 매우 심하게 보고되었다.

이를 계기로 사용이 보다 간편하고 부작용이 더 적은 피임법의 개발에 박차를 가한 결과 근래에는 노어플랜트(Norplant)가 탄생하였다. 이는 기존의 경구피임약과는 달리 프로게스테론 성분만 들어 있으므로 에스트로겐 성분으로 인한 부작용이 없다.

또 프로게스테론 수준 때문에 두뇌는 이미 수정란이 발생한 상황으로 오인하면서 피임의 효과가 나타난다. 여성의 팔 위쪽에 인공 호르몬이 들어있는 작은 캡슐 6개를 부채꼴 모양으로 삽입하면 거의 5년 정도 피임효과가 매우 높게 나타난다.

노어플랜트 개발을 위한 연구는 1966년 착수되었고, 1968년 칠레를 필두로 제3세계 국가 여성들이 수년간 임상실험 상대였다. 나중에는 선진국 여성들까지 임상실험에 포함되었고, 그 결과를 토대로 세계보건기구에서 1985년 효과적인 피임기구라는 인정을 받았다.

이때부터 1990년대 초반까지 동서양의 수 십여 국가에서 사용을 승인하게 되었다. 미국도 46개국의 50만 명 이상의 여성들을 상대로 20년 이상 실시된 임상실험의 결과를 검토하고서 1991년 2월 사용을 승

인하였고, *1960*년대 이후 의학발전이 가져다준 최대의 혁신이라고 칭
송하였다.

그러나 이도 역시 경구피임약처럼 곧바로 부작용들이 매우 심각하
게 보고되면서 수 만 명의 여성들이 *5*년 동안 걱정없다는 말에 속았
다면서 제약회사를 상대로 소송을 제기했는데, 그 소송은 아직도 끝
나지 않고 있다.

과학의 발전만을 맹신하고 성욕의 표출을 시도하는 현대인들에게
자신의 성 행동에 대한 책임을 망각하지 않는 자세가 절대적으로 요
구되는 바이다.

데이트의 투자 심리

대학 2학년 남학생에게 미팅에 관하여 질문하자, "1학년 초 두 번 해보고 나서 그 뒤로는 하지 않았다. 지금도 가끔 하는 친구들은 그냥 재미삼아서 하는 것같다"라고 답했다.

"재미가 무엇이냐"고 되묻자 "외모가 괜찮은 파트너를 만나는 것이다. 미팅에서 만난 사람과의 관계는 오래 가지 못하니 돈이 아깝다"고 했다.

그의 말대로 신입생이 아닌 경우 시간이 많거나 별로 할 일이 없는 사람이나 하는 게 미팅이다. 1970년대까지만 하더라도 학창시절 남녀가 공식적으로 만날 수 있는 기회는 거의 대부분 미팅에 의해 주어졌지만, 1990년대 이후 미팅은 중·고등학생 또는 초등학생들이 하는 유치한 절차로 여기는 대학생들이 부쩍 늘었다.

그렇다. 대학생들은 신입생 상태를 벗어나면 미팅에 적극적으로 참여하기를 꺼린다. 어색하기 때문이다. 그들은 누군가 양쪽을 만나게 해주는 소개팅을 더 즐긴다. 이런 소개팅의 비율은 고학년으로 갈수록 높아진다.

한 남학생은 "소개팅에서 만나도 서로 마음에 드는 경우가 별로 없다. 미팅이나 소개팅으로 이루어진 관계는 반 년 이상 지속되지 않는 게 대부분이다"고 말한다.

대학생이든 사회로 진출한 사람이든 남성들은 외모가 괜찮은 사람을 소개받았을 때만 재미있는 데이트로 생각한다. 그렇기에 회사에 외모가 그럴듯한 여직원이 입사했다면 은근히 동료 남성들과의 경쟁심이 생기게 된다.

요즈음 젊은이들 사이의 이성교제는 오랫동안 지속되지 못하는 편이다. 그 이유는 무엇인가? 바로 남녀간의 교제 신청은 전통적으로 남자에 의해서 이루어져 왔기 때문이다.

미팅이나 소개팅은 남자가 적극적으로 상대를 원해서 이루어진 만남이 아니다. 남학생의 말대로 재미있는 상대를 만난다면 어떨지 모르지만, 그렇지 않을 경우 그저 시간낭비에 불과하다고 느낀다.

남성들은 데이트 신청부터 여성이 두 사람의 관계를 주도하려는 걸 무척 싫어하고 두려워한다. 마음에 드는 남성에게 적극적으로 접근하여 만나줄 것을 요구하는 여성의 비율이 예전보다 높아지고 있지만 이를 받아주는 남성은 그리 많지 않다.

여자가 남자를 좋아해서 먼저 좇아 다니면 연애가 이루어지기 어렵다. 그 이유는 남자가 여자를 열심히 좇아 다니면서 이루어진 만남이어야 정열적인 연애라고 믿고 있기 때문이다.

또 남성은 자신이 여성의 요구에 응해주면 스스로 선택해야 할 권한이 이제는 사라졌다고 생각하기 때문이다. 이렇게 남성은 어떠한 방법으로든 데이트 신청에서부터 주도하고 싶어하므로, 마음에 드는 상대가 생기면 기회를 잡아 접근한다.

젊은 남녀의 데이트 주도권은 경비를 부담하는 것과 관계가 깊다. 남녀 모두 데이트 도중 누가 경비를 지불할 것인가의 문제로 고민한다. 흔히 처음 몇 번은 남자가 지불한다. 서로를 확실히 모르는 남녀 사이에서는 여자가 경비를 지불할 경우, 그녀는 물론 남자도 이를 어색하게 받아들인다.

남자는 자신을 얕잡아보는 것같아 자존심이 상할 수 있는 반면, 여자는 돈을 내고 싶어도 남자의 자존심을 건드릴지 모르기 때문에 먼저 나서질 못한다.

결국 어떤 여성들은 친구나 선배의 주선으로 미팅이나 소개팅에 나간다. 별다른 기대를 하지 않고 미팅에 나가므로 '심심한데 가서 얻어먹고 오자'는 식이다. 그러한 마음가짐이기에 아예 처음부터 돈 낼 생각을 하지 않는다.

데이트를 경험한 젊은 여성에게 지난번 데이트 당시 돈이 얼마 들었는가를 물으면, "저는 안 들었는데요"라는 게 일반적인 답이다. 간혹 차 마시고, 식사하고, 맥주 마시는 동안 미안한 마음에서 한 번 정도 내주는 것에 불과하다.

몇 년 전 소개팅을 다녀온 한 여대생이 친구에게 "오늘처럼 일진이 좋지 않은 날이 없다"고 투덜댔다. 이유가 뭔가를 물어보니, "글쎄 파트너가 지갑을 집에 놓고 왔다고 하면서도 넉살좋게 여기저기 다니자고 해서 시간을 보냈는데, 생각해보니 별 볼일 없는 상대에게 돈을 너무 많이 써버렸다"는 답을 했다.

반대로 남성이 큰돈을 지불했다면 그건 당연한 거라고 생각했을지 모른다.

남자들은, 특히 평소에 용돈을 무척 아껴 쓰는 남학생은, 데이트를 주도해 나가다 보니 1회의 데이트에서 지출한 비용이 자신의 생활비 중 큰 비중을 차지한다.

전체 용돈에서 차지하는 비중이 크다고 판단한 남성일수록 상대방 여성에게 집착하는 경향이 더 강해진다. 그녀에게서 매력을 찾지 못했더라도 투자한 만큼 그 '대가'를 기대하고 있기 때문이다.

첫 만남에서 여자의 외모를 보고 거액을 투자한 남성들은 당연히 '애프터'를 신청한다. 데이트 상대가 마음에 들지 않아도 돈을 투자한 남성은 애프터를 신청한다.

두 번째 만남에서까지도 거금을 투자한 남성은 돈이 더욱 아까워 대가를 기대하는 욕구가 더욱 커진다. 바로 소유욕이 생기게 된다.

그녀를 마음대로 할 수 있어야 된다고 믿어 버린다. 마음에 들지 않는 여자에게 거금을 투자했던 남성일수록 여자를 끌어안으려 하거나 키스를 하려고 시도한다. 그 남성의 최종목표는 바로 육체관계이다.

애프터 신청을 받은 그녀는 한 번 정도는 응해주지만, 그후에는 다른 약속을 핑계로 만나려고 하지 않는다.

남자는 그녀를 몇 번 만났어도 자신의 생각대로 되지 않으면 실망한다. 이때 여성이 더 이상 집적거리지 말아달라고 요구한다면 남성은 피해의식에 사로잡힌다.

또 여자가 살고 있는 집 앞에까지 찾아와 만나주기를 요구하기도 했던 그런 남성들의 대다수는 육체관계라는 목표가 달성된다면 그녀를 더 이상 거들떠볼 필요가 없다고 생각한다.

앞에서 예를 든 여대생처럼 데이트에서 경비를 자신이 모두 부담했더라도, 여자는 남자에게 먼저 애프터를 신청하지 않는다. 한 마디로 기분 나쁜 상대이기 때문이다. 남자에 대한 소유욕도 생기지 않는다.

그 경우에도 남자가 미안해서 먼저 애프터를 신청할 수 있지만, 여학생은 남자에게 더 이상 기대하지 않으므로 '됐어요!' 하는 정도로 끝내 버리기 십상이다.

평등을 부르짖는 사람들은 데이트 경비를 함께 부담하자고 주장하지만, 현실은 이와 다르다. 처음부터 자기 몫은 자기가 부담하자는 주장이 달갑지 않게 보인다.

이를 제의한 여성은 계산적이고 이기적이고 상대하기 어려운 사람으로, 또 남성은 빡빡하고 인정이 없는 상대로 보이기 쉽다.

남성은 특히 그런 여성이 나중에 자신이 싫어지면 곧바로 그만 만나자고 할 사람처럼 불안하게 느껴진다. 그렇기에 남녀 대부분은 남자가 경비를 지출해야 편안하게 생각한다.

연습해 보고 하는 결혼

　인간이 동물에 속하면서도 스스로 다른 동물과 구별된다고 자부하는 이유는 무엇인가? 진화과정에서 뇌 신경세포의 수가 증가하면서 여타 동물들에 비해 생각하는 기능이 뛰어나게 발달했기 때문이다.

　사람은 자신이 지니고 있는 욕망을 어느 정도 절제해야 인간다운 삶을 추구할 수 있다는 걸 아는 동물이다.

　인류의 조상들은 무분별하게 쾌락을 추구하다 보면, 집단 구성원들간의 부조화가 발생함을 알게 되었다. 욕망의 추구를 적절히 조절하는 것을 양심이라고 표현하며, 양심에 비추어 욕망의 충족이 지나쳤을 때에는 수치심이 생긴다.

　이 수치심이 없었다면 인류 문명은 창조되지 않았을지도 모른다.

　거의 모든 시대나 문화권에서 사람들이 배고파 죽지 않을 정도의 상태에서는 성욕이 가장 중요한 욕구로 등장한다. 그 성욕을 적절히 해소하고 통제시키기 위한 방안의 하나로 결혼제도가 탄생했다.

　결혼계약의 테두리 내에서 허용된 성생활을 통하여 종족보존이나 쾌락의 추구, 사랑의 확인 등이 가능하다고 믿었기 때문이다. 만약 집단의 구성원이 그 계약을 위반했을 경우에는 죄의식을 느끼게 되었다.

　여러 가지 결혼형태 중 일부일처제는 기원전 1세기 로마시대에 법적으로 제도화되었다. 물론 일부일처제라고 하더라도 한쪽이 정당한 이유없이 성관계를 거부하거나 성 불구자로 판명될 경우 결혼관계가 해소될 수 있었다.

그렇지만 정상적인 배우자와 함께 살고 있더라도 대다수 사람들은 자신들의 욕구충족을 일부일처제라는 결혼제도 틀 속에 제한하는 것에 불만을 가지게 되었다.

그 불만의 정도에 따라서 사람들의 태도나 행동이 조금씩 달라진다. 제한의 굴레를 벗어나고 싶은 욕망이 커지면서 행동 또한 실제로 자유스러워진다.

그래서 고대 그리스 시대 이래로 존속되었던 우애결혼이나 개방결혼과 같은 시험결혼 유형이 20세기에 다시 나타나기도 했다.

과거 기독교 문화권의 전통에서는 일단 결혼하면 이혼이 쉽지 않았다. 결혼하고 나서 아이가 생기지 않거나, 남편이 성 불구자이더라도 이혼을 하지 못했다.

그러한 비극을 막기 위한 수단으로 동거와 같은 우애 차원의 시험결혼이 유럽에 유행하기도 했다. 『유토피아(*Utopia*)』의 저자 토마스 모어(**Thomas More**, *1478~1535*) 경은 "집을 한 채 사더라도 이리저리 살펴보는데, 하물며 평생 살아갈 여자를 얼굴만 보고 선택하는 건 어리석다"고 말한 것을 들더라도 상황을 짐작할 만하다.

이혼이 어렵지 않았던 금세기에 들어와서도 미국에서 '우애결혼(companionate marriage)'이라는 습속이 유행했다. 이는 *1920*년대 중반 청소년 문제를 전문적으로 담당했던 콜로라도 주의 린드제이(**Lindsey**)라는 판사가 청소년들의 입장을 옹호하는 저서를 발표하면서 다시 부각되었는데, 그 저서 제목이 바로 『우애결혼』이었다.

그가 말하는 우애결혼은 결혼의 목적을 순전히 남녀간의 성욕 충족에 두는 것이었다. 실제로 정식 부부처럼 계약기간 동안 아이를 낳지 않기로 약속한 상태로 동거한다. 보통의 부부처럼 성생활도 하면서 살아간다.

상대와 마음에 맞지 않으면 부담없이 헤어지고, 서로 마음에 들면 자녀를 가지는 보통의 결혼 형태로 바뀔 수 있다. 만일 우애결혼의 생활에서 여성이 임신하면 더 이상 우애결혼의 조건에 머무르지 않고 정식으로 부부가 될 가능성이 높아진다.

당시 미국의 미혼 남녀들은 동거를 부끄러워하지 않고 우애결혼을 즐겼지만, 기성세대들은 거세게 반발하였다.

한편 개방결혼(open marriage)이란 결혼 후에도 배우자 이외의 다른 사람과 성적으로 접촉할 수 있다는 '계약'을 하고 결혼하는 것이다. 결혼 후 배우자가 다른 사람과 성관계를 가지는 행위에 대하여 서로 동의하는 결혼형태이다.

단 배우자 이외의 다른 사람을 아무 때나 만나는 것이 아니라 일정한 기간을 정한 다음 그 기간 동안만 접촉할 수 있다. 그래서 어떤 부부들은 일정한 기간 동안 배우자를 서로 교환하여 생활하기도 한다. 이러한 유형의 결혼은 극히 일부 서양인들에게 유행하기도 했다.

최소한 1980년대 후반부터 대도시 지역의 대학생들 중 지방에서 유학하고 있는 일부 남녀 학생들 가운데 경제적인 절감을 이유로 하는 동거생활이 나타나고 있다.

과거에도 젊은이들이 동거하는 경우가 있었는데, 그들은 대부분 결혼하기로 약속했던 커플이라는 점에서 요즈음 대학생 동거 커플과는 좀 다르다.

근래의 동거자들은 자신들의 생활양식을 동거라는 용어로 표현하기를 싫어한다. 그저 '경제적으로 생활하는 방법'들 중의 하나라고 생각해 주기를 원한다.

지방에 있는 부모들은 그들의 자녀가 이러한 방법으로 유학생활을 하고 있는 사실을 잘 모른다. 중년 이후 세대들은 젊은이들의 혼전 동거는 생각조차 할 수 없는 일이라고 생각한다. 그래서 그들의 생활은 일부 친구들에게만 노출되고 있다.

그들의 동기야 어찌되었든 생활 자체가 왜곡된 상태로 보여진다. 일부 젊은이들은 '나도 그렇게 한번 살아보았으면 좋겠다'라고 하지만 대부분의 젊은이들은 동거에 대해서 부정적인 입장을 보이고 있다.

"제 주변에 동거를 하는 친구가 몇 명 있습니다. 왜 같이 지내는가 물으면 그냥 혼자 있기 심심하고, 여자 역시 별다른 이유없이 함께 지낸다고 합니다. 서로 사랑해서가 아니라 단지 순간의 욕망을 위해 동거한다고 생각합니다. 바람직하지 않은 태도라고 생각합니다"라고 하는 남자 대학생도 있고, "남성중심 사회에서 그런 생활을 하고 난 다음 여자가 불이익을 당하므로 반대한다"는 여대생도 있다.

외국에 가면 연인관계가 아니면서도 남녀가 한 집에서 살고 있는 경우가 매우 흔하다. 여성이 집을 얻어 집세를 나눠 부담하기 위한 방편으로 남녀를 막론하고 함께 살 사람을 신문광고를 통하여 구한다.

우리의 상식으로는 모르는 남녀가 한 집에 살게 되면 성관계를 가질 것이라고 생각하지만, 대부분 그렇지 않다. 함께 살면서 여자는 자신의 남자 친구를, 남자는 자신의 여자 친구를 만나거나 데려와 놀기도 한다.

아마 우리나라의 경우는 가옥의 구조나 크기 등의 이유로 한 집에 살면서 각기 독립적인 생활을 추구하기란 어려울 것이지만, 하여간 근래 동거생활을 하는 대학생들의 사고방식은 과거와 상당히 다른 것임에는 틀림없다.

낙태수술 받으면 징역간다?

대학을 늦게 들어온 여자 친구는 제대 후 복학한 나와 동갑이다. 우리는 졸업 후 결혼하기로 약속한 사이다. 약 /년 전 그녀로부터 임신했다는 소식을 접했을 때, 정말 착잡했다. 자식을 가졌다는 것보다 가정을 이끌어 갈 수 없다는 생각이 마음을 짓눌렀다. 내 형님은 그때 겨우 결혼 날자가 잡혀 있었고, 동생인 내가 먼저 아버지가 된다는 건 주변 사람들에게 우습게 여겨지리라고 생각했기 때문이었다.

또 대학 졸업이 2년이나 남았는데 아이를 낳아도 책임지기가 힘들 거라는 두려움도 컸다. 우리는 며칠간의 고뇌 끝에 낙태를 결정했다. 지금와 돌이켜 보면 어쩐지 인간으로서 못할 짓을 한 것이 아닌가 하는 생각에 후회와 죄책감이 든다.

이상은 25세의 대학 4학년 남학생의 고백이다. 죄의식을 불러일으킨 요소가 뭔지 구체적으로 밝히지 않았지만, 하나의 인간 생명체로서 태아를 이해하고자 하는 고민이 들어 있는 고백이라 하겠다.

그 청년의 죄책감이 그 정도였다면, 실제 낙태 시술을 받은 여성의 심리적 후유증은 더할 나위없이 컸을 것으로 짐작된다.

낙태에 대한 죄의식은 고대 사회로부터 여러 문화권에서 싹텄다. 우리나라에서도 예외가 아니다.

현행법대로라면 '모자보건법'이라는 특별법으로 모체나 태아의 건강에 문제가 있을 때는 부분적으로 낙태를 허용하고 있지만, 형법에서는 사실상 인공 임신중절을 규제하고 있다. 그러나 우리 실상은 법과는 너무도 다르다.

우리 문화권에서는 *1961*년부터 시행된 인구조절 정책의 하나인 가족계획 사업의 일환으로 정부 당국은 낙태를 방관해 왔다. 한국인들은 서구인들과 달리 나이를 잉태 순간부터 계산한다. 잉태가 곧 생명의 시작이요, 탄생이라고 본다는 의미이다. 그럼에도 불구하고 너무나도 쉽게 낙태가 이루어지고 있다.

심지어는 살생을 금하는 불교도나 낙태를 천벌로 여기는 가톨릭 신자들도 언행을 일치시키지 못하는 경우가 흔하다. 이러한 사회 문화적 풍조로 인해 앞에서 예를 든 청년이 법을 위반했기 때문에 죄의식에 사로잡혔다고 볼 수 없다.

*1994*년 가을, 낙태에 관해 연구를 하는 미국의 한 심리학자로부터 편지를 받았다. 그는 "낙태가 불법인 한국에서 낙태를 경험한 사람들과 면접 연구가 가능한가?" 라고 물었다. 그들이 누구인지 노출된다면 혹시 연구 대상자가 되고 나서 체포되는 것과 같은 불이익이 발생하지는 않겠느냐는 염려에서였다.

낙태 금지 조항은 수 십 년간 존재했지만, 처벌된 사례는 별로 없었다. 사문화된 셈이다. *1990*년대 초 신문지상에서 이 문제 때문에 검찰이 고심하는 내용을 읽은 적이 있다.

신혼의 여성이 가정불화로 이혼소송을 하고 있는 도중 낙태를 했고, 남편은 동의없이 자기 아이를 낙태시킨 그녀의 행위를 참을 수 없다면서 검찰에 고소했다.

검찰의 고민이란 바로 기소를 하지 않으면 고소인의 권리를 무시한 처사가 되고, 또 수백만 건 이상의 낙태 사례 중에서 이 경우만을 기소한다면 법 집행에서 형평을 잃었다는 지적을 받을까 두려웠던 것이다.

필자는 그 사건의 결과가 신문에 보도되지 않아 그 여성의 처벌 여부는 알 수 없지만 아마도 기소조차 되지 않았을 것으로 확신한다. 이

같은 점에서 일부에서는 현실을 반영하지 못하는 조항을 아예 수정하여 사유에 따라 낙태 허용범위를 넓히자는 주장도 전개되고 있다.

20세기 후반에는 남아선호사상 때문에 불법 낙태가 많아져 출생아들의 남녀 성비가 파괴되는 문제가 거론되었다.

성비파괴로 인한 후유증을 생각해보자. 여아만을 선별적으로 낙태시킨다면, 그리고 갈수록 결혼을 원하지 않는 여성들의 수가 불어난다면 결혼 적령기 남성들간의 결혼 전쟁이 예상된다.

이같은 우려 때문에 검찰들의 태도가 달라지기 시작하였다. 여아만을 낙태시키는 문제를 없애기 위하여 검찰은 태아의 성감별을 해주고 돈을 받은 의사들을 1996년 9월부터 구속하기 시작했다.

필자는 매년 학생들에게 낙태에 관한 입장을 묻는다. 찬성과 반대의 이유를 적절하게 절충하는 대답이 대부분이고, 찬반의 입장 중 하나를 선택하여 논리를 전개하는 학생은 극히 드물다.

왜 그런가? 그 동안 이 문제를 심각하게 생각해 볼 수 있는 기회가 충분하지 못했기 때문이다. 그렇기에 필자는 학생들에게 의도적으로 찬성과 반대 중에서 하나만을 선택하여 그 입장을 논리적으로 정리하도록 유도한다. 이러한 훈련은 어떻게 살아가야 하는가에 대한 방향을 부분적으로 제시해 줄 수 있다.

낙태는 기성세대들에게만 해당되는 문제는 아니다. 낙태를 경험한 자들의 상당수가 미혼자이며, 이들 중에는 중학생이나 고등학생도 많다.

왜 학생이나 미혼자들에게서 낙태가 성행하는가?

"도대체 임신이 어떻게 되는지 모르는 사람이 많아요. 알만한 나이에도 원하지 않았다는 임신이 대부분입니다. 우리나라 교육에 문제가 있지 않을까요? 제가 여기서 수술을 거부하면 다른 병원에 가서 하기 때문에 어쩔 수 없이 해줍니다."

낙태 시술을 하던 산부인과 전문의가 너무 단순하게 미혼자의 무지를 지적했다.

사실 청소년들이 피임을 제대로 하지 못하는 이유는 여러 가지이다. 생리주기로 보아 안전하다고 판단했거나, 오르가즘을 느끼지 않았으니 임신되지 않았을 거라고 생각했거나, 한번의 성관계로 설마 임신이 될까라고 생각했거나, 남자가 몸 밖에서 사정했으니 안심했거나, 피임법에 대해 배웠어도 막상 어떻게 해야 할 줄 몰랐기에, 또는 피임기구를 사용하려고 했지만 너무 늦게 사용한 경우 등이다.

그런데 그들이 임신이 되는 과정이나 피임기구의 사용법 등 임신 예방에 대한 교육을 받고 이를 잘 실천한다면, 낙태 문제는 사라지는가?

그렇지 않다. 피임에 대한 무지 이외에도 성행위의 과정 및 결과에 대한 책임능력이 부족한 상태에서는 원하지 않는 임신이 항상 발생할 수 있기 때문이다.

그러므로 그들에게 책임감을 심어주는 교육이라면 낙태가 성행하지 않을 것이다. 그리고 성행동의 결과에 대한 책임은 남녀 모두에게 함께 부과되어야 한다.

무지가 낙태를 양산한다

낙태는 대부분 임신한 미혼여성의 문제로 생각한다. 착각이 아닐 수 없다. 기혼자에게도 역시 책임감이 부족할 때 원하지 않는 임신과 낙태 문제가 나타난다.

기혼자들의 낙태 사유를 꼽아 보자.

아이들이 너무 많다, 나중에 키울 능력이 부족하다, 대를 이어줄 아들만이 필요하다, 임신중 약을 잘못 복용했다, 피임을 했는데 실패했다 등이다.

낙태에 대한 찬반의 배경 및 상황을 국내외적으로 살펴보자. 금세기에 들어와 범세계적으로 이러한 논쟁의 실마리를 제공한 사건은 바로 미국 텍사스주 대법원의 '로우 대 웨이드(Roe vs. Wade)'라는 1973년도 판례이다. 사건의 요지는 이렇다.

문서상에 로우라고 나타난 여주인공은 1969년, 텍사스 주 달라스에서 강간에 의해 임신하였다. 그녀는 "강간에 의해서 임신했으므로 낙태를 하고 싶다. 그러나 텍사스에서의 낙태는 불법이며, 낙태가 허용되는 캘리포니아 주로 여행할 경비도 없다. 텍사스 주에서 낙태를 허용해 달라"고 법적으로 요구하였다.

이 재판이 대법원에 이르러 끝나기까지는 3년 이상 걸렸다. 재판이 진행되는 동안 낙태를 해버리면 사건이 종결되므로 그녀는 아이를 낳을 수밖에 없었다.

그리고 마침내 대법원에서 임신 6개월 이내의 여성은 낙태를 할 권리를 지닌다는 판정을 7 대 2로 받아냈다.

소송을 제기한 그녀는 낙태를 원하는 여성들의 영웅처럼 군림하게 되었다. 그런데 강간에 의한 임신이라고 주장했던 그녀는 충격적인 사실을 실토했다. 판결을 받은 지 18년 후인 1987년, "강간당했다는 건 어쩔 수 없는 거짓말이었다"고 말했다.

진실 여부가 어찌되었든 1973년의 판례 이래로 미국에서의 낙태는 급증하기 시작하였다. 이런 경향은 곧이어 낙태를 반대하는 사람들로부터 거센 반발을 일으켜 낙태 반대자들과 찬성자들 사이에 격렬한 논쟁이 시작되었다.

최소한 그 당시부터 1980년대까지는 미국 대통령 선거전에 나서는 후보들은 낙태에 대한 자신의 입장을 표명해야만 했을 정도였다. 1996년 대통령 선거에서도 낙태문제가 제기되었다. 낙태 반대자인 공화당 대통령 후보 밥 돌은 공화당원들로부터 전망이 없는 후보라고 비난받기도 했다.

흔히 낙태를 반대하는 입장은 생명체인 태아를 옹호한다는 의미에서 '프로 라이프(pro-life)', 그리고 낙태를 찬성하는 입장은 여성이 자신의 신체에 대한 권리를 선택할 수 있다는 맥락에서 '프로 초이스(pro-choice)'라고 표현한다.

우선 낙태 반대자들의 입장은 '과연 생명체의 시작이 언제부터인가'의 견해에 따라서 이해될 수 있다. 낙태는 주로 임신 3개월 이하의 시기에 시행되며, 6~7개월 정도에서도 가능하다.

10여 년 전 낙태 반대자들의 교육기금 마련을 위한 홍보용 광고문구를 미국 동부지역의 어느 시내 버스 안에서 본 기억이 난다.

"8주된 태아는 심장이 박동하고, 뇌가 활동하고 있으며, 손가락에는 이미 지문도 나타나 있다. 또 물건을 잡을 수도 있고, 자극에 반응하며, 그리고 어머니 자궁 속에서 수영도 하는 존재다"라는 내용이었다.

생물학적으로 보다 더 정확히 기술하면 태아의 심장박동은 임신 4주, 또 중추신경계 발달은 6주부터 시작된다. 극단적으로는 수태의 순간부터 한 생명체가 시작되는 것으로 보는 사람들도 있다.

이러한 차원에서 낙태는 아직 태어나지 않은 어린 생명체에 대한 살해 행위임은 물론 자신의 후손을 자신이 죽이는 행위에 해당된다. 최근 외국에서는 이러한 범죄가 성행되는 것을 보고 참지 못하는 사람들이 가끔 과격한 행동을 하기도 한다.

낙태 시술을 하고 있는 병원 주변에 모여 시위를 하는 것은 보통이고, 낙태 시술을 하는 병원을 습격하거나 의사를 총기로 살해하는 행위도 발생한다.

이에 대하여 방탄조끼와 방범망을 구축하고 낙태를 꿋꿋이 시술하고 있는 의사들도 있다. 그들은 여성을 살리기 위한 방편으로 낙태시술을 한다고 해명한다.

낙태가 불법인 나라들 중 특히 제3세계 국가들과, 물가에 비하여 낙태 시술비용이 엄청나게 비싼 구 동구권에서는 불법 낙태수술로 인해 매년 50만 명의 여성이 죽어간다고 할 정도다. 임신의 책임은 남녀가 함께 져야 하는데, 남성은 아무도 죽지 않고 여성만 죽어가야 할 운명이라면 너무 불공평하지 않는가?

그렇다면 낙태의 허용 범위를 넓혀 여성이 그런 불이익을 받지 않도록 할 수 있다. 그러나 문제는 여기에서 끝나지 않는다.

여성의 권익을 주장하는 사람들은 '낙태를 선택할 권리(right to choose)'는 바로 여성 자신이 행사해야지 왜 입법자, 성직자, 남성들이 가져야 하는가 반문한다. 여성의 신체를 통제할 권리는 바로 여성 자신이 행사해야 한다는 것이다.

낙태에 관한 상반된 입장은, 한쪽에서는 태아를 보호하자는 입장인 반면 다른 쪽에서는 여성을 보호하자는 것이므로 인간 생명체의 존중이라는 점에서 서로 상통하는 점이 있다. 그렇다면 그러한 공통성을 최대로 살리는 방법은 무엇인가?

원치 않는 임신의 예방이다. 이를 위해 우선 성에 대한 무지를 타파하고 효율적으로 피임을 하는 수밖에 없다.

1970년대의 구 소련 여성들은 일생 평균 6차례의 낙태를 경험하였다는 조사가 있다. 그런데 그렇게 된 일차적인 이유는 피임기구의 구입이 어려워서였다고 한다.

근래에는 일정한 금액을 제공하면서 여성에게 불임시술을 하는 나라가 있다고 한다. 낙태 방지와 출산율 억제라는 두 가지 목적을 동시에 해결하는 방편이다.

또 근래에는 성교 후 곧바로 임신을 확인할 수 있는 방법이나, 임신 초기에 투여하면 수술하지 않고도 수정란이 발달하지 못하도록 유도하는 약품이 개발되었다.

약을 복용하면 임신 상태의 유지에 필요한 호르몬 분비가 억제되어 유산을 시키는 효력이 발휘된다. 이렇게 약을 사용하면 책임없는 성 행동으로 인한 임신도 전혀 비난받지 않을 수도 있다. 그러나 일단 임신이 되었다는 점에서는 낙태수술을 받은 경우와 다름없으며 미리 방지하는 것보다는 못하다.

여하튼 우리의 현 상황을 보자. 대학교육을 받았던 남녀들도 실제로 결혼하기 이전에는 피임을 떳떳하게 시행하지 못한다.

또 성인들도 피임법을 정확히 아는 사람이 드물다. 그리고 청소년들의 낙태행위는 피임기구가 없어서가 아니라 피임기구 구입을 문화적으로 용납하지 않는 상황 때문이다. 또한 그들이 제아무리 피임을 잘 알고 실천하더라도 그들의 성행위는 비뚤어진 각도로만 비추어진다.

피임 방법을 정확히 알고 싶어 병원이나 보건소 등의 전문기관을 찾는 미혼 남녀를 곱게 보는 사람들도 드물다.

하물며 대학생인 딸이 핸드백에 피임기구를 넣고 다니는 것을 이해해 줄 부모는 몇이나 되고, 아들에게 생일 선물로 콘돔을 주는 부모가 몇이나 되겠는가?

부모들은 자녀들이 성에 대하여 무언가 아는 것같으면 두려워한다. 커피나 담배 자동판매기는 쉽게 찾아볼 수 있지만, 콘돔 자동 판매기는 3류 수준의 어두운 화장실에서나 찾아볼 수 있다.

한국 성인들이 낙태하는 이유는 청소년들과 매우 다르다. 우리의 남아선호 사상은 잔인하리만큼 심하다. 조선시대 유교문화의 잔재인지 여아를 인간으로조차 취급하지 않으려는 사람들이 여전히 남아 있다.

이런 상황에서 태아는 안중에도 없다. 태아 성별을 알려고 애를 쓰고, 여아임을 알아내면 낙태 핑계를 찾는다. 예를 들면, 약을 잘못 먹어 기형아일지도 모른다며 끝내 낙태를 해버린다.

후자의 경우 외국에서는 태아 보호에 대한 태만죄로 충분히 기소될 수 있다.

인구 증가의 억제를 위해 실시된 산아제한 사업의 한 방편으로 방조되기도 한 낙태는 이제 다른 차원에서 이해되어야 한다. 낙태에 따른 책임을 여성에게만 전가하는 풍토도 사라져야 한다.

청소년들의 성행동 역시 어두운 그늘 속으로부터 탈피시키려면 임신을 예방하는 방법을 숙지시킬 필요가 있다. 그 책임은 일차적으로 기성세대에게 있다. 기성세대들은 책임있는 성생활의 모델이 되어야 한다.

장애인도 종족보존의 권리가 있다

정신지체 장애의 정도가 경미하여 학교를 다니고 있거나 장애가 심하여 시설기관에서 생활을 하는 아동이나 청소년들은 거의 모두 정상의 또래들과 마찬가지로 자기 신체에 대한 호기심이나 관심, 심지어는 성적 욕구를 지니고 있다.

그렇기 때문에 정신지체 장애인들이 시설기관에서 보이는 행동들은 여러 사람들을 당혹스럽게 만든다. 남자들은 때와 장소를 가리지 않고 성기를 노출하거나 자위행위를 시도하기도 하며, 여자들은 월경 현상이 나타나더라도 이를 어떻게 처리할 줄 모르기도 한다.

그들도 교육과정을 통하여 성욕 표출이나 몸 관리에 관련된 기법을 터득할 수 있지만, 완전하지는 못하다.

부모의 역할을 할 수 없을 때에는 자신은 물론 태어난 아이도 타인이나 사회로부터 보호를 받아야 한다. 그래서 많은 사람들은 장애 정도가 심한 남녀가 부모의 역할을 할 수 있는가에 대하여 걱정한다. 정상적인 사회생활을 영위하려면 성욕 표출을 스스로 적절하게 통제할 수 있어야 하고, 또 부모의 의무도 다할 줄 알아야 하기 때문이다.

이때 불임수술이나 약물치료를 통하여 월경이 나타나지 않게 할 수 있다. 그러나 그러한 치료 자체가 곧 부모가 될 수 있는 권리를 빼앗는 행위가 되기도 한다.

미국에서는 지난 1세기 동안 정신지체 장애인들에 대한 불임수술

정책이 *3*단계를 거쳐 바뀌었다. *1900*년대 초반에는 정신지체 장애인들은 의무적으로 불임수술을 받아야 했다. 우생학적 원리를 적용한 법적인 결정이었다.

물론 정신지체 상태가 경미할 경우 부모 역할을 할 수 있겠지만, 부모의 역할을 할 수 없을 정도의 정신지체 기준은 매우 주관적임에 틀림없다.

그와 같은 의무조항에 대하여 인권의 침해라는 인식이 확산되면서 *1942*년 미 대법원에서는 그들도 종족보존의 권리가 있다고 판결하였다. 이때부터 의식이 변화하면서 *1979*년 이후에는 정신지체 장애인이 불임수술을 받더라도 연방정부 기금을 사용하지 못하게 했다.

어떠한 결정이 내려졌든지 정신지체 장애인들에게는 불공평한 처우일 가능성이 존재한다. 부모가 될 수 있는 능력이 있음에도 불구하고 종족보존의 권리를 빼앗겨버릴 수도 있고, 그와 반대로 임신 그 자체가 자신에게 커다란 짐이 되는 사람에게 영구적인 피임을 할 수 있는 기회가 거부되기도 한다.

법적으로 당사자에게 해악이나 짐이 되는가를 판단하는 행위는 극히 주관적이다. 의료기관도 정신지체 장애인들에게 불임수술을 할 때 본인이나 법적 보호자의 의견을 따르더라도 윤리 문제에 대한 큰 부담을 안게 된다.

정신지체 장애인들이 과연 부모 역할을 제대로 할 수 있는가를 걱정하는 문제도 중요하다. 그렇지만 실체로는 그들이 성적으로 학대당하는 것을 보호해주는 장치 마련이 더 중요한 문제가 되기도 한다.

정신지체 장애인 여아들은 정상 여아에 비하여 일부 남성들에게 매우 취약한 존재로 여겨지기 때문에 성적으로 학대받는 비율이 더 높은 편이다. 대부분 임신이나 질병의 감염 등 심각한 상태에 이를 때에야 비로소 그들이 학대받았던 행위들의 일부만 노출되고 있을 뿐이다.

남성중심주의와 성의 왜곡

원시 남성을 굴복시킨 월경의 신비

　행동과학에서는 선천적으로 가지고 태어난 충동이나 욕구, 감정을 모두 본능이라고 부른다. 성적 욕구, 즉 성욕도 본능의 하나에 속한다.

　현대인들은 성적 본능을 어떻게 발산하고 있는가? 이를 이해하려면 먼저 원시사회의 조상들이 고대인이나 현대인과 어떻게 달랐는지를 생각해 볼 필요가 있다.

　원시인들은 하등동물들과 크게 다르지 않게 성적 본능을 발산했을 것이다. 우리 주변에서 흔히 개나 고양이, 소들의 교미행위를 목격할 수 있듯이 인류 조상들도 별다른 생각없이 네발짐승들처럼 교미를 통하여 종족을 보존하고 살아갔다.

　원시인들은 자신들이 어떻게 태어났는지를 당연히 몰랐다. 그들은 역시 앙상한 나무 가지나 메마른 땅에서 왜 새싹이 돋아나고, 또 시간이 지나가면 모두 앙상한 모습을 보이는지를 몰랐다.

　생명의 탄생과정을 전혀 알지 못했던 그들에게는 그저 대지에 산재한 유형물이나 무형물들이 모두 자신들과는 달리 무언가를 생성하거나 멸하는 신비한 능력을 가진 존재였다. 두려운 나머지 원시인들은 이들을 신앙의 대상, 다시 말하면 대지모신(大地母神)으로 받들어 모시고 살았다.

　이러한 시절 남성들은 여성들보다 체격이 뛰어났음에도 불구하고

여성을 두려워 하였다. 그 이유는 최소한 다음의 두 가지로 정리할
수 있다.

첫째는 여성의 출산과 관련된다. 왜 여성의 몸에서만 아이가 태어
나는가를 잘 몰랐던 원시 남성들은 자신들과는 다른 능력을 갖추고
있는 여성을 함부로 대하지 못하였다. 기분이 상하면 혹시 자신들을
해칠지도 모른다고 믿어서였다.

둘째는 여성의 몸에서 피가 흘러나오는 월경에 대한 무지 때문에
두려워했다. 원시인들은 동물이나 사람이 태어날 때 피를 많이 흘리
는 것을 관찰했고, 또 동물이든 사람이든 다쳐서 피를 많이 흘리면
죽는다는 것도 관찰하였다.

원시인들에게 피는 생명의 탄생이나 죽음과 직결되는 엄숙함이나
두려움의 상징이었고, 제사의식에도 등장시켰다. 그런데 생식기에서
피를 며칠 동안이나 흘린 여성이 죽지 않는다는 현상에서 남성들은
신비스러움과 두려움에 사로잡혔다.

세월이 흘러가면서 원시인들도 집단생활을 통하여 그 신비스러움
의 정체가 무엇인지를 하나씩 벗겨갈 수 있었다.

모든 여성이 피를 흘리는 것이 아니라 어느 정도 성장해야 생식기
에서 피를 흘리기 시작한다는 사실에서부터, 한번도 피를 흘리지 않
았던 여성은 그렇지 않는데 일단 한번이라도 피를 흘리기 시작한 여
성은 나중에 배가 부르게 된다는 점, 또 배가 불러 있는 동안에는 피
를 흘리지 않는다는 것, 그리고 피를 흘린 여성이라도 남자와 접촉하
지 않으면 배가 부르지 않게 된다는 사실을 오랜 기간에 걸친 관찰
을 통해서 검증을 한 셈이다.

생명의 탄생과정에서 남성이 결정적인 역할을 하고 있다는 사실을
알아차린 그 순간, 남성들에게 여성은 이미 신비와 경외의 대상에서
멀어져버렸다. 이 순간이 바로 원시인에서 고대인으로, 여성문화권에
서 남성문화권으로 바뀐 시점이다.

이러한 변화가 나타난 시점을 굳이 시간으로 계산하자면, 지금으로부터 최소한 *60*세기에서 *100*세기 이전이다. 남성들은 최소한 이 시기부터 근래에 이르기까지 성적 욕구의 발산을 자기들의 입장에서 해 왔다. 다시 말하면, 지난 수 천년의 역사 동안 남성은 여성보다 더 우월하다는 틀 속에서 성욕을 발산해 온 것이다.

다행스럽게 대부분의 근대 문화권에서는 *20*세기 중반 이후 남녀가 평등한 조건에서 성욕을 발산하자는 움직임이 싹트고 있다. 그렇지만 단기간에 그 틀을 바꾸는 작업은 쉽지 않은 일이다.

우리 주변에는 성적 본능과 관련된 현상들이 다양하게 전개되고 있다. 매춘, 포르노, 성폭력, *10*대들의 임신 등 여러가지 사회문제들이 어떠한 맥락에서 이해되고 있는가? 이를 본능의 발산과 통제의 차원에서 바라볼 필요가 있다.

성욕의 표현은 단순히 눈에 거슬릴 때 비난하고, 별다른 문제가 없을 때 입을 다물어버릴 문제는 아니다. 우리의 과거와 현재, 미래의 모습이 모두 성욕의 발산, 그리고 이를 억제하려는 기준에 따라서 달라지고 있다.

아내와 딸의 성 접대

구약의 「창세기」에 인간의 타락상을 살펴보기 위해 천사가 소돔이라는 동네를 방문하는 이야기가 나온다. 당시 유태인들에게 남성들 간의 동성애 행위는 신에게 도전하는 행위로, 타락의 극치로 여겨지고 있었다.

하늘에서 내려온 두 천사가 보통의 남성들로 가장하고서 소돔에 도착했다. 그러자 소돔 사람들은 낯선 방문자들과의 항문성교를 시도하기 위해 접근했고, 롯(Lot)은 그 방문자들이 보통 사람이 아니라고 느끼고 자기 집으로 피신시켰다.

동네 남정네들은 롯의 집 앞으로 몰려들어 낯선 손님들과의 항문성교를 요구하였고, 롯은 대문을 두드리는 동네 사람들을 달랜다. 제발 손님들에게 손을 대지 말라고 부탁하면서 그 대신 자신의 두 딸을 내주겠다고 제안하였다.

물론 당시의 여성은 남성의 재산에 불과했으므로 남성들이 자기 마음대로 다른 사람에게 주거나 빌려주기도 했다.

이처럼 아내나 딸을 타인에게 헌납하는 성적 환대의 풍습은 남태평양이나 아프리카에서도 나타났다. 고대로부터 남성 중심의 사회를 유지한 아프리카 지역에서는 여성의 지위는 하인들과 동일하였다.

여성을 돈이나 음식, 가축 등과 교환할 수 있었기 때문에 아프리카 서부해안 지역의 남성들은 손님에게 자신의 여성을 제공하기도 했다. 만약 손님이 그녀를 거절하면 그 남성으로부터 모욕을 당한 것으로 해석하였다.

부인이나 딸이 낯선 여행객인 남성과 성관계를 가지는 사회적 관습은 우리 문화권에서도 나타났다. 우선 『한서』 「지리지」에는 귀인을 만나면 반드시 아내와 동침시키는 낙랑지역의 풍습이 적혀 있다.

또 『삼국유사』의 '문호왕 법민'편에 소개된 내용도 신라의 그러한 풍습을 짐작하게 한다. 여기에서 문호왕은 신라 30대 문무왕이며, 그의 이복동생 차득공은 승복 차림으로 민심을 살피러 다녔다.

차득공이 무진주에 이르자 안길이라는 관리가 그를 비범하게 여기고 자기 집으로 모셔 극진히 대접했다. 안길은 곧 세 명의 아내를 불러 손님과 동침을 명하자 그중 한 부인이 남편의 청을 따랐다. 안길은 이로 인하여 나중에 더 높은 벼슬에 오르게 되었다.

근래까지 이러한 관습을 존속시킨 문화권은 시베리아, 얄류산 열도, 알래스카 및 캐나다 북부의 에스키모들이었다. 그들의 관습은 남성 여행객을 환영하기 위해 아내나 딸과 하룻밤을 지내도록 허용하는 것으로 알려졌지만, 사실은 다르다.

에스키모들은 남녀를 가리지 않고 누구든지 사랑을 고백하거나 청혼을 하거나 이혼까지도 청구할 수 있다.

그들에게는 혹독한 추위와 유목생활에서 생존하기 위해서 협동과 동족관계가 필수적이었다. 동족관계가 형성되지 않은 낯선 자가 그들에게는 위협적인 대상이었다. 어느 순간에 적으로 돌변할지도 모르므로 불안한 존재였다.

에스키모들은 자신들의 거주지역에 들어온 낯선 자를 생존을 위하여 죽여야 하지만, 결혼을 통해 동족관계가 유지된다면 낯선 자도 두렵지 않게 된다. 그들에게 결혼이란 단순히 성관계를 맺는, 즉 하룻밤이라도 지내는 것을 의미했다.

곧 낯선 자에게 부인과 동침하도록 요구한 행위는 자신의 가족이 되어달라는 부탁이었다. 이를 거절하는 건 적대관계를 유지한다는 의미로 해석되었으므로 에스키모들은 불안할 수밖에 없었다.

남성들이 낯선 남성에게 자신의 안전이나 출세, 화합, 또는 성적 환대의 일종으로 딸이나 아내를 제공하는 풍습은 지구의 도처에 존재했다.

그렇지만 에스키모들을 제외하고는 모두 여성들이 남성의 소유물로 취급되었던 상황에서 나타난 관습이었다.

시골여자같은 여자가 좋다?

결혼을 원하는 당사자들은 상대방의 어떤 조건을 중요시하고 있는가?

흔히 현대 여성들은 결혼의 조건으로 가장 중요하게 생각하는 요소로 남자의 성격이나 장래성, 능력, 경제성, 사랑 등을 꼽는다.

연애결혼일지라도 순수한 사랑보다 장래를 위한 조건을 고려하는 사람도 많고, 중매결혼일 경우는 장래의 조건이 더욱더 중요하다.

사실 그 중에서 현대 여성들이 현실적으로 가장 중요하게 생각하는 조건은 장래의 경제적 안정을 가져다 줄 수 있는 요인이다.

몇 년 전 남자를 사귀어 보기 전까지만 해도 그냥 사랑만 있으면 결혼할 수 있다고 생각했다. 돈이나 학벌이 없거나 얼굴이 못생겼어도 사랑하는 사람이라면 된다는 생각이 보다 현실적으로 바뀌었다. 아무리 마음에 들고 나를 좋아하는 사람이라도 경제력이 있어야 할 것같다. 단순히 사랑만으로 모든 것이 해결되지 않는다. 경제력이나 능력이 없다면 아름답던 사랑도 생활고로 인하여 변질되기 때문이다. 그래서 연애와 결혼이 다르다고 생각한다.

미혼 여성들은 이처럼 솔직하게 말하는 게 보통이다. 그러나 그 후유증도 만만치 않다. *29*세의 기혼여성의 독백을 들어보자.

"너는 절대로 사랑이다 뭐다 하면서 시시껄렁한 남자하고 결혼해서는
안된다. 결혼은 꿈이 아니고 현실이다. 이 엄마를 보아라. 그 잘난 아버
지 만나서 지금 이 꼴이 뭐냐!"

나는 어려서부터 어머니에게서 이런 얘기를 귀에 못이 박히도록 들었
다. 아버지의 무능력과 주벽으로 어려서부터 우리 가정은 여의치 못했다.
그래서 형제와 자매들 중에서 오빠 한 명만 겨우 대학에 갈 수 있었다.

나는 고등학교를 졸업하고 남들이 부러워하는 무역회사에 취직했다.
그때부터 나를 치근덕거리면서 따라다니는 남자들이 많았지만, 내 눈에
찬 남자는 없었다. 그래서 만남과 헤어짐을 계속하다가 친구의 소개로 치
과대학 졸업반이던 지금의 남편을 만났다.

학력의 차이에도 불구하고 그는 나의 외모가 마음에 들었던지 매우 적
극적이었다. 남자의 가족들은 나의 배경 때문에 결혼 당시 매우 못마땅하
게 생각했다.

사실 연애시절 우리는 낭만적인 추억거리가 전혀 없었다. 그저 성실하
고 꼼꼼한 것이 싫지는 않아서 결혼했던 것같다. 그래서 결혼생활 5년째
인 지금 남편을 사랑하는가라고 스스로 묻는다면, 솔직히 고개를 끄덕거
리지 못한다.

남편이 과연 부유한 집 출신에다가 직업이 의사가 아니었다면 내가 결
혼했을까를 생각해 보면, 나는 '그렇지 않다'라고 대답할 것이다. 나는
남편의 그런 조건과 더불어 그를 좋아했던 것이지 남편 자신을 사랑했던
것은 아니었다.

아이가 태어나자 시댁 식구들도 좀 유연해지고 남편도 나와 아이를 사
랑하고 있다. 남이 보기에는 나의 결혼에는 별 문제가 없고 외적인 행복
의 조건이 거의 충족되어 있다.

그러나 때로 알 수 없는 허전함에 사로잡히면서 내가 사랑하는 사람과
평생 살 수 있다면 얼마나 좋을까 하는 생각을 한다. 가끔 시내를 나가
서로 껴안고 활보하는 연인들을 보면 왠지 부러운 생각이 든다.

이 고백은 한 여성의 단편적인 이야기만으로 진단하기는 어렵지만,
그녀는 사랑에 목마른 생활을 하고 있다. 이러한 상태가 지속되면 그
녀는 우울증 환자가 될 수도 있다. 젊은 시절 단순히 경제적인 안정

때문에 결혼을 결심했지만, 사랑이 메마른 결혼을 후회하고 있다.

결혼한 지 5년 정도밖에 지나지 않았지만, 고민이 적지 않다. 사회생활을 통하여 그런 고민이 줄어들지도 모르겠지만, 사랑을 되찾으려는 노력이 필요하다. 즉 자녀나 남편과의 관계에서 자신의 삶의 의미를 찾아보려는 노력이 필요하다. 물론 남편도 그녀의 입장에 서서 이해할 필요가 있다.

여성들과는 달리 남성들은 여성의 경제적인 면을 그렇게 중요하게 생각하지 않는다. 그 대신 남성들은 여성의 외모와 성격을 주로 꼽는다. 한 남성의 얘기를 들어보자.

얼굴이 예뻐야 하고 섹시해야 합니다. 또 귀찮게 하지 않고 사람을 편하게 해주어야 합니다. 그렇다고 무조건 순종하는 것보다는 안 좋은 점이 있을 때 꼬집어 지적해주는 사람이어야 합니다.

흔히 남자들은 외모가 뛰어난 미인은 아니더라도 호감이 가는, 마음에 드는 사람이면 족하다고 표현한다. 그리고 성격이란 시골여자처럼 순박하고 편안하게 해주는 것을 말한다.

그러나 시골여자와 같은 성격의 의미는 무엇인가? 다른 것이 아니라 고분고분하여 자기가 충분히 조종할 수 있는 여자라야 한다는 점이다.

단순히 여성의 외모를 보고 한눈에 반하여 결혼한 남성들은 얼마 지나지 않아서 후회한다. 수준 차이가 난다면서 아내를 멸시한다. 사랑을 전제로 한 결혼이 아니었기 때문이다.

출산 능력에 비례한 여성의 가격

고대사회의 남성들은 종족보존이나 쾌락추구의 욕구를 조금이라도 더 충족시키기 위한 수단으로 성교행위를 추구하면서 심한 갈등을 경험했다.

이러한 갈등을 조화롭게 해결하기 위해 혼인제도를 고안해 냈다.

물론 혼인제도가 발달하게 된 가장 순수한 이유는 바로 가계 계승을 전제로 하는 경제적인 이유에서라고 말할 수 있다. 즉 남성들은 결혼을 통해 여성을 경제적으로나 성적으로 종속시키는 것이다.

양가의 부모들은 자녀들이 어렸을 때 신랑 신부로 맺어주는 계약을 한다. 경제적인 거래가 이루어진 셈이다. 어려서부터 배우자가 될 집에 가서 일을 해준다든지, 가족들이 결혼 계약과 함께 물건 등을 주고받는 경우 등이다.

그리고 어린 시절 혼인계약을 하는 경우 여자는 혼전성교가 심하게 억제되었다. 또 경제적인 이유 때문에 사회경제적 지위가 비슷한 가족의 구성원끼리 결혼하는 것이 보편적이다.

대부분의 미개사회에서는 매매혼인이 성행했는데, 그 잔재가 근래까지 유지되기도 했다. 그 경우 일반적으로 신부가 지참금을 가지고 가는 편보다도 남자가 신부측에 돈을 제공하는 것이 유행했다.

예를 들면, 아프리카 아잔드(Azande)족들은 신랑의 가족이 신부의 가족에게 신부대금을 지불하여 결혼을 성사시켰다. 그러나 아내를 얻기 위하여 그에 상응하는 대금을 지불하지 못하면 결혼이라는 경제관계를 성립시키지 못한다.

즉 경제능력이 없는 남성은 결혼하기가 어려웠던 반면, 부유한 남성은 여러 명의 여성을 부인으로 사들이기도 했었다. 최소한 금세기 전반기까지 수 백 명의 아내를 맞이한 남성들도 있었다.

이처럼 돈으로 신부를 살 수 있었던 근거는 고대나 미개사회에서 여성을 남성의 재산이나 소유물로 간주해 왔기 때문이다. 그렇기에 아버지가 돈을 받고 다른 남성에게 자신의 딸을 팔아버렸다. 그 이후로는 그녀는 남편의 자산이 되었다.

흔히 신부대금은 외모가 아니라 아이의 생산능력에 따라서 달랐다. 아직 아이를 한번도 낳은 경험이 없는 여성이 고가의 매매대상이었다. 아버지는 값비싼 대가를 원하므로 딸을 파는 순간까지 그녀의 정조를 감시했다.

부인이 아들을 낳으면 아버지를 도울 노동력을 생산한 것이므로 경제적인 가치가 있었고, 또 딸을 낳더라도 아버지 자산이 되므로 나중에 경제적 가치가 되었다.

역시 아들만이 남성의 혈통을 이어주는 존재이므로 부인은 아들을 낳아야 하는 의무가 주어졌다. 이러한 경우 아들을 낳을 수 있는 확률은 아직까지 아이를 한번도 낳은 경험이 없는 여성일 경우 가장 높다고 믿었다.

신부대금을 지불하는 행위는 부인에게 아들을 낳아주라고 요구하는 권리이자, 남편이 원할 때는 언제나 부인의 신체와 정신을 지배하는 권리를 가지는 것이다.

부인은 남편의 욕망이나 요구를 거역할 수도 없고, 남편은 부인에게 복종을 강요할 수 있었다. 아들을 낳지 못하는 여성은 스스로 뒷전으로 물러나 있었으며, 그 대신 남편에게 첩을 얻어주기도 했다.

유감스럽게도 근대까지 동남아시아의 일부 국가나 회교국가들에서 매매혼인의 풍습이 존속해 왔다.

우리에게도 이에 대한 사고방식이 잔존하고 있는 상황이다. 근래 우리 문화권에서는 중매나 연애를 통하여 결혼을 한다.

중매결혼의 경우 살아가면서 사랑이 무르익을 수도 있지만, 결혼 초기에는 별다른 사랑을 느끼지 않았더라도 의무감 때문에 결혼생활을 별다른 탈없이 유지한다.

또 연애결혼은 남녀가 서로 사랑하여 결혼하는 경우도 있지만, 남녀 중 한 사람만이 일방적으로 상대를 사랑하는 상태에서 결혼하기도 한다.

남녀가 서로 사랑하는 경우와는 달리, 후자와 같은 연애결혼의 형태에서는 결혼의 조건으로 최소한 경제적인 조건이 연루되어 있다. '저 사람과 결혼할 경우 나의 위상은 어떻게 변할 것인가'를 자로 재보고 결혼하는 것이다.

후자와 같은 연애결혼이나 중매결혼에서는 무리한 혼수비용의 요구 때문에 결혼 전부터 갈등을 심하게 경험할 가능성이 높다. *1990*년대 중반 여러 단체들에서 조사한 통계에 의하면, 신혼부부들의 *3*분의 *1* 이상이 혼수문제로 배우자와 결혼을 전후하여 갈등을 겪은 것으로 드러났다.

노골적으로 신부측에 지참금을 요구한 신랑 가족들도 있다. 이에 따라 가정형편을 무시하고 무리하게 혼수 준비를 한 신부 가족도 있다. 나중에 고될지도 모를 시집살이를 대비하기 위해서다.

한국의 어머니들은 대부분 타 문화권의 어머니들보다 아들을 더 정성스럽게 키운다. 그들은 아들의 사회적 출세를 위해 최선을 다하여 뒷바라지를 한다. 그리고 아들이 커서 어머니의 입장을 잘 이해해 주기를 바란다. 그래서 아들이 결혼하려고 할 때 며느리가 될 가족에게 대가를 원한다.

그러나 아들이 인격체가 아닌 물건이었을 때는 그런 논리가 성립된다. 그래서 신랑이 될 남자의 반응이 어떤가에 따라서 시어머니를 비롯한 시댁 식구들의 반응도 달라진다. 결국 무리한 혼수비용 요구의 배경에는 신랑이 될 남성도 어느 정도 일익을 담당한 셈이다.

고대 문헌을 보면, 우리나라에서는 혼수를 20세기 후반처럼 무리하게 요구하지도 준비하지도 않았다. 『삼국지』「위(魏)지·동이전」'고구려 조(條)'에 보면, 고구려의 혼인은 남녀가 좋아하는 과정에서 맺어지고 재물을 보내는 의례가 없었다. 혹시 혼인에서 재물을 받은 사람이 있으면 이를 수치로 여겼다고 알려진다.

그렇다면 고려 중기 이후 중매결혼이 발달하면서 경제적인 관계의 혼인계약 형태로 변했을 것으로 추측할 수 있다.

오늘날 우리 문화권에서 행해지는 결혼은 형식적으로는 신랑 신부가 주체인 것같지만 현실적으로는 금전에 의한 양가의 결합처럼 보인다. 그 예로 상대방 가족들에게 인사로 드리는 선물도 정성의 의미로 여겨지지 않고, 혼수가 얼마나 많은가, 얼마나 값비싼 것인가에 따라서 인격의 평가기준으로 변하고 있다.

많은 사람들이 자녀를 출가시킬 때 그러한 사회 문화적 기대나 체면 때문에 자신의 실정을 고려하지 않고 빚을 내서라도 결혼식을 치렀다. 스스로가 물질문명의 노예라고 여긴다면 그것은 어쩔 수 없는 당연한 일이라고 생각할 것이다.

그러한 사고방식은 결혼 당사자들에게 결혼의 진정한 의미를 전달해 주는 것이 아니라 주변인들까지도 물질의 지배를 받게 만들고 있다. 하객들도 마음에서 우러나오는 축하를 하기 위하여 결혼식장을 찾는 사람은 그리 많지 않다. 결혼 당사자의 부모와의 관계 때문에 체면상 참석하러 왔다가 결혼 당사자의 얼굴도 못보고 돌아가 버린다.

청첩장이 의무에 가까운 납세고지서와 같은 역할을 하므로 하객들은 휴일이면 여러 장의 고지서를 들고 다니는 물질의 노예로밖에 보이지 않는다. 가족과 휴일을 즐기고 싶어도 고지서를 납부해야 하기 때문에 휴일을 소일하면서 고민하는 사람이 무수히 많다.

형수 – 시동생 결혼의 남성중심주의

간음을 금하던 고대 유태인들의 결혼제도는 매우 특이했다. 지금도 그들은 장자 중심의 문화를 유지하고 있지만, 모세가 이끌던 초창기 유태인들은 장자가 결혼하여 대를 이어줄 아들이 없는 상태에서 죽게 될 경우 그 미망인은 시동생과 결혼해야 했다.

이 제도는 남동생의 입장에서 볼 때 형님이 죽으면 형수와 결혼하기 때문에 형사취수(levirate)라고 부르지만, 원어로는 미망인이 의무적으로 시동생과 결혼한다는 의미를 지니고 있다.

미망인의 입장에서는 재혼이지만, 시동생에게는 형수가 초혼의 상대가 된다. 또 시동생이 형수와 결혼을 해야 하는 근본 이유는 죽은 형의 대를 이어줄 아들의 생산에 있었다.

다시 말하면, 그들 사이에 태어난 아들은 호적상 죽은 형님의 아들이 되어 재산과 가계를 이어가게 된다. 이러한 제도는 남동생이나 아내의 입장을 전혀 고려하지 않는 장자계승의 논리에서 만들어진 셈이다.

이와 반대로 아내가 죽으면 동생이 언니 대신 형부의 아내가 되는 풍습(sororate)도 일부 문화권에서 드물게 존재했다. 이도 역시 한 남성이 여러 여성을 소유할 수 있다는 사고에서 파생된 제도였다.

형사취수 제도는 고대 유태인들에게서만 시행된 게 아니었다. 근래에까지 아프리카의 우간다 북동지역 쏘(So)족도 남편과 사별한 여성은 대를 잇기 위하여 시동생들 가운데 한 명과 재혼하였다. 그러나 나이가 들어서 아이를 낳을 수 없는 여성은 남편이 죽더라도 그럴 필요가 없었다.

우리 문화권에서도 이 제도는 예외가 아니었다. 지금의 북만주지역에 해당되는 고대 부여에서는 역시 간음을 엄하게 금하였지만, 형이 죽으면 남동생이 형수를 처로 삼는 풍습은 간음이 아니라 오히려 의무사항이었다.

이러한 풍습은 에스키모에게서도 나타났으며, 미주의 여러 인디언 부족들에게서도 그와 유사한 결혼제도가 있었다.

유태인 미망인들에게는 다행스럽게도 대를 이을 아들을 낳지 못한 상태에서 장자인 남편이 죽더라도 시댁과 결별을 할 수 있는 제도가 마련되어 있었다.

만약 시동생이 아닌 다른 남성과 재혼을 하고 싶을 때, 혹은 남동생이 여러 가지 이유로 형수와의 결혼을 원하지 않을 때는 '할리짜 (halitzah)'라는 의식을 거행해야 했다.

할리짜는 미망인이 시동생의 발에서 신발을 벗기고 땅에 침을 뱉는 의식이다. 이는 자신의 소유권을 시동생으로부터 없애는 것을 상징한다.

할리짜를 통하여 그녀는 대를 이어주지 못한 시댁과 결별하여 자유의 몸이 될 수 있었지만, 상황에 따라서는 할리짜라는 의식 자체가 미망인이 된 여성에게는 치욕적인 것으로 해석되기도 했다.

조선시대의 미망인들은 유태인들에 비하면 더욱 어려운 환경 속에서 살아야 했다. 일단 시집을 가면 시댁의 귀신이 되어야 한다고 가르쳤기 때문에 청상과부가 되었을지라도 합법적인 재혼을 꿈꾸지 못하고 살았다.

물론 과부 업어가기와 같은 비합법적인 재혼의 형태도 존재했지만, 이와 같은 재혼도 그녀의 의지와 전혀 상관없이 이루어졌었다.

이러한 제도나 풍습 등은 과거사에만 국한되지 않는다.

농경이나 수렵, 채취 등에 의존하는 아프리카의 일부 미개 종족(코트디브와르 및 리베리아 지역에 사는 Western Krahn족)의 남성들은 아직도 죽은 아내의 여동생을 신부로 취하는 것을 비롯하여 일부다처나 형사취수를 일삼고 있다.

또 보수적인 입장을 취하는 일부 유태인들도 그들의 명석한 두뇌에 걸맞지 않게, 형사취수를 고집하지는 않지만, 아직도 청상과부가 시댁과 결별해야 하는 경우 할리짜 의식이 필요하지 않겠는가 하는 논쟁을 계속하고 있다.

꼭 아들을 통해서만 대가 이어진다고 고집하는 한국인들도 그들의 수준과 크게 다르지 않다.

18세기 영국 여성 노동자 강간사

영국에서 산업혁명이 절정에 이른 시절 농촌지역 출신의 젊은 노동
자들이 도시의 공장에 취업하기 위해 몰려들었다. 젊은 남성들은 도시
에 모여든 여성들을 상대로 노골적으로 성욕을 표현하려고 시도했다.

특히 단순 노무직의 여공들은 대부분 야간근무시 수 차례에 걸쳐
서 강간을 당할 수밖에 없었다. 그 결과 *1830*년대 영국 여공들의 반
수는 강간에 의하여 임신을 경험하였다고 할 정도였다.

근대화 초기 우리나라에서도 도시의 공장 근로자들을 비롯하여 일반
여직원들의 상당수가 남성들에게 성적으로 농락을 당하고 살아왔다.

동서를 막론하고 나타났던 그러한 현상도 근래에 들어와 남녀평등
의 목소리가 커져가면서 달라져갔다.

여성들도 남성들만큼 권리를 주장하게 되었고, 성적 상호작용에서
도 여성의 동의나 의지에 반하는 경우 범죄에 해당될 수 있다는 점
을 인식하게 되었다.

그래서 *20*세기 후반에 와서야 강간이나 성추행 등의 단어들이 인
구에 회자되어 버렸다. 이러한 상황에서 남성들은 저항도 하지 않고,
신고도 하지 않는 손쉬운 표적을 상대로 그런 일을 저지르게 되었다.

이미 성년에 도달한 여성들보다도 어린 여성, 아동들이 그들의 표
적으로 바뀌었다는 말이다. 물론 어떤 남성들은 아동만을 상대로 성
욕을 느끼기도 하며, 또 어떤 남성들은 어린 남성을 상대로 추행하기

도 한다.

어린이들은 성인 남성과의 성 행동의 본질을 제대로 이해할 수 있는 능력이 아직 부족하다. 또 어린이가 아니더라도 미성년자들은 자기의 행동에 대한 법적인 책임을 지지 못한다. 어린아이가 동의를 하고 성행위에 연루되더라도 성인이 동의하는 것과 같지 않다.

예를 들면, 가출한 12세의 소녀가 용돈을 마련하기 위하여 성인 남성에게 애걸하여 동침을 했다고 하더라도 남성의 성행위는 범죄가 된다.

하물며 한 아저씨가 시키는 대로 어른의 성기를 만져준 네 살의 여자아이는 어떠하겠는가? 그 어린아이는 당시 자신이 했던 행동의 의미를 전혀 모를 수 있다.

세월이 지나면서 그게 무언지 어렴풋이 알기 시작하면 수치심과 죄의식, 혼돈과 갈등 속에서 헤매고 살아갈 가능성이 매우 높다.

자신도 이해하지 못했던 한 행동이 나중에 적응상의 문제를 일으킨다면, 그녀의 삶에 대한 보상은 누가 어떻게 해 줄 것인가? 아예 그런 행동을 하지 못하도록 예방하는 것이 상책이다. 그래서 대부분의 문화권에서는 어린이를 추행한 자에게는 극형을 내리고 있다.

성인 여성과 남자 아동을 비교한다면 여성의 힘이 더 세다. 이 경우 성인 여성이 어린이를 추행하는 일이 가능하다. 그러나 이는 단지 이론적인 가능성일 뿐 실제로 그런 경우는 매우 드물게 나타난다. 바로 후천적인 요인 때문이다.

즉 우리 문화권에서는 어린 시절부터 남성을 능동적이고 공격적인 존재로, 그리고 여성을 수동적이고 방어적인 존재로 학습시키고 있다. 이러한 선천적인 요인과 후천적인 요인의 영향으로 남성이 여성보다도 강간을 범할 가능성이 더 크다.

그리고 실제로 강제적인 성교를 시도하는 여성보다도 남성들이 더 많다. 남녀간의 비율을 비교할 수 없을 정도로 거의 대부분의 범죄자는 남성들이다.

성희롱은 차별에서 온다

최근 우리 문화권에서는 성에 관한 공개적인 언급을 매스컴 등에서 자주 하고 있다. 사실상 이러한 변화는 몇 개월 사이에 갑자기 이루어진 것이 아니라 20세기 후반 정보화 사회로 변모하는 과정에서 전개된 인권운동과도 관계된다.

범세계적으로는 20세기의 인권운동은 1960년대부터 활발하게 전개되었지만, 우리 문화권에서는 1980년대 이후 이러한 운동이 남녀평등의 측면에서 꿈틀거리기 시작하였다.

그러한 운동이 전개되는 과정에서 한국 남성들의 상당수가 이에 저항하면서 심리적인 불안을 느끼기도 했으며, 또 사회적으로는 여러 가지 문제들이 파생되었다.

그중 청소년 성 문제는 지난 수십 년 동안 이야기거리가 되었고, 최근 10여 년간 가장 언급이 자주 되고 있는 분야는 성폭력이나 성희롱이다.

이중 성폭력은 많은 사람들이 최근에 자주 발생하고 있는 문제라고 생각하지만, 실은 그렇지 않다. 기존의 남성 위주 문화를 유지해 왔을 때에는 요즈음 성폭력이라고 해석하는 사건이 발생하여도 이를 성폭력으로 해석하지 못했으며, 아직도 줄어들지 못했다고 표현해야 옳다.

남성이 여성을 대할 때 여성의 의지를 제대로 이해하지 못한 상황, 여성을 자신과 동등한 인간으로 여기지 못한 상황, 음주로 인한 행동을 쉽게 면책해 주는 상황 등이 바로 성폭력이 근절되지 못한 근본적인 이유가 된다.

예를 들면, 아직도 많은 남성들이 여성을 영계나 밥 등으로 표현하거나, 남성의 성욕을 해소시킬 수 있는 대상으로 생각한다. 또 문제가 발생하면 남성의 성욕은 여성과는 달리 통제하기 어렵다는 논리를 내세운다.

성희롱의 상황도 이와 유사하다. 과거에는 직장생활을 하는 여직원은 남성 직원의 보조 역할을 하였다. 어느 조직사회에서나 조직을 이끌어나가는 자들은 남성이었고, 여성은 홍일점으로 평가하여 꽃으로만 생각하였다.

단순히 꽃의 역할만 해왔기 때문에 근래 조직사회에서 남성들은 자신들보다 능력이 뛰어난 여성을 평가절하하려고 노력했다. 훌륭한 여성이라고 인정하기보다도 팔자가 사나운 여성으로 표현해야 마음이 편했던 것이다.

이러한 상황에서 남성들은 여성들을 이길 수 있는 방법이 완력을 사용하는 길이라고 믿는다. 곧 능력이 부족하다고 생각하는 남성들은 성적으로 치근덕거리거나 농담을 하면서 괴롭혀야 최소한 여자들보다 뒤지지 않는다는 보상심리에 사로잡히는 것같다.

근래 성에 대한 이야기가 더욱 공개적으로 진행되고 있는 시점에서 우리는 남녀 차별에서 파생된 성폭력이나 성희롱의 문제를 다른 차별의식과 관계된다는 차원에서 바라볼 줄 알아야 한다.

사람은 누구나 태어나서 살아가는 동안 차별받지 않고 살아갈 권리가 있다. 여성으로 태어났더라고, 장애인이나 흑인으로 태어났더라도, 자라서 노인이 되더라도 동등하게 살아가는 세상을 추구해야 우리 후손들의 모습은 밝게 보일 것이다.

여성은 남성과 동물의 중간?

플라톤이나 헤시오드 등 고대 그리스 철학자들은 한결같이 여성이 남성보다 더 열등하다고 말했다. 남성이 완전한 인간에 해당된다면, 여성의 위치는 남성과 동물의 중간 정도에 해당된다고 주장했다.

또 아리스토텔레스는 남녀 차이를 이론적으로 설명한 최초의 학자다. 물질계가 물·불·흙·공기의 네 가지 요소로 구성되어 있고, 또 건·냉·온·습의 특성을 지닌다고 주장한 그는 여성을 남성에 비하여 열이 제대로 가해지지 못한 상태에서 발달한 불완전한 존재라고 설명하였다.

최소한 그 시기로부터 근래까지 서구인들은 종족보존 과정에서 여성의 역할이 이차적이라고 믿어왔다. 인간의 씨가 남성의 정액에 들어있다고 암시한 신의 계시를 받드는 유태교의 영향도 그러한 믿음을 부추겼다.

하물며 비금속에 열을 가하면 귀금속으로 바뀔 수 있다고 믿었던 연금술사들까지도 남성만이 종족보존의 씨를 생성할 수 있으며, 여성은 종족보존의 과정에서 남성이 심어준 씨를 키우는 역할을 하는 것에 불과하다고 주장하였다.

1669년 현미경이 발명되었을 때에는 인간의 모습이 남성의 씨 속에 들어있다는 믿음이 확인된 듯한 분위기였다. 달걀 중앙의 반점을 관찰하여 병아리 구조를 보았다고 믿으면서, 사람의 씨도 현미경으로 관찰되리라고 기대했기 때문이다.

물론 현미경이 개발되던 초기 일부 학자들은 난자에 인간의 씨가 들어 있고, 정자는 단지 그 씨의 성장에 자극제 역할을 한다고 믿기도 했다. 당시에는 정자에 비하여 크기가 훨씬 큰 난자의 관찰에서 비롯된 새로운 발견이었다.

그러나 몇 년 뒤인 *1677*년 현미경을 개량했던 레벤후크는 사람의 씨가 난자가 아니라 정자 내에 들어 있다고 강력히 주장하였다. 그를 따르던 일부 현미경학자들은 정자세포 내에 들어있다는 태아의 모습을 그려내기도 했다.

그들은 인간의 씨를 지닌 정자세포가 양분이나 온도, 주거지를 제공해주는 난자세포의 속을 뚫고 들어가 양적인 성장을 거듭하게 된다고 생각하였다. 이러한 학자들의 덕에 지난 *2500*년 이상 여성은 아이를 낳는 데만 필요한 존재로 평가되었다.

이러한 주장의 전개는 동양에서도 비슷하였다. 공자는 여자들을 평가할 때, 잘해 주면 올라타고, 그렇지 않으면 토라지는 속이 좁은 인간이라고 하면서 남성을 대인, 여성을 소인으로 구분하였다. 그리고 공자 스스로도 자신이 여자로 태어나지 않는 것을 천만다행이라고 언급하면서 살아갔다.

또 아동들의 학습을 위해 편집된 『사자소학』이나 『명심보감』의 효도 편에 '아버님 날 낳으시고(父生我身) 어머님 날 기르시니(母鞠吾身)'라는 구절이 나온다. 어머니라는 밭에 아버지의 씨가 뿌려진 결과 자신이 태어났다는 가르침이다.

금세기 중반 정교한 현미경의 개발과 함께 세포결합 및 분열에 의한 수태이론이 나타나면서 기존의 주장들은 설득력을 잃었다. 그럼에도 불구하고 아직도 어린 자녀들이 '자신이 어떻게 태어났는가'를 질문할 때 아빠의 씨가 엄마의 몸 속에 심어져 자라다가 태어났다고 설명해주는 이들이 적지 않다.

황혼이혼과 가족주의의 망령

　대부분의 현대 문화권에서는 남녀 누구나 결혼생활이 불만족스러울 경우 이혼을 신청할 수 있다. 이혼의 요인은 크게 경제와 개인적인 요인으로 이분된다.

　경제적 요인도 가정과 국가에 따라서 다르게 작용한다. 우선 가정경제가 빈곤하면 부부 사이의 불신이나 불안이 커지면서 이혼의 확률도 높아진다.

　그러나 국가경제는 침체가 아니라 번성할 때 이혼율이 더 높아진다. 이는 사회경제적 수준의 상승으로 인한 여성의 지위 향상과 관계된다. 경제적으로 독립이 가능한 여성들이 지배와 종속관계의 틀에서 벗어나고 싶어하기 때문이다.

　개인적인 요인으로는 주로 부부의 성격 차이에서 이혼이 발생한다. 성격의 차이란 서로 상대방의 입장을 이해하지 못하는 것을 의미한다. 이로 인하여 성생활의 빈도 및 성생활에서 얻는 만족의 정도까지 감소하게 된다.

　어떤 사람들은 그와 같은 갈등에서 벗어나려고 외도를 하지만, 그 경우 일이 더욱 꼬여가게 된다. 이러한 설명은 특히 성인기 초기나 중기의 부부들에게 다소 설득력이 있는 편이지만, 유감스럽게도 노부부들은 다른 측면에서 이해되고 있다.

　*1990*년대 후반 *76*세의 한 할머니가 이혼을 제기하면서 '황혼이혼'

이라는 말이 생겨났다. 이제까지 전혀 생각해보지도 못한 일이었기에 매스컴의 특종기사가 되었다.

결혼 52년 동안 학대를 받는 등 행복한 적이 없었다는 할머니의 주장에도 불구하고 할머니의 소송은 고등법원에서나 대법원에서 모두 패소했다.

서구의 개인주의적 사고와는 달리 우리는 지금도 가족주의에 상당히 집착하는 편이다. 그러한 까닭에 가족의 해체를 큰 고통으로 여긴다.

애정이 없는 남편과 함께 보내야 한다는 여생 자체가 할머니에게는 큰 불행이겠지만, 전통적인 가족주의 입장은 고통으로부터 해방을 원하는 그녀를 외면했다.

남편이 86세의 고령인데다가 정신장애 증상을 보이는 상태에서 이혼을 원하는 그녀가 과연 올바른가, 이혼 후 행복해지겠는가 하는 주장들이 더 우세했던 것이다.

그러나 할머니가 얻고자 하는 행복은 다른 게 아니라 불행한 결혼생활이 법적으로 청산되기를 바라는 그 자체였다.

그녀는 왜 이제서야 이혼을 원하는가라고 묻기보다는 오죽했으면 지금이라도 이혼하고자 하겠는가라고 보아주기를 바라는 것같다.

이혼율은 가정과 사회의 안정성을 측정하는 하나의 지표가 되므로 일반인들은 이혼율 상승을 두려워한다. 그러나 남녀노소를 막론하고 이혼의 권한이 모두에게 동일할 때 진정한 지표가 될 수 있다.

이혼을 하려는 사람들 중에서 상당수가 상담을 원한다. 필자도 그런 상담을 간혹 받는데, 특히 50대 이상의 부부로부터 이혼상담을 받을 때 더욱 곤혹스럽다.

그들의 상담 동기는 이혼 여부를 결정하기 위해서라기보다도 이미 마음의 결정을 한 상태에서 위로의 말을 들어보고 싶어하는 경우가 더 흔하기 때문이다.

1990년대에 들어와 60대 이상의 할머니 할아버지들의 이혼소송 빈
도가 갑자기 늘어났다. 남은 생애가 좀 더 삶다운 삶이 되도록 하기
위해서 이혼을 원한다.

인생의 후반기에 접어들어 이혼을 원하는 분들은 가족주의의 틀이
젊은이들보다 자기들에게 더 강하게 씌워져 있다는 사실에 불만을
느끼고 있다. 이를 이제부터라도 간과하지 않아야 한다.

노부부의 마찰, 이유가 있다

아기가 태어날 때 부모의 최대 관심사는 크게 두 가지다. 하나는 아이가 건강한가 또는 정상인가에 대한 것이고, 다른 하나는 아이의 성별이다.

자기 의지에 의하여 태어난 사람은 아무도 없다. 그럼에도 불구하고 태어나는 순간 자신의 내외적 조건이 운명의 방향을 결정하기도 한다.

그 결정요인 중 하나가 바로 생물학적 성별이다.

아들인가 딸인가에 따라서 부모가 된 느낌이 다르고, 아이에게 거는 기대도 다르다. 아이도 커나가면서 자신의 주변환경과의 상호작용을 통해 소위 전통적인 성 역할이라는 고정관념을 내재화시키게 된다. 그러면서 사회가 바라는 대로 남자는 남자답게, 여자는 여자답게 자란다.

남아는 공격적, 야성적, 권위적, 주도적, 자기중심적 등의 특성을 키우고, 여아는 그 반대의 특성을 키우며 성장해간다. 직업의 선택도 그러한 특성에 맞게 결정되므로, 비행기 승무원, 간호사, 전화 교환원, 미용사 등은 여성의 직종으로 간주했다.

그러나 성인 후반기에 접어들면서 남성들에게서 전통적으로 여성의 특성으로 구분된 성향이 두드러지게 된다. 반대로 여성들에게서는 전통적인 남성성의 특성이 두드러지게 된다. 왜 그런가?

분석심리학자 융(Carl Jung)에 따르면, 누구나 출생 당시 전통적 성 역할 구분에 따른 남녀 특질을 모두 갖추고 있다. 그는 남녀의 특성이 밀접하게 결합하여 균형을 이루고 있는 것을 인격 또는 성격이라고 표현했다.

그런데 살아가는 도중에 끊임없이 남성성만을 사용하는 남자는 생의 후반기에는 남성성이 모두 소진되고, 그 결과 여성의 특질만 나타나게 된다. 역시 여자로 살아오면서 주로 여성의 특질만을 사용했다면, 노인이 되어서는 남성성만이 남게 된다.

그렇기 때문에 생의 후반기에 갈수록 여성에게서 수동성이 줄면서 공격성이 높아지므로 노부부의 마찰이 생긴다. 이러한 이유로 젊은 시절 자신의 부인에게 남성성을 과시한 남편은 생의 후반기에 부인으로부터 공박을 심하게 받는다.

20세기 후반 이후 고도로 발달한 산업사회 또는 정보사회에서는, 전통적 성 역할 구분에 따라서 살아가다 보면 흔히 인간관계에서 불이익을 받게 된다.

남자가 전후좌우를 고려하지 않고 전통적인 남성성만을 과시하면 따돌림을 받게 되고, 또 여자도 전통적 여성성에 얽매이다 보면 제몫을 찾지 못하게 된다. 그러한 상황에서는 남녀 모두 자신의 역량을 제대로 발휘하지 못한다.

실제로 전통적 남성성에 집착된 남성들은 여성들보다 사회적 지위가 더 높기 때문에 자긍심도 강한 편이지만, 보다 공격적이고 경쟁적이므로 심장질환 발생 가능성이 더 높게 드러났다.

심리학자 벰(Sandra Bem)은 근래와 같은 복잡한 사회환경에 잘 적응하려면 오히려 전통적으로 구분된 남녀의 특질을 함께 갖추어야 한다고 주장했다.

후천적으로 구분된 남성과 여성의 특성이 합해진 상태를 안드로지니(androgyny, 양성성)라고 부른다. 이는 그리스어 남성(andr)과 여성

(gyne)의 합성어이다.

정반대로 여겨지던 남녀의 특성들을 모두 지닌 개인들은 전통적 성 역할에 의존하지 않는 진보한 자들이라는 주장이다.

남성적이고 여성적인 자기개념들이 통합되어 개인의 사고, 판단, 행동 등의 생활양식에 나타나기 때문에 그들은 어느 상황에서나 적절하게 행동을 할 수 있다.

실제로 양성의 기질을 강하게 지닐 경우 친교관계의 발달도 용이하고, 정신적으로도 건강하며, 또 노인이 되어서도 자신의 삶에 대해 더 만족하고 있는 것으로 드러났다. 여기에서 뛰어난 양성의 기질이란 전통적인 남성성과 여성성이 모두 높은 편이라는 뜻이다.

뒤바뀌는 성범죄 피해자와 피의자

자신의 외모를 가꾸는 행위는 유행을 탄다. 또 유행은 억지로 창조되거나 변형되지 않는다. 자연스럽게 탈바꿈하게 된다.

한 예로 *1970*년대에는 젊은 남성들에게 장발이 유행하였다. 뒷모습으로 남자인지 여자인지 구별하기 어려울 정도로 긴 머리의 남성들이 많았다. 우연인지는 몰라도 장발 단속이 주춤해지자 *1980*년대 중반 이후 장발의 남성들이 거의 사라졌다.

또 *1990*년대 초 남성처럼 짧은 머리를 하고 다니는 여성들이 부쩍 눈에 띄었다. 그러나 그러한 유행은 별로 오래가지 못했다. 여성들이 노출이 심하거나 짧은 옷을 입고 다니는 행위도 멋있게 보이려고 하는 일종의 유행에 해당된다.

한국의 기성세대들은 요즈음 대부분의 젊은 여성들이 옷이라 하기에 무색할 정도로 노출이 심한 배꼽티 등을 입고 거리를 활보하고 다니는 것에 인상을 찌푸린다. 그들은 노출현상이 미풍양속의 파괴에다가 성범죄를 유발시킨다고 우려하는 목소리를 높이고 있다.

아니나 다를까, *1990*년대 중반에는 이를 단속하려고까지 했다. *1996*년 *8*월 하순 우리나라 경찰청은 가슴이나 엉덩이 등 치부가 비치거나 노출시킨 옷차림을 한 사람을 집중적으로 단속한다고 발표했다.

정작 여름이 다 지나가는 마당이었는데도 성범죄 증가 현상이 신체노출과 관계된다고 판단한 결과였다. 물론 경찰청의 이러한 결정은 유림을 비롯한 여러 시민단체들의 영향을 받았겠지만, 고육지책이라 할 수 있다.

한국에서는 아주 최근에까지도 여성이 남성들을 부추긴 결과 성범죄가 발생한다는 입장을 취했다. 그래서 경찰청의 결정을 쌍수로 환영하는 사람들이 꽤 많다. 여자들이 신체 일부를 노출시키는 옷을 입고 다니지만 않는다면 성범죄가 거의 발생하지 않을 것같다는 논리에서 비롯된 접근방식이다.

마치 이러한 논리를 증명이나 해주듯이, 사실 성 범죄자들의 상당수가, 특히 여름에 범죄를 저지른 자들은 거의 일관성있게 여성의 야한 옷차림이나 몸매에 자극받았다고 진술한다.

만일 그러한 논리가 정당하다면 최소한 겨울에는 성범죄가 거의 발생하지 않아야 한다. 불행하게도 성범죄는 여성들이 옷을 어떻게 입고 다니는가와는 별개로 연중무휴로 발생한다. 그러한 논리는 성범죄를 저지르는 남성들의 책임 일부를 여성에게 전가시키려는 의도에 지나지 않는다.

남성 위주의 논리에 의하면, 허벅지를 노출한 짧은 바지에다가 배꼽을 내보이고 다니는 여성은 자기를 따라오라고 손짓하는 여자로 해석된다. 그렇다면 남자가 여자에게 옷을 입는 기준을 마련해 주고 그 이상을 넘으면 책임질 수 없다고 얘기하는 것이나 다름없다.

미국 문화권에서는 여성이 성범죄를 유발시킨다는 견해는 거의 사라진 것같다. 그렇지만 아직도 성욕을 자제시킬 수 있는 능력은 여성보다 남성이 부족하며, 또 남성들 중에서도 자제능력이 부족한 자가 범죄를 저지른다고 본다.

그래서 성범죄를 저지르는 남성들은 그렇지 않는 남성들과는 좀 다르다고 보게 된다. 그러한 시각이 사라지지 않는 한 남성들은 자신의 행위를 실수로 해석하고, 그 실수를 무마시키려고 든다. 그리하여 강간을 저지르고도 참을 수 없는 본능 때문이었다는 구실을 찾는다.

순결과 불륜

앵무새 피가 팔목에 잘 묻으면 처녀

전통적으로 대부분의 문화권에서 여성의 순결은 진주처럼 고귀하게 여겨졌다.

고대 유태인들은 결혼할 때 처녀성을 증명하지 못할 경우 돌로 쳐죽일 수 있었으며, 회교도들 역시 순결을 잃은 여성의 아버지나 오빠가 더럽혀진 가족의 불명예를 씻기 위해 딸이나 동생을 살해하기도 했다.

우리 문화권에서는 살인에까지 이르지는 않았지만, 조선시대의 유교 논리에 따라서 신랑이 신부를 쫓아낼 수 있었다.

고대로부터 최근에까지 문화권마다 처녀성을 증명하는 다양한 방법들이 있었다.

특히 중세 유럽지방에서는 소변검사를 통하여 여성의 소변이 맑고 거품이 일면 처녀라고 생각했으며, 또 유두검사를 통하여 젖꼭지가 위쪽으로 뾰족하게 향하고 있으면 처녀라고 믿었다.

역시 뿔로 만든 잔에 포도주를 담아 마시게 하면서 만약 술이 흘러내리게 되면 처녀가 아니거나, 기혼녀는 바람을 피웠다고 믿었다. 우리 문화권의 경우 과거 궁중에서 궁녀를 선발할 때 앵무새 피가 팔목에 잘 묻어야 처녀라고 판명하였다.

수 십 세기 전부터 처녀막의 파열을 처녀성의 상실 기준으로 언급하고 있지만, 이를 포함한 모든 방법들이 전혀 타당성이 없다.

오히려 남성들이 여성을 통제하기 위한 수단에 불과하다는 것으로 드러났기 때문에 최근에는 처녀성 검사를 인권 유린으로 해석한다.

남아프리카공화국 요하네스버그에서 200여 km 동쪽 지역의 줄루족들은 현재 남녀 청소년들을 상대로 처녀성 검사를 실시하고 있다. 물론 그 방법들은 과학적으로 신빙성이 떨어진다.

그러나 줄루족(Zulu)들이 처녀성 검사를 부활시켰지만, 인권 유린이라고 비난을 받고 있지는 않다. 처녀성 검사를 남녀 모두에게 동시에 실시하고 있으며, 또 그 목적이 과거와 사뭇 다르기 때문이다.

과거 줄루족들은 결혼할 무렵에 여성의 순결을 증명하였다. 그들의 관습에 따르면, 남성들이 처녀성을 지닌 부인을 원했기 때문이고, 또 처녀인 신부가 부모에게는 값어치가 높았기 때문이었다.

또 여성의 검사에 비하여 까다롭지는 않았을지라도 남아들에게도 처녀성 검사가 실시되었다. 특히 성욕을 금하고 있는 자만이 용감한 전사가 될 수 있다는 믿음에서 남아들의 검사가 행해졌다.

남아에게는 전혀 손을 대지 않고 땅에 박힌 약 90cm 정도 높이의 철사를 이용하여 바지를 내리도록 한 다음 일정한 장소에 소변을 누게 한다.

이를 실수없이 시행하게 되면 아직 성교 경험이 없다고 판정한다. 그러한 검사는 방광이 꽉 차있을 때 실시한다.

역시 남아의 처녀성을 검사하는 다른 방법으로는 무릎의 앞뒤를 살펴본다. 성교 경험이 없는 남아의 경우 슬개골의 부드러운 부위를 손가락으로 눌러도 잘 들어가지 않으며, 또 무릎 뒤 정맥 부위의 색이 옅은 은색으로 변한다고 믿고 있다.

또 여아에게는 옷을 벗기고 다리를 벌리게 한 다음 검사관이 처녀성을 검사한다. 그들은 근래 매월 그러한 검사를 반복하고 있는데, 검사를 통과한 남녀 청소년에게 전통적인 줄루족 노래와 춤으로 축하를 해주고 증명서도 발급한다.

줄루족들이 오랫동안 사라졌던 처녀성 검사 관습을 부활시킨 이유
는 바로 에이즈라는 20세기 최악의 질병에 대한 두려움 때문이었다.

국제연합의 보고서에 따르면, 1999년 중반기 남아프리카의 4천만이
조금 넘은 인구 중에서 360만 명이 에이즈환자 또는 HIV 보균자일
정도였다.

더욱 심각한 문제는 HIV 보균자인 10대들의 임신 비율이 매우 빠
르게 높아지고 있었다. 그래서인지 그러한 검사는 사춘기에 접어든
10대들에게만 해당되지는 않는다. 생후 4개월밖에 되지 않은 아이들
도 검사의 대상이 되고 있는데, 이는 아동학대를 예방하기 위한 차원
이라고 한다.

역시 50대의 여성도 검사를 받는데, 그러한 검사 결과 정조를 지키
고 있다는 사회적 명성을 얻을 수 있기에 검사에 대한 거부감이 별
로 없다.

이러한 사회적 명성 때문에 처녀성을 인정받은 여자 청소년들은
성교의 경험이 있는 여자들을 친구가 아니라고 따돌리기도 한다.

불행하게도 정조검사 관습의 부활은 무지와 관련된 다른 문제를
파생시키고 있다. 즉 남아프리카의 일부 지역 빈민들은 처녀와 성교
를 하면 에이즈나 다른 질병들도 낫는다고 믿는다.

그 때문에 처녀성을 증명받은 지 일주일도 못되어 강간당하고 에
이즈 바이러스에 감염된 청소년도 생겨나고 있다.

질병에 감염된 남성들이 바로 그 처녀들을 찾아다니고 있기 때문
이다.

빼앗고 빼앗기는 순결

과거에는 남성들이 자신이 원하는 여성의 순결만 빼앗으면 그녀와 결혼할 수 있다고 믿고 행동했다. '열 번 찍어서 안 넘어가는 나무 없다'는 신조로 여자를 공략하여 아내로 삼은 남성들이 많았다.

그래서 한때 용감한 남성이 미녀를 취한다는 함수관계가 성립되기도 했다. 그런 남성들의 사고방식에 따라 상당수 여성들의 운명이 결정되기도 했다. 순결을 잃은 많은 여성들이 마음에 들지 않는 남성들의 아내로 살아갔다는 말이다.

한 40대 주부의 결혼 동기를 들어보자.

결혼 전 남편의 구애는 매우 적극적이었다. 난 그의 외모나 경제력 등 어느 하나 마음에 든 게 없어 시큰둥했다. 결혼할 생각은 아예 없었고, 단지 야무진 패기 때문에 가끔 데이트에 응해 주었을 뿐이다.

하루는 데이트 도중 멀리 야외까지 갔다. 그런데 늦은 밤 집에 돌아올 수 없는 형편이 되어 버렸다. 요즈음처럼 자동차가 많았던 시절이 아니었기에 별 수 없이 여인숙에 들어가게 되었다.

그 남자는 과일을 깎아먹다가 나에게 자기와 성관계를 갖지 않으면 칼로 자살하겠다고 위협했다. 난 절대로 혼전에 관계를 가질 수 없다는 입장을 고수해 왔었기에 차라리 내가 죽겠노라고 하면서 밖으로 나가버렸다.

그러나 막상 갈 데도 없고 나도 죽을 수는 없어 다시 방으로 들어갔다. 어쩔 수 없이 원하지 않는 성관계에 응했다. 그후 나는 계속 죽고싶은 마음뿐이었다.

　그를 사랑한다는 확신보다도 이미 그 남자와 관계를 가졌기 때문에 다른 선택이 없었다. 팔자라고 생각하여 결혼했는데, 당시 성관계를 가진 사실이 다른 사람들에게 알려지는 것처럼 두렵고 수치스럽게 생각된 일이 없었다.

　지금 젊은이들도 아무리 사랑하는 사이라고 하더라도, 또 결혼하기로 약속했더라도 서로 순결을 지켜주는 것이 바람직하다고 생각한다.

　그녀는 강요에 의하여 순결을 상실하고서 결혼하게 된 점을 지금도 무척 후회하고 있었다. 그래서 기회가 생길 때마다 젊은이들에게 서로 순결을 지켜주는 것이 바람직하다는 이야기를 강조하고 있었다.

　그녀는 몇 번 데이트를 했던 상대에게 순결을 빼앗겼지만, 어떤 여성은 원하지 않는 한번의 만남에서 순결을 빼앗겨 모든 걸 포기하고 결혼하기도 했다.

　현재 30대 이상의 주부들은 남성 위주의 사회문화권에서 자라왔기 때문에 임신 여부에 상관없이 혼전관계를 가진 남성과 결혼하고 살아야 별다른 탈이 없을 거라고 믿었다. 양반과 상민을 구별했던 조선의 계급사회의 의식구조가 아직도 뇌리에서 벗어나지 못했기 때문에 그렇게 믿는다.

　양반이라는 신분을 유지하기 위해 혈통의 순수성이 보장되어야 하며, 그런 차원에서 여성들은 정절이 목숨보다 더 귀중하다고 강조된 문화 속에서 성장했다.

　결혼 14년째인 한 여성에 의하면, "난 중매결혼을 했는데, 아무리 개방되더라도 혼전관계는 좋지 않다고 봐요. 내 친구는 남편과 연애결혼을 했는데, 그전에 사귀던 남자와의 성관계 사실을 남편이 알고는 말끝마다 '더러운 년'이라고 그러는가 봐요. 그걸 보면 결혼하기 전 관계가 없는 게 좋다고 생각해요"라고 했다.

　양반문화의 잔재이며 매우 의미심장한 지적이다. 순결을 잃고 다른 남자와 결혼한 여성은 죄를 지었기에 할말도 제대로 못하고 살아야 한다는 말이다.

반대로 만약 한 여성이 마음에 드는 남성의 순결을 빼앗았다면, 그 남성이 그녀와 결혼해야 할 팔자라고 생각하겠는가? 그렇지 않다.

남성들은 자신들의 행위는 전혀 고려하지 않고 여성의 순결만을 앞세우고 살아왔다. 여자는 순결을 무시하고 결혼했다가 나중에 책을 잡히고 살아가지만, 남자는 그렇지 않았다. 그리고 여성들도 그런 이중적인 태도를 받아들이고 따랐다.

그런데 변화가 생기고 있다.

한 미혼 여성은, "예전에는 남녀가 사랑을 하고 성관계를 가진 사이인데 어떻게 다른 사람과 뻔뻔하게 결혼할 수 있을까 생각했어요. 그러나 이제는 성관계의 경험에 상관없이 한 개인에게 얼마나 진실하고 충실한가 등이 더욱 중요하다고 생각합니다"라고 말했다.

이는 과거의 이중기준에 얽매이지 않으려고 노력하는 입장이다.

하물며 현대의 일부 여성들은 설령 결혼 전 임신했더라도 그 남자가 마음에 들지 않으면 결혼하지 않는다고 답한다. 아마 가치관도 바뀌었지만, 부분적으로는 낙태가 성행하다 보니 너무 단순하게 답해 버릴 정도로 변하고 있다.

우리 역사에도 현재보다 남녀간의 성적 교제가 자유스러웠던 시절이 있었다. 『삼국유사』에 의하면, 신라 원성왕 시절 매년 2월 초파일부터 보름날까지 흥륜사의 탑을 도는 복회(福會)라는 풍습이 있었다. 실제 김현(金現)이라는 청년이 탑을 돌다가 눈이 맞은 여자와 정을 통했다는 이야기가 나온다.

고려인들은 남녀를 구별하지 않고 더운 여름에는 옷을 벗고 시냇물에서 목욕을 했다고 전해진다. 또 고려인들은 결혼도 쉽게 하고, 이혼도 쉽게 했다고 전해진다. 결혼형태도 고려시대 중기까지는 혼인 당사자의 자유의사에 의하여 맺어지는 자유혼인이 유행했다.

근래에 와서 불과 몇 년 전부터 혼전관계나 임신을 신라나 고려시

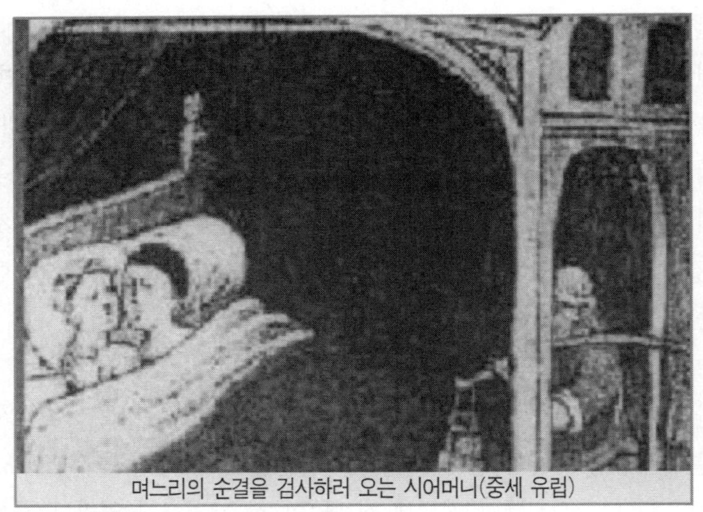
며느리의 순결을 검사하러 오는 시어머니(중세 유럽)

대 못지 않게 여기게 된 것같다. 그렇지만 아직도 남녀간의 이중기준이 모두 사라졌다고 보기 어려워 여성들은 자신들의 의사결정에 확신을 갖지 못한다.

젊은 여성들의 고민은 대부분 공통적이다.

남자 친구가 성교를 원하면서 사랑을 확인하자고 할 때 거절하면 헤어질 것같고, 그렇지 않으면 자신의 순결에 대한 입장을 변화시켜야 한다.

또 남자 친구의 요구를 따르자니 사회적으로나 도덕적으로 자신을 이해해줄 것같지 않는 느낌이 들기 때문이다. 그들은 또 성관계 후 생리주기가 늦어지면 임신이 되지나 않았을까 고민한다.

역시 나중에 그 남자와 결혼하지 않을 경우 남편이 이를 알고도 이해해 줄까 의심스러워진다. 말로는 이해한다는 남편이더라도 극단적인 상황에 처하면 여느 남성들처럼 자신을 더러운 여자라고 취급할지도 모르기 때문이다.

한 마디로 현대의 미혼 여성들은 성에 대한 견해 차이로 이성과 사귀면서 남성들이 하지 않는 고민을 한다. 자신이 성관계를 원한다고 남자에게 먼저 다가서고 싶어도 그렇게 하지 못하고, 남자가 성관계를 원할 때 싫더라도 그 남자의 요구에 응해주어야 하는가를 고민한다.

사회적 제약으로 인한 여성들의 이러한 반응은 실제로 성교를 경험하는 경우에까지 영향을 미친다. 어떤 여성들은 성적 환상만 가져도 상당한 죄책감을 가진다. 여성들 중에서도 특히 하느님의 말씀을 위반했다고 생각하는 독실한 기독교 신자일수록 더욱 심하다.

또 성관계를 경험하면서도 여성은 임신에 대한 두려움이나 순결 상실에 대한 실망감도 더 크다. 섹스를 불결하다고 배웠기 때문에 성교 시 쾌감을 느끼지 못하고 스스로 불감증인가를 의심하는 여성도 있다.

일부 여성에서 보이는 불감증 현상이란 성욕이 있지만 쾌감을 얻지 못하는 것으로, 이들의 대부분은 성욕을 무의식적으로 너무 심하게 억압하고 있기 때문이라 분석된다.

남녀가 함께 성행동의 결과에 책임을 지는 상황이라면 여성들이 그런 피해를 보지 않는다. 많은 남성들은 마음에 들지도 않는 여성과 서슴없이 성관계를 가지고, 그 결과 임신이 되었을 때에는 자신의 일로 책임지려고 하지 않는다.

여성들이 혼전 임신을 했을 경우 요즈음의 남자들의 태도는 예전의 남자들과 좀 다르다. 너무나도 쉽게 낙태를 권유하기도 한다. 돈이면 뭐든지 해결된다고 배웠기 때문에 너무나도 단순하다.

그렇다면 젊은 여성들은 남성과 성관계를 가지기 전에 상대방과의 인간관계에서 후회하지 않으려면 그 남성의 책임능력을 살펴 볼 필요가 있다.

피임이나 질병의 감염에 대한 예방을 하는 차원에서 여성에게 성관계를 요구하는 남성이라면 그래도 여성에게 덜 부담이 가는 상대가 된다.

결혼의 조건으로 순결을 강조하는 상황에서는 남녀 모두 행동의 결과에 책임지려는 자세를 갖출 필요가 있다.

혼전임신과 결혼의 굴레

과거에 모든 여성들이 최초로 자신의 순결을 앗아간 남성과 결혼했던 건 아니다. 그렇지만 대다수 여성들은 그러한 굴레 속에서 헤어나지 못하고 살아왔다.

하물며 성교 후 임신이 되어버렸다면, 십중팔구 그 남자와 결혼해야 된다고 생각했다. 옛 이야기로 신라 29대왕 태종이 된 김춘추는 김유신의 누이와 혼전관계로 임신하자 결혼했는데, 이러한 모습은 20세기 중반만 하더라도 매우 흔했다.

한 30대 초반의 여성은 임신으로 인하여 결혼하게 된 동기를 다음과 같이 밝히고 있다.

나와 연애를 하고 있던 남자가 저녁에 집에 놀러왔다. 서로 들어누워서 TV를 볼 정도로 가까운 사이였는데, 어쩌다가 처음으로 관계를 가졌다. 그후 남자는 나에게 전화를 몇 번이나 걸었지만, 나는 도저히 그 남자를 쳐다볼 용기가 없어서 만나기를 회피했다.

난 당시 독실한 기독교 신자였기에 죄를 지었다는 생각에서 잠을 이룰수가 없었다. 또 다른 사람들에게 들통이 날까 봐 두려운 나날들을 보냈다. 그러다 어느 날 그 남자를 만나게 되었다. 전보다 더 잘해주면서 나를 끝까지 책임질 거라고 안심시켜 주었다.

나는 솔직히 그 일이 있기 전에는 혼전의 관계를 사랑하는 사이라면 별로 반대하지 않았던 편이었다. 그런데 막상 내 일이 되고 보니 상당히 혼동이 되었고, 후회와 원망 등 복잡한 감정에 사로잡히게 되었다.

그러나 시간이 지나 '에이, 이왕 이렇게 되었는데' 하면서 체념해버렸다. 몇 차례 더 관계를 가지다보니 나도 모르게 임신이 되었다. 며칠간 눈물로 시간을 보내다가 남자에게 이를 알려 결혼하게 되었다.

이 여성은 앞의 여성에 비하여 젊은 세대인지라 사랑하는 사람과의 성관계를 부정적으로 바라보지는 않았다. 그렇지만 본인이 그런 경험을 했을 때 후회와 체념 등의 갈등을 겪고 있다. 그리고 관계 후 임신이 되었을 때는 거의 확실히 결혼을 결정해 버렸다.

미국사회에서도 *1960*년대까지 혼전 임신으로 인한 결혼이 허다했다. 또 그때까지만 해도 미국 남성들은 사귀던 여성이 임신을 하면 다른 선택이 없었다. 미혼 여성이 임신한 것 자체가 가족이나 개인에게 오점이 될 수 있었기 때문에 어떻게 해서든지 결혼을 서둘렀다.

물론 남자가 결혼해줄 것을 약속했기 때문에 성행위에 응한 여성들이 대부분이었는데, 이때 남자가 변심을 하게 되면 집안 망신을 하게 되었다. 그래서 임신한 미혼 여성의 오빠나 아버지는 상대방 남성에게 결혼을 강요하게 되었는데, 엽총으로 위협했다고 해서 샷건 메리지(shotgun marriage)라는 용어가 생겨났다.

그러나 *1970*년대에 들어오면서 그러한 전통이 줄어들기 시작했다. 그러다 보니 사생아 출산비율이 높아지기 시작했다. 즉 *1965*년에서 *1990*년 사이에 백인은 *75%*, 흑인은 *65%* 정도 사생아 출산비율이 높아졌다.

만약 그 전통이 고수되었더라면 백인은 그 기간 동안 *25%*, 흑인은 *40%* 정도밖에 사생아 출산비율이 높아지지 않았을 것으로 추측할 수 있었다.

한국의 젊은 남녀들도 유사했다. 물론 서로 사랑하는 사이가 아니었더라도, 혼전관계를 부정적으로 바라보았더라도, 그리고 강제적인 성교를 당했더라도 일단 임신을 하게 되면 여성들은 다른 남성과의 결혼을 생각하기가 매우 어려웠다.

여러 가지 이유가 있겠지만, 최소한 *1980*년대까지만 하더라도 미혼 여성이 임신을 하면 부모들은 서둘러서 결혼 일정을 잡아주곤 했다. 결혼도 하지 않은 처녀가 임신했다는 사실이 노출될 때 여성은 사회적 시선에 의하여 심한 스트레스와 수치심 등 정신적 상처를 받기 때문이다.

또 그녀의 가족들도 입장이 매우 난처했기 때문에 딸이 임신한 사실을 숨기고 빠른 시일 내에 결혼을 시켰다. 현재 *30*대 후반에서 *40*대, *50*대 주부를 대상으로 조사했을 때 이러한 경우가 매우 흔했다.

전혀 마음이 없었더라도 어쩔 수 없었다, 주변의 이목이 두려웠다 등의 이유로 결혼을 해버리는 여성들이 상당수였다. 그들중 일부는 현재의 남편과의 결혼생활에 만족하고 있었지만, 후회와 아쉬움 등에 사무쳐서 살고 있는 여성들이 더 많았다.

현대의 일부 여성들은 설령 결혼 전 임신했더라도 그 남자가 마음에 들지 않으면 결혼하지 않는다고 답한다. 가치관이 바뀌어 그런 답이 나오겠지만, 부분적으로는 낙태가 성행하다 보니 너무 단순하게 답해 버리고 있다.

외도와 불륜의 사회학

　과거의 여성들과는 달리 현대의 젊은 여성들의 상당수는 주변에 자기의 마음에 드는 남성이 있다면 적극적으로 프로포즈하겠다는 의지를 가지고 있다.

　과거에는 관심이 있어도 자기에게 말을 걸어오면 의식적으로 쌀쌀맞게 대하거나, 관심있는 남성에게 접근도 못하고 가슴앓이를 하는 여성들이 많았다.

　요즈음은 그런 여성들이 상당히 줄어들고 있다. 이러한 여성들의 적극성은 결혼 후에도 마찬가지인 것같다.

　1996년 초 국내의 한 화장품회사는 25세에서 35세 사이의 기혼여성 고객 738명을 상대로 남자 친구에 관한 설문조사를 했다. 그들의 22.5%가 배우자 이외에 남자 친구가 있다고 했으며, 또 41.2%는 지금은 없지만 있으면 더 좋겠다고 반응하였다.

　물론 36.3%는 아예 관심이 없거나 상상할 수도 없다고 답하였다. 남자 친구에 대한 정의가 응답자마다 다르겠지만, 예전의 여성들과는 상당히 다른 태도를 지니고 있음에는 틀림없다.

　1990년대 중반 모 TV방송국에서 유부남과 유부녀의 사랑을 주제로 한 〈애인〉이라는 드라마를 방영하였다. 그러자 드라마 내용이 장안의 화제가 되었다.

　한 미혼여성은 "그 드라마를 접하고는 처음에는 막막했다. 그러나

"]

다시 생각해 보면, 이해할 수 있을 것같다. 만약 우리 부모가 저런 처지라면 화가 나겠지만 결혼 후에도 남편 이외에 애인을 가질 수 있으며, 어떤 경우에는 피할 수 없는 일일지도 모르겠다. 드라마는 불륜으로 보인다기보다 서로 대화하면서 정신적 도움을 주는, 타성에 젖은 생활에 활력소가 되는 아름다운 정신적인 사랑으로 보인다. 하지만 내 입장에서 남편이 그렇다면 어떨지는 잘 모르겠다"고 말한다.

사실 이 TV 드라마는 기혼여성들이 즐겨 보았다. 그들은 자신이 바람을 피우지 못하더라도 드라마의 주인공과 동일시하면서 대리만족을 취하고 있었다.

그래서 주부 시청자들중 상당수는 드라마 시청 그 자체가 주는 스릴과 만족 때문에 다른 일보다도 그 드라마를 보는 것을 더 중요하게 생각하였다. 주인공들의 만남의 타당성을 물으면, 성관계를 의식한 응답자는 불륜이라고 생각하는 탓에 반대하는 반면, 우정을 위시한 관계로 이해하는 사람들은 찬성한다.

그런데 성관계가 발생하더라도 이를 인정해야 한다는 주장도 만만치 않다.

한 여성은 "기혼자로서 배우자가 아닌 다른 이성과 성관계를 가지는 경우 사회의 도덕적 기준에 어긋나지만, 우리나라에서는 성생활이 너무 음성적으로만 나타나므로 성범죄가 자주 발생한다고 본다. 그래서 기혼자라도 원하는 사람끼리의 자유스러운 성관계를 이제는 인정해 주어 사회적으로 양성화시켜야 한다"고 말했으며, 한 남성은 "기혼자라도 서로 마음에 든 남녀가 동의하에 자발적으로 선택한 성교를 법으로 간섭하는 것은 반대한다"고도 했다.

흔히 바람을 피우는 남성도 거의 대부분 자기 아내와 자녀들을 사랑한다고 대답한다. 아내를 사랑하는 것에는 변함이 없으나 아내에게서는 어떤 짜릿함을 느낄 수 없고 단조롭다면서 결혼 $1\sim2$년 후의 권태가 가장 큰 고비라고 말한다.

이러한 남편들에 대하여 여성들의 반응은 어떠했는가? 적어도 몇 년 전까지만 해도 상당수의 부인들은 남편에게 실망했으면서도 돌아오기를 기대하였다. 남편에 대한 기대나 아이들 때문에 이혼을 피하고 싶다고 생각했었다.

반대로 한국의 남편들이 외도한 아내가 돌아와 주기를 기다려줄지 의문이다.

자신의 아내가 다른 남자와 부끄러움이나 죄의식없이 관계를 즐긴다면 한국의 남성들은 어떨지 궁금하다. 남자들이 바람을 피우는 만큼 여자들도 그렇게 해야 한다고 주장하면 남성들은 경악할 것이다.

남성들은 여자들도 세상에 알려지지 않거나 이혼과 같은 가정의 파탄을 맞이하지 않는다면 다른 남자들과의 만남을 원하며 즐기고 싶어한다는 점을 알아야 한다.

하여간 남성들의 외도는 당연하게 여기면서 여성이 적극성을 띠고 외도의 길을 치닫고 있으면 사회문제로 비화시킨다.

앞에서 예로 든 드라마가 방송되던 해 국회의 국정감사에서도 〈애인〉에 대한 방송 문제를 지적할 정도였다. 부부간의 갈등이나 도덕성의 타락을 조장한다는 요지였다.

물론 틀린 지적이 아니었다. 그렇지만 생각해 볼 문제가 있다.

남성의 외도를 신랄하게 꼬집으면서 그런 이야기를 주고 받았던 분위기였던가? 그렇지 못했다면 이를 문제로 비화시킬 자격이 없다. 또 기혼 여성에게는 배우자가 아닌 다른 남성과의 인간관계의 폭이 너무 좁지 않는가를 생각해 볼 문제이다.

기혼 여성들은 아직도 불필요한 오해를 받지 않기 위하여 인간관계의 폭을 좁히며 살아가고 있는 게 현실이다.

외도 — 사회적 금기를 깨는 쾌락

한 남학생이 '아버지의 늦바람' 이라는 주제로 과제물을 제출한 적이 있었다. 둘째가라면 서러울 정도로 평소 성실한 분이셨다는 아버지가 근자에는 술만 드시면 악마로 변한 모습을 씁쓸하게 적어 내려갔다.

아버지는 직업 때문에 매일 귀가시간이 다르고, 일주일에 두 세 차례는 야근을 하시는 분이라고 했다. 그런데 우연히 아버지가 다른 여자를 만나고 다니는 것을 어머니가 목격하면서부터 그 학생의 집안 분위기가 냉랭해졌다는 이야기였다.

너무 어이가 없어 어머니는 귀가한 남편에게 다짜고짜 "그녀는 누구이며, 어떤 관계인가?"를 물었다. 갑작스런 질문에 당황하신 아버지는 그런 사람을 만난 사실이 전혀 없다고 부인하면서 집안의 사태가 심각해졌다.

배신감에 사로잡힌 어머니는 실망에 찬 나머지 아버지를 가능하면 대하지 않으려고 했고, 아버지는 술만 마시면 어머니를 나쁜 여자로 몰아세우면서 위협과 폭언을 일삼았다. 실제로 아버지가 어떤 외도 행각을 일삼았는지 과제물의 내용으로는 파악하기 어려웠지만, 아들은 아버지가 자신의 외도 사실을 은폐하기 위한 수단으로 어머니를 몰아세우고 있다고 판단하고 있었다.

또 한 여학생은 자신의 중학교 친구의 애기를 과제물로 제출했다.

친구의 어머니는 이미 오래 전부터 남편의 외도 문제로 소원한 관계를 형성해오고 있었는데, 친구의 고입 준비에 지장을 주지 않기 위해서 그 사실을 상당한 기간 동안 비밀로 하면서 뒷바라지를 하고 있었단다.

그러던 어느 날 저녁 술에 취해 들어온 아버지와 어머니가 언성을 높이면서 다투는 것을 목격하고서 아버지의 외도 사실은 자녀들에게까지 알려지게 되었다.

그로부터 며칠이 멀다하고 술에 취해 들어온 아버지는 자고 있는 아이들까지 깨워가며 횡포를 부리기 시작했다. 그 학생은, 친구가 학교에서도 좋은 성적을 내지 못하게 되었고, 결국 원하지 않는 길로 빠져버렸다는 이야기와 함께 그녀가 어디서 무엇을 하고 살아갈까 궁금하다고 적었다.

대부분의 남성들은 결혼 이후 배우자가 있는 상태에서 처음으로 외도를 하게 되는 경우, 결혼 전에 그런 경험이 많았더라도 혼자서는 그런 행위를 하지 못한다. 친구 따라 강남 가듯이 술집을 찾는 게 보통이다.

그후 아내에게 미안하고 죄스러움을 느끼고 살지만, 시간이 지나면서 기회가 잦아지면 그런 감정은 무디어지고 나중에는 자신이 주도하여 친구들을 끌어들이는 입장이 된다. 외도의 흔적이 드러나지 않도록 조심하는 게 배우자에 대한 예의라고 생각하고 살아갈 뿐이다.

외도를 하는 남성들의 공통점은 외도 사실이 폭로되기 전까지는 평범한 아버지나 남편의 역할을 잘한다는 점이다. 또 외도의 기본적인 이유는 부인과의 관계에서 불만이 있거나 다른 이성을 사랑해서라기보다도 타인과의 관계를 제한하는 사회적 금기를 깨는 데서 얻는 스릴이나 쾌감을 맛보려는 것일 가능성이 더 높다.

외도를 하고 있는 동안에는 죄의식 때문인지 가족들에게 보통 때보다도 오히려 더 자상하게 대해주기도 한다.

그렇지만 일단 외도의 사실이 가족에게 알려지게 되면, 남성들은 두 가지 부류로 나뉘어진다. 그 동안 부인과의 관계를 통해 그녀가 어떻게 나올 것인가를 잘 알고 있기에 남성들은 그 둘중 하나에 속하게 된다.

첫째 부류는 자신의 잘못을 뉘우치더라도 원 상태를 회복하기 어렵다고 판단해 아예 대결구도로 치닫는 남성들이다.

앞에서 예로 든 두 남성이 모두 여기에 속한다. 그들은 매우 자존심이 강하여 직접적으로 자신의 잘못을 인정하라는 요구를 받아들이지 못한다. 자신이 여성에게 잘못했다는 말을 한다는 것 자체를 스스로 용납하지 못하는 성격 때문이다. 가장으로서 식구들을 먹여 살리는 일을 하고 있는 자신이 아내에게 굴복하면서까지 잘못을 빌 필요가 없다는 생각을 한다.

이런 유형의 남성들은 남녀관계를 강약이나 주종관계로 바라보고 살고 있으며, 과거의 남성들은 그보다 더한 짓을 해도 별 문제없이 살아갔는데 하면서 자기의 외도행위를 대수롭지 않게 평가한다. 현재 30대 이하의 남성들 중에서 여기에 속한 자들은 그렇게 많지 않지만, 50대 이상의 남성들에게서는 흔하다.

둘째 부류는 자신의 부정행위를 감추고 살아가다가 들통나게 되면 그 동안 쌓인 정을 토대로 용서를 호소하는 남성들이다.

외도를 하면서 며칠 동안 집에 들어오지 않았던 남성들도 상당수가 이런 유형에 해당된다. 다시는 그런 일이 없을 것이라면서 사과를 하고 맹세를 한다. 손발이 모두 닳을 때까지 빌어보면 여자가 달라질 것을 알고 있기 때문에 남성은 그런 식으로 대응하게 된다. 누가 보아도 객관적으로 정말 잘못을 뉘우치는구나 하고 생각될 정도다. 어떻게 보면 그런 남성은 최고의 연기자에 해당된다.

문제는 남성의 외도가 이 정도에서 끝나는 것이 아니라 외도 버릇이 그때부터 본격적으로 시작될 가능성이 크다는 점이다. 남편이 외도를 하는 사실을 알아차리는 순간부터 남편을 절대로 용서하지 않을 것이라고 마음을 굳게 먹고 있다가도, 여러 여성들은 자신 앞에 꿇어있는 남편이 빌고 또 빌면서 뉘우치는 걸 보고서 마음이 약해져 "며칠간의 태도를 토대로 결정하겠노라"하고서 한 발짝 물러서 버린다. 물론 남자도 그때부터 부인이나 가족에게 잘하는 일등 남성으로 행동한다.

그렇지만 시간이 지나가면 그런 모습이 일생 동안 길게는 몇 십년, 짧게는 몇 달을 주기로 반복된다. 또 처음에는 용서해 주고서 두 번째는 절대로 용서를 못하는 여성도 흔하지 않다. 이혼을 하고서 혼자서 살 자신감이 부족하기 때문이다. 만약에 자신이 용서를 해주지 않겠다고 버티다가 남편이 이혼해 준다고 말하는 상황이 전개되면 어쩌나 불안해지는 여성이 적지 않다.

일단 남성의 외도가 습관이 되면 남성도 여성도 모두 비정상적인 행동을 보인다. 남편은 아내에게 기분이 나면 잘해 주고 그렇지 않으면 다른 여자와 지내게 된다면, 아내는 남편이 외도를 하는 동안 자녀들에게도 매우 신경질적으로 대하게 된다. 남편을 닮은 모습이 싫기 때문에 그렇다.

어린 자녀들은 뭔지는 몰라도 엄마와 아빠 사이에서 처신하기가 무척 어렵다고 느끼면서 정서불안을 심하게 경험한다. 전화벨만 울려도 깜짝 놀라 깨어나고, 엄마의 비위에 거슬리지 않으려고 눈치를 보고 다닌다. 학교에 다니는 자녀라면 공부에 집중을 하지 못하고 멍한 상태로 시간을 보낼 때가 자주 나타난다. 자녀가 청소년이라면 그런 가정에서 하루라도 빨리 벗어나고 싶어한다.

근래는 모습이 좀 달라지고 있다. 외도를 한 남성이 용서를 구했어도 이를 평생 들먹거리면서 고삐를 쥐고 살아가거나, 아예 각자 남남의 길로 가기를 주저않는 여성이 늘고 있다.

과거에는 대부분 여성만이 그런 수모를 당했다. 외도를 한 남편을 고소하면 이혼 후 살아갈 날이 막연했기 때문에 어쩔 수 없이 함께 살았지만, 여성의 외도 발각은 가차없이 이혼으로 이어졌고, 또 위자료도 못받고 쫓겨난 경우가 대다수였다.

외도는 남편과 아내 사이의 문제가 아니다. 자녀에게 큰 상처를 준다. 자녀가 없더라도 가족이나 친지, 사회 구성원 모두에게 신뢰감의 중요성을 잃게 만든다.

또 외도는 단순히 남성만의 문제가 아니다. 낮 시간에 다른 남성들과 만나 부정한 행위를 하고 오후 늦은 시간부터 남편이 오기를 기다리는 착한 아내 역할을 하는 여성이 있다. 그녀의 외도 사실이 알려질 경우 가족이나 다른 사람들에게 미치는 영향은 동일하다.

클린턴의 허리 아래 망신

미국의 대통령이었던 빌 클린턴은 재임 기간 동안 곤혹스러운 세월을 보냈다. 특히 *1997*년과 *98*년 성 추문 사건으로 인해 탄핵의 대상으로 거론되기도 했다.

세계 최강국의 지도자가 대중매체의 관심을 받으면서 조롱의 대상이었던 점을 몇 가지 방향에서 조명해보자.

우선 미국이 후진국에 해당되었다면, 그의 엽색행각은 전혀 뉴스 소재가 되지 못했을 것이다. 저개발국가에서 대통령을 상대로 도덕성 위반을 운운하는 것은 감히 엄두를 낼 수 없는 일이다.

또 그가 *20*세기 말이 아니라 *20*세기 초나 *19*세기에 대통령직을 맡았더라면, 역시 그의 행위는 비난받지 않았을 것이다. 역사적으로 수백, 수천의 여성을 거느린 통치자들을 제외하더라도 미국 역대 대통령들 중에서 클린턴보다 여성과의 문제가 깨끗한 대통령도 별로 없었다.

그럼에도 불구하고 도덕성이라는 잣대를 들이대며 그들을 비난하는 사람들은 많지 않았다. 이러한 점에서 클린턴은 자신의 행각을 문제시하는 사람들에게 '너희들은 얼마나 깨끗한가' 라고 반문하면서 내심 야속하다는 생각에 사로잡혔을 게다.

클린턴의 성 추문에 대해 물꼬를 튼 자는 클린턴이 대통령에 당선되기 이전 *1991*년의 행각을 파헤친 폴라 존스(Paula Jones)였다.

물론 첫 번째 기자회견은 아니었지만, 폴라는 *1994*년 기자회견을 통하여 클린턴이 자신을 성희롱하였다고 주장하였다.

당시까지만 해도 이러한 뉴스가 곧바로 보도되지 못했는데, 언론 기관도 최고 권력자를 상대로 도전하다가 큰코를 다칠지도 모른다고 생각했기 때문이다.

또 주요 일간지나 방송사들이 혹시 오보로 인한 문제를 수습하기 어렵다고 판단하여 기자회견 내용을 먼저 보도하기를 꺼려 했는데, 수개월이 지나서 언론에 공개되었다. 예를 들면, *1994*년 *5*월 *16*일자 「타임」지의 보도에 의하면, 사건의 전모는 대충 아래와 같다.

*1991*년 *5*월 *8*일 아칸소주 산업발달국 소속 여직원이던 그녀는 당시 연봉이 *1*만 *270*불이었고, 그날 주 정부 관리들과 사업가 대표들이 만나는 연중행사가 벌어지던 리틀락(Little Rock)시의 한 호텔(Excelsior Hotel) 로비의 책상에서 이름표를 나누어주는 일을 하고 있었다. 경호원을 시켜 방으로 그녀를 불러들인 주지사 클린턴은 처음 업무에 관한 얘기를 하고서, 갑자기 손을 잡아 자기 쪽으로 끌어당기면서 "등까지 길러 내린 머리카락이 예쁘다", "몸매가 잘 빠졌다"라고 말하면서 손을 그녀의 다리 쪽으로 옮겼으며, 목에 키스를 시도했다. 그런 시도에도 그녀는 방을 떠나지 않고 소파의 끝에 앉았다. 그러자 클린턴은 바지와 팬티를 내리고, 그녀 옆 소파에 앉으며 오랄 섹스를 요구했다. 그러자 그녀는 문으로 향했고, 그는 "넌, 영리한 친구야. 우리끼리의 일로 하자"라고 말했다.

폴라는 자기가 클린턴의 요구를 들어주지 않은 후로 업무가 까다로워지고, 근무부서가 바뀌고, 승진도 되지 않았다고 주장하였다. 그래서 그의 성희롱 행위에 대하여 거액의 손해배상을 요구하는 소송을 제기했다.

폴라의 주장이 언론에 공개되는 순간부터 그녀는 여러 차례 권력과의 투쟁에서 궁지에 몰리게 되었다. 백악관에서는 아예 그런 일이 전혀 없었다고 일축해 버렸다.

　　그러자 폴라는 자신의 주장을 입
증시키기 위해서 클린턴의 성기 부
위가 어떻게 생겼는지 진술할 수도
있다고 말했다. 또 당시 기사가
「타임」지에 보도되자 상당수의 남
성 독자들은 그녀를 두둔하는 내용
의 편지를 보낸 반면, 놀랍게도
40% 정도의 여성은 클린턴을 지지
하고 그녀를 비난했다.

　　왜 그런 일이 있었다면 6개월 이
내에 고발하지 못했는가를 비롯하

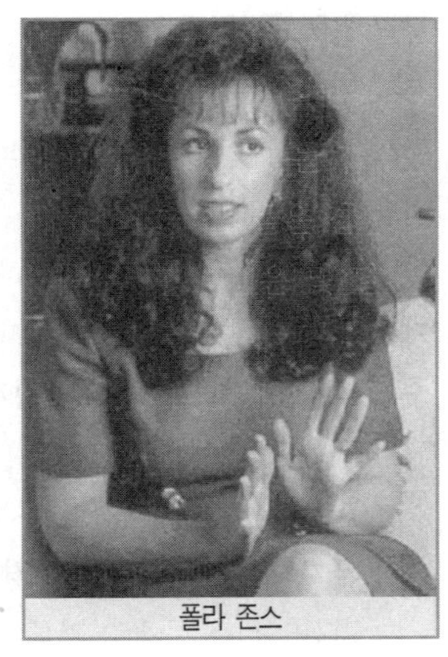

여, 92세의 한 할머니는 자신이 14세 때부터 당한 성희롱을 그녀처럼
제기했더라면 수 차례 백만장자가 되었을 것이라고 그녀를 욕하기도
했다.

　　그리고 그 사건이 잠잠해지다가 클린턴은 재선과 함께 르윈스키라
는 여성과의 사건이 터지면서 사람들에게 폴라의 사건을 다시 보게
만들었다.

　　드디어 1999년 초에는 우리 돈으로 거의 10억 원에 해당되는 보상
금을 전달하면서 클린턴의 폴라 존스양 성희롱 사건은 종결되었다.

　　클린턴의 성 추문 사건을 토대로 지도자의 도덕성을 비난하는 데
앞장을 서왔던 자는 조지아주 출신 공화당 의원 뉴트 깅그리치였다.
그는 클린턴 공격에 실패하자 1998년 말 하원의장직을 물러나면서 정
계은퇴를 해버렸다.

　　그렇지만 깅그리치 역시 1995년 의회에서 가정의 가치를 내세우는
정치적인 발언을 했을 때 스캔들에 휘말렸다. 1970년대 후반 자신과
사랑에 빠졌던 친구의 부인이 깅그리치와 오랄 섹스를 했다는 사실
을 폭로하면서 그가 윤리적으로 정직하지 못한 사람이라고 맹렬히

공격했기 때문이다.

조지아주에서의 오랄 섹스는 부부간이라도 '위법'이었기 때문에 당시 미국의 언론은 깅그리치의 혼외관계보다도 오랄 섹스에 더 초점을 맞추었다.

깅그리치에 이어서 새로운 하원의장으로 내정된 후보자도 성 문제가 거론되자 도중 하차하였으며, 또 국제올림픽위원회 위원들의 호주 시드니 올림픽 개최지 선정과 관련된 파문에서 섹스 문제가 거론되기도 했다.

20세기 후반 미국 대통령 후보자로 거론된 자들 중에서도 섹스 문제가 제기되면 사퇴해버리는 경우가 매우 흔했다.

그렇다면 섹스 문제로 거론된 지도자들만 도덕적으로 의심을 받는 사람들인가?

표면적인 논리에 따르면, 최소한 사회적 지도자로 군림하기 위해서는 결혼관계가 아닌 상대와의 성욕의 발산을 억제할 줄 아는 사람이어야 한다.

실제 상대방의 성 문제를 스캔들로 부각시켜 공격하는 일은 자신들이 우선 도덕적으로 깨끗해야 가능하다. 우리나라에서는 정치가들이 아직 성 문제로 인하여 정계를 떠나는 경우가 드문 편이었다.

그러한 문제를 논의하는 것 자체가 국민적 정서에 부응하지 못한다고 여기면서 공론화시키지 못하기 때문인지도 모른다. 또 도덕적으로 너무 결점이 많은 사람들이 모여있을 때에도 서로 약점을 거론하지 못한다.

우리나라에서도 도덕적으로 청렴하다고 자부할 수 있는 정치인들이 생기기 시작하는 날, 즉 서구 정치 지도자들의 섹스 스캔들이 단순히 남의 나라 이야기가 아닐 날이 오기를 기대해본다.

남성의 이유있는 한눈팔기

남녀가 연애과정에서 상대방으로부터 서로 매력을 느끼는 경우 결혼으로 이어질 수도 있다. 연애를 통한 결혼이라면 결혼 전 최소한 서로에게 쾌감을 유발시키는 감각자극을 주고받았다는 논리가 성립된다.

만약 서로 끌리지도 않는 상태에서 결혼한 다음, 나중에라도 배우자로부터 쾌감을 불러일으키는 자극을 얻지 못한다면 힘든 결혼생활을 하게 된다.

그렇지만 연애결혼을 했어도 일단 결혼 후에는 배우자에게서 받는 자극이 쾌감을 불러일으키는 효과는 전보다 약해진다. 동일한 상대로부터 동일한 자극을 반복적으로 받다보면 쾌감을 가져다주는 힘이 점점 상실된다.

이처럼 배우자에게 매력을 느끼지 못하게 되는 경우를 권태라고 부르는데, 이는 습관화(habituation) 현상에 기인한다. 권태란 배우자가 매력을 상실했기 때문이 아니라 배우자로부터 더 이상 신선함을 얻지 못하기 때문에 나타난다.

우리는 신혼부부를 상대로 '깨가 쏟아진다'는 얘기를 자주 한다. 이는 행복하고 흐뭇한 신혼생활만을 두고 하는 이야기가 아니다.

오히려 결혼생활에 접어들다 보면 배우자의 신선함이 예전보다 못하다고 느끼더라도 참고 살아가라는 충고와 격려에 해당된다.

시간이 지나가면서 부부가 외적 자극에서 매력을 얻으려고만 하지 말고 내적 매력을 얻으려고 노력하라는 의미도 포함되어 있다.

상대방에게 매력을 가져다주는 감각 자극의 기능에는 남녀간에 차이가 있다. 대부분의 기혼자들은 결혼 후 몇 년 지나면 배우자로부터 권태를 느끼지만, 어떤 사람은 몇 달, 몇 주, 아니 며칠만에 느끼기도 한다.

이러한 차이는 사회문화가 남성 위주로 발달했던 것과도 관계가 있는데, 하여간 시각적 자극의 중요성은 여성보다도 남성에게 더 결정적이다.

곧 미혼 남성에게 예쁜 여자의 사진을 보여 주면, 그녀가 누구이든지 상관없이 그 남자는 일단 호감을 가진다. 그녀가 임자가 있는 몸이라고 하면 아쉬워하지만, 그녀의 외모가 어떠한가에 따라서 아쉬움의 정도가 달라진다.

남녀, 특히 기혼 남녀가 함께 길을 걸어갈 때의 모습을 상상해 보자. 남자는 자기 옆의 여자보다도 다른 여자들에게 자꾸 눈이 돌아가고, 여자는 자기 옆에 걸어가는 남자의 눈이 어디로 향하는가를 감시한다.

왜 남편이 아내와 함께 거닐면서도 다른 여자에게 눈이 쏠리는가를 이해하지 못한 여성은 자존심이 상하게 된다.

기분 나쁘기 때문이다. 아니 저렇게 못생긴 여자에게 남편의 눈이 돌아가다니, 남편이 한심하게 보일 수밖에 없다.

여자들은 아무리 잘 생긴 남성이라고 하더라도 자기의 짝이 아닌 남자들에게는 별다른 관심을 보이지 않는다. 전혀 관심이 없다기보다는 남자가 여자들에 관심을 보이는 것보다 덜하다.

그래서 미혼 여성에게 멋있는 남자의 사진을 보여주면, 그가 어떤 부류의 사람인가를 먼저 묻는 것이다. 단도직입적으로 표현하면, 여성은 외모보다도 남자의 사회경제적인 지위에 더 관심을 가진다.

부부 중에 남편이 다른 여성에게 눈이 돌아가고 아내로부터 권태를 느낀다면, 이제 그 이유가 어느 정도 짐작될 것이다. 부분적으로 여성의 외관 때문에 그렇다.

남성들은 여성들보다 동일한 성적 자극에 쉽게 습관화되는 경향이 있다. 곧 남편은 아내의 변하지 않은 모습에 권태를 느끼고 있다고 진단할 수 있다.

아내로부터 권태를 느끼는 상태가 극단적으로 심한 남편들은 부인과의 관계에서 발기까지도 제대로 되지 않기도 한다. 그래서 밤이 되면 서로 소원해진다.

그렇지만 그러한 남성들도 부인이 아닌 다른 여성과 성교를 할 기회가 생긴다면 발기능력을 쉽게 되찾는다.

외국에서는 이러한 커플을 위하여 아내가 합의한 상태에서 남편에게 다른 여자를 며칠 동안 묶어두면서 치료하기도 한다. 그 여자가 아내를 대신하고 있기 때문에 대리 처(surrogate wife)의 역할을 한다.

치료자는 보통 대리 처를 고용할 때 남편으로부터 서약을 받는다. 며칠간 대리 처와 지내는 동안 애무까지는 허용하지만 성교는 안된다는 계약서에 서명을 하도록 한다.

치료를 받으러 떠난 남편의 옆에는 아내가 아닌 여성이 함께 있다. 남편에게 그녀는 성적으로 신선한 대상이다. 그에게 쾌감을 가져다준다. 남자는 뇌의 지령을 받아 발기를 되찾을 기미도 보인다.

그렇지만 성교는 안된다는 서약을 했기 때문에 첫날은 애무 정도로 시간을 보낼지도 모른다. 그러나 시간이 지나갈수록 그는 대리 처와 성행위를 하고 싶어한다.

그렇게 하여 결국 계약이 만료되기 전에 발기를 되찾고 성교를 성공시킨다.

이러한 예는 새로운 자극의 제공에다가 '해서는 안된다'고 못박는 금지조항을 이용한 치료방법이다. 해서는 안된다고 강조하면 강조할

수록 누구나 반동(reactance)의 심리에 의해 해보고 싶은 충동이 더 생기게 된다는 점을 이용했다.

물론 아내도 이러한 결과가 발생하리라고 예측했으며, 남편의 치료를 위해 외도를 허락한 것이다. 이 이야기는 우리의 문화권에서 받아들이기 힘든 상황이고, 서구에서도 매춘을 이용한 치료법이란 비판을 받고 있다.

그러나 남편도 어느 정도 문제를 지닌 사람이겠지만, 아내가 남편에게 권태를 느끼지 않도록 노력한다면 그런 문제는 쉽게 발생하지 않는다.

여자들은 남성이 무엇에 민감한가를 잘 알아야 남편을 조종할 수도 있고, 또 지속적인 관심을 받을 수도 있다.

항상 조금씩이라도 다른 모습을 보여주려고 노력하는 게 바로 남편의 권태를 줄이는 부분적인 전술이다. 이는 어렵지 않은 일이다.

너무 검소하다는 이야기를 듣는 부인들은 귀담아 보아야 한다. 돈을 모으기 위하여 머리 손질도 하지 않고 의복도 한결같으면 매우 알뜰한 살림꾼이라는 호평을 받는다.

그렇지만 가끔씩 외모에도 변화를 주지 않으면 남편의 눈은 쉽게 피로에 지친다. 물론 돈을 많이 투자한다고 해서 항상 변화를 주는 것은 아니다.

머리를 조금만 쓰면 된다. 현재의 모습과는 다른 면을 찾아내면 된다. 이 경우 굳이 돈들이지 않고 몇 년 전의 옷이라도 한번 입어보는 기교가 필요하다.

권태·자극·외도의 삼각함수

오감을 통해서 얻은 감각자극들이 사람을 흥분시키지만, 지난 수십 세기 동안 남성들은 다른 자극들보다도 시각적 자극을 매우 중요하게 생각하고 있다.

이는 남성들이 시각적 자극에 매우 약하다는 뜻이다.

여성들과는 달리 여자를 보고서 첫눈에 반해버리기도 한다. 그래서 미팅에 참석하고 돌아온 젊은 남성들은 대부분 자기 파트너의 외모가 마음에 들면 미팅이 재미있었다고 평가한다. 또 남성들은 미인과 결혼을 하는 친구들을 부러워한다.

그러나 아내들의 외모가 뛰어나더라도 남편들은 결혼기간이 길어질수록 아내들로부터 쉽게 권태를 느낀다. 부인과 함께 걸어가는 도중에도 *30*대 이상의 기혼 남성들의 상당수는 옆을 지나가는 다른 여자들에게 곁눈질을 한다.

이는 남편이 아내로부터 마음이 멀어져서가 아니다. 오히려 그런 일들은 남성들이 항상 신선한 시각적 자극만을 원하기 때문에 나타난다.

남편의 입장에서 부인은 이미 시각적으로 진부한 자극이다.

실제 실험에서 포르노를 보여주면 남녀 모두 쉽게 흥분하지만, 남성들은 동일한 포르노를 반복적으로 제시할 때 습관화로 인하여 생리적이거나 심리적 흥분도가 감소해버린 반면, 여성들은 동일한 포르노를 반복적으로 제시하더라도 성적 흥분의 감소가 크지 않았다.

하등동물의 행동모델을 토대로 인간의 사회행동을 설명하려는 사회생물학자들은 20세기 초반의 한 일화에 의해 그와 같은 남성들의 특성을 설명하였다.

미국 30대 대통령이던 쿨리지(Coolidge, 1923~29 재임)가 영부인과 함께 워싱턴 근교 정부 시범농장을 방문했다. 농장에 도착한 대통령 부부는 각각 다른 코스로 시찰했다.

양계장 옆을 지나다가 영부인은 암탉과 교미하는 수탉을 유심히 살펴보았다. 몇 마리 되지 않는 수탉들이 주변에 수많은 암탉들과 살아가고 있어서 농장 안내원에게 수탉이 하루에 몇 번 교미하는가를 물었다.

안내원이 하루에도 수 십 번이라고 답하자, 영부인은 그러한 사실을 대통령께 알려달라고 말했다. 이 이야기를 전해들은 대통령은 그 수탉이 동일한 암탉하고만 교미하는가를 묻자, 안내원은 매번 다른 암탉과 교미를 한다고 답했다. 대통령도 역시 안내원에게 그 사실을 영부인에게 전해달라고 부탁했다.

원래 이 일화는 황소의 이야기에서 출발했는데, 나중에 수탉의 일화로 전락했다. 실제 수컷 동물들이 자주 상대한 암컷보다도 새로운 암컷을 만났을 때 성적으로 빨리 반응하는 현상은 생쥐나 모르모트, 젖소, 물소, 고양이 등에서 증명되었다.

즉 수컷들은 성적으로 습관화되기 때문에 새로운 파트너를 추구하게 되며, 수컷이 새로운 파트너를 만나게 될 때 성적인 반응이 쉽게 되살아나는 현상을 '쿨리지 효과'라고 한다.

그리고 이러한 현상은 인간에게도 마찬가지라고 했다. 부인으로부터는 성적 매력이나 흥분을 잘 느끼지 못하는 남성도 새로운 여성 파트너와의 관계에서는 그렇지 않다는 뜻이다. 그렇다면 부인이 자주 외형적인 변화를 보여줄 때 남편은 부인으로부터 권태를 덜 느끼게 된다.

그렇지만 여성들에게서는 시각적 자극에 대한 습관화 경향이 남성들보다 덜 나타나므로 남성들의 외모로부터 성적 흥분이나 매력이 좌우되지는 않는다.

새로운 자극, 새로운 여자를 밝히는 남성들의 동기를 순전히 동물 모델에 의해서만 설명하려는 시도는 남성 위주 문화의 틀을 고수하려는 발상에서 비롯되었다.

과거에 비하여 현대 여성들에게도 시각 자극의 중요성이 점차 커져가고 있다. 남자의 외모가 멋있게 보여야 한다고 생각하는 여성이 늘어간다는 얘기다.

목숨을 건 이슬람 여성과의 섹스

*1998*년의 일이다. 독일의 사업가이던 *54*세의 한 남성이 이란의 법정에서 사형언도를 받았다. 그에게 적용될 수 있었던 사형은 돌에 맞아 죽거나 교수형을 당하는 방법 중에서 돌에 맞는 것이었다.

그의 죄목은 *26*세의 이란 여성과 부적절한 관계를 맺은 혐의였다. 남녀가 서로 동의한 상태에서 사적으로 가진 성관계라고 하더라도 이란에서는 신분관계상 적절하지 못하다는 죄에 해당되었다.

혐의 내용은 이슬람법에 의하여 기혼여성과의 간음행위, 또는 이슬람 여성이 이슬람교도가 아닌 남성과 성교를 하는 것을 금하는 조항의 위반이었다.

이슬람법에 의하면, 이란에서는 혼외관계는 불법이다. 이러한 관계에 연루된 남성이 만약 이슬람교도가 아니라면 사형이다.

그는 사업관계로 이란을 자주 방문하였고, *1997*년을 전후로 의과대학생이던 한 여성과 친분관계를 유지하고 있었다. 그녀와 친분을 유지하던 당시 그는 이혼을 한 신분이었고, *1997*년 *9*월 공안당국에 체포되었다.

그를 체포할 당시 당국에서는 그녀가 공항에 나타났으며, 왜 공항에 왔느냐고 물었다고 한다. 그녀는 약혼자를 기다린다고 답했다.

그녀를 심문하자 그녀는 그 남자와 이미 성관계를 가졌다고 시인했다. 경찰은 그가 테헤란 공항에 도착하자 체포했다.

당국의 조사에서 그 남성은 그녀와 사랑에 빠진 것을 실토했고, 성교행위는 전혀 없었고 오직 키스만 한번 했다고 주장했다.

독일 언론에 의하면, 그녀는 99대의 곤장형을 받도록 되어 있었으며, 세 가지 의학검사를 받았는데, 그중 두 가지 검사에서 처녀라고 확인되었다.

형을 선고받은 두 사람 모두 항소를 했다. 그러나 1998년 10월 상고심에서도 동일한 형량이 적용되었다.

이슬람법에서는 여성이 기혼자이거나, 또는 여성이 강간을 당했을 경우에만 남자가 사형을 당하게 되어 있어 대법원에서는 판결이 달라질 것이라는 기대도 있었다. 피고측에서는 검찰이 기소한 내용에는 네 사람 이상의 증인이 없기 때문에 부당하다고 주장했다.

이란 외무부는 이란 법원은 정부의 통제를 받지 않는다는 점을 강조했지만, 문화권마다 다른 시각 차이로 이 문제가 급기야 독일과 이란간의 외교문제로 비화했다. 다행히 그 뒤로 복잡하게 발전하지는 않았다. 아직도 회교도들은 남녀간의 구분이 매우 심하다. 조선시대 유교의 영향을 받았던 우리 문화권보다 더 뚜렷한 남존여비사상에 젖어서 살아가고 있다.

회교도 여성들은 남편의 허가없이 다른 남자를 만나서도 안되고, 선물을 받아서도 안된다. 남편은 아내의 거동을 제한할 권리를 가지고 있다. 밖에 나갈 때에도 허락을 받아야 한다. 남편이 다른 여성을 아내로 맞이하더라도 첫째부인은 반대할 수 없으며, 이혼을 제기할 수도 없다.

그들에게도 변화의 바람이 불기 시작했다. 예를 들면, 2000년 6월 아랍에미리트에서는 여성이 택시운전을 할 수 있도록 달라졌다.

물론 여성이 운전자일 경우 남성 승객을 태우거나 야간영업을 하면 불법이다. 얼굴과 몸을 가린 채로 여자나 아이들만 태울 수 있다.

자본주의와 성의 상품화

매춘 ─ 신에 대한 봉사

매춘은 원시종교의 의식에서 출발했다고 전해진다.

생명이 탄생하는 이유를 제대로 몰랐던 원시인들에게는 여성의 잉태가 신비한 현상이었기 때문에 아이를 낳은 여성은 신적인 존재와 같았다.

그러나 잉태의 신비가 밝혀지기 시작한 문명시대에는 남성이 주도권을 잡기 시작하였다. 즉 대부분의 사회제도가 남성 위주로 고안되면서 여성은 더 이상 대지모신(大地母神)처럼 추앙되지 못했다.

신의 역할을 대신하는 제사장이나 성직자 등 강자들은 모든 잉태가 신성한 현상이므로 신에 의해 이뤄져야 한다고 판단 결정하였다. 평민들은 강자들의 결정을 믿고 따라야 했기에 여성들은 신전을 찾아가 성직자와 신성한 교합을 가져야 했다.

그렇지만 사회를 주도해 나가는 계층이었던 성직자들의 수는 제한되어 있었다. 곧 그들이 모든 여성을 잉태시키는 일은 불가능하였다.

또 성직자의 권위를 유지하고 신전을 운영하기 위해 경비도 필요했다. 이에 신전을 참배하러 온 낯선 여행자(남성)도 돈만 지불하면 성직자의 고유 권한을 하룻밤 정도 누릴 수 있도록 하였다.

기원전 *17*세기 경에 완성된 세계 최초의 성문법인 함무라비 법전이 이러한 사실을 증명한다. 여성들은 신전에 몸을 바쳐야 하며, 이러한 행위는 수치스러운 것이 아니라 신성한 것이라고 기록되어 있다.

고대 이슬람의 춘화

참배자들이 여성과의 성관계의 대가로 바친 돈은 신전의 운영비가 되었다.

역사가인 헤로도투스의 기록에 의하더라도 그러한 사실이 증명된다. 고대 바빌로니아 여성들에게는 일생에 한번 정도 신전에서 매춘부로 봉사해야 하는 의무가 주어졌다. 그들은 신전에 참배하러 온 낯선 남성이 무릎에 돈을 던지면서 동침할 의사를 밝히면 무조건 밖으로 나가서 그 남자와 성관계를 가져야 한다.

그런 후에야 그녀는 더 이상 신전에 대한 봉사의 의무가 없어지고 자유의 몸이 된다. 봉사의 의무를 지려는 여성은 남자 상대를 선택할 권리가 없었다. 그녀는 제일 먼저 자기 앞으로 돈을 던지는 남성을 따라야만 했다.

세월이 흐르면서 보다 개화된 문명인들에게는 신에 의한 잉태라는 의미가 퇴색하기 시작했다. 결과적으로 여성의 신전 봉사 의무가 사라졌다. 그후 전문적으로 수입을 위해서만 근무하는 신전 매춘부

(shrine prostitute)가 생겨났다.

　매춘부에 관한 기록은 구약성서 「창세기」 편에도 언급되어 있다. 최소한 그때부터 매춘의 형태는 동서고금을 막론하고 주로 남성들을 위해 발달해왔다.

　남성의 성욕은 매춘부를 찾아가서라도 분출시켜야 하고, 그렇지 못할 경우 욕구불만이 커져 양가 규수들이 강간당할지 모른다는 생각에서 비롯된 결과였다.

　매춘부를 방문할 수 있는 남성들의 권리나 필요성의 인식, 혹은 암시는 이를 제도화시킨 측면을 살펴보아도 유추가 가능하다.

　인류 역사상 공창제를 최초로 개설하였던 그리스의 솔론(Solon, B.C *640?~560?*)은 후세인에게 칠현에 속하는 현명한 사람으로 평가되었다.

　"솔론이여, 찬양받을지로다! 그대는 도시의 안녕과 풍기를 위하여 공창제를 설치했도다. 그대의 현명한 정책이 아니었다면 시내를 메운 건장한 젊은이들은 틀림없이 양가의 규수를 유혹하여 못된 짓을 저질렀을 것이로다."

　이처럼 당시 아테네 시민들은 솔론을 대단한 인물, 현인으로 칭송하였다.

　사회의 질서를 유지하는 데 필요하다고 판단하여 개설했던 공창제를 위대한 업적이라 여겼던 것같다. 그 당시 시민들은 모두 남성들로 구성되었기에 솔론이 현인으로 인정받을 수 있었다.

　또 아우구스티누스(*354~430*)나 아퀴나스(*1225~74*)와 같은 매우 보수적인 기독교 신학자들도 매춘부를 비열한 인간으로 평가했지만, 사회의 정상화를 위하여 매춘이 사라져서는 안된다는 입장을 밝혔다.

　남성의 성욕 배출구를 모두 막아버리면 큰일이 벌어진다고 생각했기 때문이다. 매춘제도가 필요악이라고 규정하는 것은 바로 남성의 이기심을 의미한다.

사례금 주고 처녀막 파열하기

매춘이 남성의 이기심 때문에 발달했다는 증거를 다른 맥락에서도 찾아볼 수 있다. 중앙 아시아 지역에 보급되었던 불교의 한 종파인 라마교에서는 중세 무렵 승려에게 초야권(初夜權)이 주어져 있었다.

즉 캄보디아, 몽골, 필리핀, 인도 등 일부 지역의 관청에서는 호적을 뒤져 혼기에 찬 여성의 명단을 발표하였다. 발표된 여성의 부모들은 성직자에게 딸의 처녀막을 파열시켜 주도록 부탁하면서 사례금을 바쳤다.

승려는 /년에 한 여성의 처녀막만을 파열시킬 수 있었으나 승려들의 수는 제한되어 있었다. 그리하여 불행히도 가난한 여성들은 결혼을 하려면 몇 년을 기다리기도 했다.

다행스럽게도 이러한 형태는 앞에서 소개한 것과는 달리 매춘으로 발달하지는 않았다. 왜냐하면, 신혼생활에 방해가 되는 처녀막을 제거시켜 주는 조건으로 돈을 바치는 행위를 /회로 제한시켰고, 여성이 돈을 지불하더라도 강자인 남성의 몸을 지배한다고 여기지 못했기 때문이다.

그렇지만 처녀성을 먼저 신에게 바쳐야 한다는 원초적 사고는 매춘을 발전시킨 것과 마찬가지로 바로 강자인 남성의 이기적 욕심이 교묘하게 숨겨진 결과가 아닐 수 없다.

오늘날도 서구 사회의 일부 지역에서는 매춘을 합법적으로 인정해

주고 있다. 유태인들의 사회에서도 이를 근절시키기 어려웠는지 최근 매춘부들이 모여 살도록 합법적인 장소를 마련하였다. 단 그들은 그곳을 헬스클럽으로 표현할 뿐이다.

매춘을 퇴치하려는 움직임이 있을 때마다 결과는 오히려 악화될 때가 많았다. 중세의 서구사회에서도 그러했고, 우리나라 역시 마찬가지였다.

왜 그런가? 매춘을 퇴치하려는 법 조항은 많지만, 거의 무용지물이 되었기 때문이다. 또 그 동안 어느 사회나 길거리에 보이는 여성만을 잡아들이는 정책을 펴 왔기 때문이기도 하다. 그렇게 할수록 다른 형태의 매춘이 활개친다.

오늘날 대부분의 지성인들은 매춘이 근절되어야 한다고 생각하지만, 근절이 어려운 이유중의 하나는 바로 과거로부터 현재에 이르기까지 이 문제를 몸을 사려는 남성보다도 몸을 팔려는 여성 쪽에서만 해결하려는 오류를 범한 일이다.

우리 문화권에서도 *1980*년대 후반 이래로 가끔 남성을 접대부로 고용하는 유흥업소가 소개되고 있는데(예를 들면, 서울 강남의 일부 지역), 그때마다 매스컴에서는 일제히 심각한 사회문제라고 거론한다. 신문마다 앞을 다투어 유한 마담의 문제를 부각시켰다.

그 뉴스를 접한 대부분의 한국인들은 세상이 곧 망할 것처럼 개탄하면서 흥분하기도 했다. 아직도 우리 사회는 여자가 남자를 찾는, 위와 같은 상황을 심히 못마땅하게 여긴다.

그 반면 남성들이 찾아가는 수천, 수만 배에 달하는 유흥업소의 문제는 별로 언급하지 않는다. 한 남성은 "남자는 그렇다고 하더라도 여자만이라도 가정을 지켜 주어야 하지 않습니까"하고 당당하게 말했다. 여성의 월권행위에 대하여 참기 힘들다는 남성의 분개하는 목소리였다.

이러한 논리는 남성의 성욕은 매춘부를 찾아가서라도 분출시켜야

매춘의 위장 — 출장 마사지

하며, 그렇지 못할 경우에는 성적인 욕구 불만이 생겨 죄없는 양가집 규수들이 강간당할지도 모른다는 생각에서 출발한다.

역시 그 논리에 따르면, 남성이 매춘부를 찾는 행위는 가정의 파괴와 무관하지만, 유부녀가 남성 접대부를 찾는 행위는 가정의 파괴와 직결된다고 이해한다.

사실 남성 접대부를 찾는 유부녀는 다른 차원에서 가정이 파괴되기도 한다. 예를 들면, 유부녀와 접촉했던 남성은 흔히 그녀에게 정을 통한 사실을 알리겠다는 협박을 지속적으로 해가며 금품을 뜯어낸다.

유부녀가 외간 남자와 정을 통했다는 약점을 가장 잘 아는 남성으로부터 이용당하는 셈이다. 몸을 팔았던 여성이 남자 손님을 상대로 그렇게 협박하는 예는 매우 드물다.

이러한 사회적 분위기에서는 매춘을 불법으로 규정하더라도 남성을 위한 다양한 형태의 매춘이 등장하게 마련이다. 최근 우리나라에서도 전화이벤트 사업이나 PC 통신망을 이용하는 매춘, 회사원의 지방 출장을 동반하는 도우미 형식의 매춘, 일본식 원조교제에 가까운 매춘이 등장하기 시작했다.

바로 남성을 상대로 한 규제가 미흡하기 때문이다.

대부분의 남성들은 학창 시절 '수요가 줄면 공급도 줄어든다'는 경제원리를 배워서 잘 알고 있다. 그 원리를 시험공부가 아닌 현실의 매춘시장에 적용하면 해답을 쉽게 찾을 수 있다.

바로 매춘부로 나서는 여성이 있어도 찾는 남성이 없다면 매춘은 더 이상 문제삼을 필요가 없게 될 것이다.

그렇지만 현실은 공급이 부족할 정도로 남성들의 수요가 넘쳐나고 있다.

1990년대 후반부터 남성을 처벌하면서 매춘을 근절하려는 정책이 조금씩 강화되고 있다. 남성들의 기생집 출입을 권장했던 한국을 비롯한 동양 문화권에서 그런 정책이 어느 정도 먹혀 들어갈지 궁금하다. 오히려 또 다른 형태의 매춘을 조장하게 될지도 모른다.

성욕 표출에 관한 윤리나 도덕기준을 법으로 정하지 않고 개인에게 맡기는 북유럽의 일부 국가에서는 1970년대 이후부터 매춘이 감소되고 있다.

 문화 속의 성

매춘은 매매춘이다

남성들이 몸을 팔기도 하지만 대부분의 사회는 여성이 몸을 파는 문화를 조성해왔다. 그렇다면 여성들이 매춘행위를 통하여 벌어들인 재화는 개인이나 가정, 그리고 국가에 어떠한 역기능을 발휘하는가?

신문이나 잡지, PC 통신망 등의 광고 내용을 읽어보면 곧바로 매춘임을 알아차릴 수 있음에도 불구하고 여학생, 주부, 여직원 등이 몰리고 있다.

본인이나 가정을 위하여 큰돈을 마련할 수 있다는 기대 때문이다. 눈 딱 감고 손님들의 시중을 한 달에 한 두 번만 들어주면 부모님의 잔소리를 들어가며 용돈을 탈 필요가 없다는 여중생도 바로 그런 기대에서 생겨난다.

중·고등학생보다 부모로부터 간섭을 덜 받는 여대생이라면 이러한 직종에 보다 쉽게 접근할 수 있다. 그들은 특정한 기술없이 돈을 버는데 굳이 어렵게 일할 필요가 없다고 믿는다. 열심히 일하는 사람들이 우둔하게 보인다는 뜻이다.

그들에게는 오히려 열심히 일하고 정직하게 세금을 내는 사람들이 우둔하게 보인다. 그러므로 나중에도 특정한 기술없이 쉽게 돈을 벌 수 있는 길을 택할 가능성이 높아진다.

부녀자들이 가정경제를 해결하기 위한 수단으로 몸을 파는 행위는 옛 이야기가 아니다. 과거로부터 최근까지 가정경제를 해결하는 수단으로 여성이 희생을 당하는 경우가 많았다.

대부분 남존여비와 같은 차별이 심한 사회에서 그런 경우가 발생하는데, 몇 년 전 대만의 한 학자는 그러한 상황을 보고한 적이 있었다. 가정의 재정적 위기를 타파하기 위하여, 가족을 보살피기 위한 수단으로 매춘에 뛰어든 여성은 부모나 남편 등 가족들이 용인하고 있다는 보고서였다.

그런데 1996년 7월 서울의 중류층 부녀자들이 돈도 벌고 무료함을 달래기 위하여 매춘을 하다가 적발되었다. 매스컴에서는 앞을 다투어 특별한 기사로 다루면서 주부 매춘이 우리 사회의 성도덕을 뿌리부터 흔들고 있다고 주장했다.

언론의 보도에 의하면, 부녀자들은 한 결혼상담소와 한 이벤트 회사가 생활광고지에 게재한 '애인을 만들어 준다'는 광고를 보고 호기심이 생겨 찾아갔다가 매춘을 하게 됐다고 말했다.

무료함을 달래기 위하여 부녀자들이 매춘행위를 했다는 소식을 듣고 많은 사람들이 경악했지만, 이러한 현상 역시 가까운 일본에서는 이미 1960년대부터 매스컴에 등장하였다. 주부들은 물론 그들과 윤락행위를 했다고 확인된 8명의 남성은 모두 즉심에 넘겨졌다.

그들에게 어떤 결과가 기다리고 있을 것인가?

심심풀이로 매춘을 했던 여성들은 이혼당할 것이 뻔하다. 그러나 매춘부로 나선 부녀자를 상대했던 남성들은 그렇지 않을 가능성이 높다.

일본에 20세기 후반 전화 클럽이 등장하면서 남성들은 낯선 여성으로부터 걸려오는 전화를 받기 위하여 클럽을 방문한다. 그곳에서 전화가 걸려오면 흥정을 하여 그녀를 만날 수 있다고 기대한다.

간혹 전화 클럽에 고용된 여성들이 전화를 걸어주어 남성을 상대해 주거나 바람을 맞추기도 하겠지만, 전화 클럽에 가입되지 않은 여성들이 대부분 전화를 걸어 남성과 데이트를 비롯하여 즐긴다.

이러한 여성들은 여중생에서부터 주부들에 이르기까지 다양하다.

전화 데이트 광고

물론 클럽을 찾는 남성들도 다양하다.

그렇다면 겉으로 매춘부가 아닌 것같아도 매춘을 하는 여성도 많고, 또 그런 여성과 함께 살아가는 남성도 많아졌다. 여자들은 사귀는 기간을 비롯하여 데이트, 키스, 동침 등의 허용 여부를 남자와 의논한다.

계약조건의 내용에 따라서 받는 금액이 다르기 때문이다. 이게 바로 현대 일본 문화의 일부이자 풍속이다. 이는 또 곧바로 우리의 것이 되어버렸다.

매춘은 또 개발도상국가의 경제성장에 기여를 했다. 이는 고대 신전 매춘부가 신전의 수입을 올리는 중요한 역할을 하였듯이, 근대사회의 매춘부도 외국 손님들을 상대로 외화벌이를 했다.

매춘행위에 의해 획득된 재화는 경제수준이 낮은 가정이나 국가에서 어느 정도의 가치를 발휘하지만, 이로 인해 인간의 가치나 권리가 유린되는 대가를 치른다.

우리나라도 근대화 과정에서 미군을 상대하였던 매춘부 한 사람이 당시 수십에서 수백 명분의 국민소득을 올리기도 했다.

20세기 말에는 구 소련이나 동유럽에서 자유화 물결이 일면서 그와 같은 양상을 보이기도 했다.

근대화 과정에서 매춘은 또 다른 면에서 국익에 도움이 되었는데, 즉 외국의 구매 고객을 끌어들이는데 매춘을 이용하는 것이다.

예를 들면, 한국에서 생산한 제품에 대한 신뢰도가 낮았던 시절, 외국의 바이어들은 훌륭한 제품을 보고도 별다른 구매의사를 보이지 않았다.

이때 외국에서 찾아온 손님에게 감각적인 쾌락을 제공해 주면서 융숭하게 대접하면 대부분 태도가 달라졌다. 기억에 남을 만한 호의적인 대우를 받았던 바이어는 다음 기회에도 다른 나라에 들르지 않고 한국을 다시 찾는다.

여성의 몸을 만끽하고자 다시 찾아와 물건을 주문할수록 국가경제력이 신장되었던 것이다. 요즈음 우리나라는 과거에 비해 많이 달라졌지만, *1970*년대까지만 하더라도 외국에서는 매춘으로 유명한 동아시아 국가 중 하나로 꼽혔다.

매춘을 잘 이용한 까닭에 경제수준이 다소나마 신장되었다고 하면 자존심이 상할지도 모른다. 아직도 근대화 과정에 있는 제3세계 국가들은 강대국을 상대로 매춘행위를 지속하고 있다.

그러나 구매자가 더 이상 쾌락을 얻지 못하게 되면 그곳을 방문할 필요가 없게 된다. 결국 약자는 경제 불황의 쓴맛을 본다.

곧 매춘의 존재는 국민의 기본의무 중 최소한 납세와 근로의무에 대한 불평등을 심화시키고, 남녀차별의 구습을 고착시킨다. 또 약소국을 강대국의 경제 종속국으로 전락시킨다.

이런 경우 국가의 체면도 문제이지만, 인간으로서 최소한의 권리와 가치를 상실하는 여성의 문제가 보다 더 심각하다.

한국은 물론이고 대다수 문화권에서 이 문제를 보는 남성들과 여성들의 입장은 매우 다르다. 여성들은 대부분 '왜 남성이 돈으로 여성의 몸을 사려고 하는가'에 더 관심을 갖는 반면, 남성들은 '왜 여자가 몸을 팔려고 하는가'에 관심을 가진다.

결국 매춘 근절을 위한 정책은 대부분 후자의 관점에 의해 이루어졌다.

미인대회는 여성의 착취

진화과정에서 인류가 직립보행을 하면서 시각기능이 발달하였고, 이로 인하여 상대방의 얼굴이나 가슴 등 신체의 모습을 보고서 마음에 드는 상대인가를 확인하는 일이 가능했다.

물론 만날 수 있는 사람이 그리 많지 않았을 때는 상대방이 눈에 별로 차지 않더라도 성교의 파트너가 되었다. 그러나 무리의 수가 늘어나면서부터는 그래도 마음에 드는 상대를 골라가면서 성관계를 가지게 되었다.

마음에 드는 상대를 고르는 문제에서 남녀간의 차이가 형성되었다. 고대사회로부터 자기의 눈에 드는 상대를 선택하는 권리는 여자보다도 남자에게 더 중요하게 부각되었다.

오늘날도 마찬가지로, 남녀가 서로 반대 방향에서 다가오다가 마주칠 때를 생각해 보자. 남자는 여자의 모습을 흘깃거리면서 지나가지만, 여자는 남자를 제대로 쳐다보지 못하고 지나간다. 시각 자극에 의한 판단은 남자의 특권이 되었다.

이와 반대로 근래에까지 여성들의 눈을 의식하여 남성들이 치장을 하는 종족도 있다. 바로 아프리카의 워다브(Wodaabe)족은 여성들에게 매력적으로 보이기 위하여 얼굴에 색칠을 하고 화려한 장신구를 달기도 한다.

워다브 종족들은 여자가 남자를 선택하기 때문에 남성들이 치장을

워다브족 남성 / 여성에게 매력적으로
보이기 위해 갖은 치장을 했다.

한다. 그러나 대부분의 다른 종족들은 그들과 반대로 여성이 가꾸고 치장을 한다.

그래서 이성에게 매력적으로 보이려는 욕구는 남자보다도 여자가 더 커져버렸다. 이는 곧 신체적 매력에 대한 중압감이 남성보다 여성에게서 더 크다는 뜻이다.

그러나 대다수 문화권에서는 이와 반대로 여성들의 중압감이 더 크다. 그렇다면 상대방에게 시각적 매력을 가장 강하게 충족시켜 주는 신체 부위는 어디인가?

문화권마다 조금씩 다르다. 또 시기에 따라서도 다르다.

예를 들면, 남태평양의 일부 부족들의 여성들은 적어도 20세기 초까지 몸에 새겨진 문신이 남성들의 관심을 유발시킨다고 믿었다. 그래서 매력을 증진시키기 위하여 자신의 성기 부위에까지 문신을 새기고 다녔다.

남성에게 당신의 사랑을 받고 싶다는 의사를 전달하는 행위이다.

또 과거 중국의 여성들에게는 어려서부터 발이 자라지 못하게 하는 전족의 풍습이 있었다. 어른이 되어서도 발이 어린아이처럼 작은 여성들은 보행에 힘이 들었다.

아마도 여성들의 바깥출입을 막아보려는 남성들의 의도에서 그러한 전족이 유행했는지 모른다. 여자가 집안에 들어앉아 있기만 하면 경제활동도 어려울 뿐만 아니라 다른 남자를 만날 일도 없다.

남성들은 그런 여성을 훨씬 다스리기 쉽다고 생각했다. 그 이유가 무엇이든 상관없이 중국 여인들에게는 발이 매력이나 치부의 상징이었다.

즉 중국의 여인들은 자신의 발을 남편이 아닌 다른 남성에게는 보여주지 않을 정도로 중요하고 비밀스러운 부위로 여기고 살았다.

근대의 대부분의 문화권에서는 몸에 새기는 문신이나 발보다도 여성의 허리, 다리, 엉덩이, 가슴, 얼굴 등이 매력의 부위라고 생각하고 있다.

그렇지만 그 부위들의 크기나 모양 등에 대한 관점은 시대에 따라서 약간씩 달라지고 있다.

디아즈의 선거운동

유감이지만, 매력이나 미인의 기준은 대체로 정신보다도 외모나 몸매 등의 신체적 특성을 위주로 결정되고 있다.

그 예로, 구석기시대의 인기있는 여성들은 젖가슴이 축 늘어져 있고, 허리가 굵으면서 지방질이 풍부한 자들이었다고 추측된다. 지금보다도 훨씬 추운 날씨에 잘 적응할 수 있는 몸매였기 때문이다.

페루에서는 *1995*년 *3*월 수지 디아즈(Susy Diaz)라는 스트립댄서가 몸매를 노출하여 국회의원에 당선되었다. 선거관리위원회에 등록한 시기부터 후보자 연설에 이르기까지 동료 스트립댄서들의 지원을 받아 선거운동을 하는 도중 줄곧 자신의 후보자 기호를 엉덩이에 표기하고 다니면서 유권자에게는 콘돔을 나누어주고, '정치에는 아직 처녀입니다'라고 말하면서 선거운동을 한 덕분에 당선되었다.

당선되자 그녀는 더 이상 엉덩이를 보여줄 수 없음을 안타깝다고 말하면서 그해 *5*월 하순에는 한 나이트클럽에서 마지막 공연을 하기도 했다. 몸매와 나체 춤으로 손님들을 즐겁게 해준 솜씨가 유권자들에게 희망과 찬사를 가져다준 것이다.

우리 문화권에서는 *1997*년 고국을 방문한 인터넷의 누드 모델이 한 순간이나마 스타처럼 우상화되기도 했다. 당시 그녀와 같은 몸매를 가꿀 수 있기를 원하는 여성들이 늘어나기도 했었다.

사실 미인이나 매력의 기준은 거의 항상 남성들의 입맛에 의하여 결정되고 있다. 각종 미인대회의 개최 자체는 여성의 가치를 외모로만 판단하려고 하기 때문에 여성의 착취라고 비판하는 사람들이 생겨났다.

반면 그러한 주장이 일부 극단론자들의 이야기일 뿐이라고 일축하는 사람들도 있다. 후자는 미인대회가 여성의 착취나 남성들을 즐겁게 하는 행위도 아니며, 체력이 뛰어난 자처럼 미모가 뛰어난 자도 유명인사가 될 수 있다는 논지를 전개한다.

이를 계기로 극히 일부 여성들은 대단한 힘을 얻지만, 대다수 여성들은 인간의 가치 요소에 혼동하게 된다.

왜 가는 허리를 강조했는가

*1990*년대 후반 브라질에서의 일이다. 엉덩이 대회에서 우승했던 한 삼바 춤의 댄서는 성적 매력의 대명사로 우상화되었다.

수많은 브라질 여성들이 엉덩이 둘레가 *1*m가 넘었던 그녀처럼 엉덩이가 크지 못한 것을 아쉬워하면서 그녀처럼 머리를 염색하고, 춤을 추고, 옷치장을 하고 다닐 정도가 되자, 그녀를 상품화한 음반이 불티나게 팔리기도 했다.

이제 신체 부위 중에서 허리나 엉덩이 등의 몸매가 지닌 특성을 생각해보자.

우리가 살아가는 현재는 지질학적으로 간빙기에 해당된다. 빙하기에는 추위에 강한 지방질이 풍부한 뚱뚱한 몸매의 소유자가 적응을 더 잘 했다. 그 시기에는 뚱뚱해야 매력적인 여성으로 평가되었다.

철새들도 에너지가 풍부한 지방질을 몸 속에 충분히 비축해야 장거리 이동이 가능할 수 있듯이, 열량이 높은 지방질의 몸매가 추위를 잘 견디었기 때문이다.

그렇다면 지방질이 풍부한 사람들에게는 더운 여름을 견디는 게 고통일지도 모른다. 유감이지만 앞으로 온난화 현상이 지속되고 날씨가 더욱 더워진다면 뚱뚱한 몸매는 더욱 더 매력의 상실로 여겨질지도 모른다.

반면 이러한 환경 요인과 상관없이 우리 조상들은 최소한 *20*세기 전반기까지 남아선호사상에 따라서 여성의 매력을 평정하기도 했다.

우리 전통사회에서는 아이를 많이 낳을 수 있는 여성이 아들도 많이 낳고, 그런 여성이 씨앗을 뿌리면 풍작이 든다고 믿었다. 엉덩이가 크게 퍼지고, 허리가 가늘지 않고, 뱃가죽이 두툼한 여성이 바로 가장 선호하는 여인상이었다.

그래서 과거의 한국인 부모들은 며느리를 고를 때 그런 조건을 갖춘 여자인가를 탐지하였다. 남녀 모두 뚱뚱한 몸매가 부의 상징이었고, 또 허리가 가는 여성은 아들을 낳지 못한다고 생각했기 때문이다.

서구에서도 특히 어머니 역할을 강조하였던 15세기에서 18세기 사이에는 뚱뚱한 몸매가 유행했다. 그렇지만 19세기 서구사회에서는 허리가 가는 여성을 더 매력적으로 평가하였다.

그래서 여성들은 고무줄을 넣어 몸통과 허리 주변을 개미처럼 졸라맬 수 있는 코르셋(corset)을 즐겨 입었다. 이런 의복을 입으면 가슴은 더 돋보이면서 허리가 상대적으로 가늘게 보인다.

왜 이처럼 가는 허리를 강조했는가?

일부 사회과학자들의 추론에 의하면, 진화의 차원에서 남성들은 종족보존의 욕구 때문에 다산이 가능한 여성을 더 선호했을 것이라는 설명이다.

아이를 한번도 낳지 않은 여성, 즉 앞으로 아이를 많이 낳을 수 있다는 점을 증명한다고 생각했기 때문이었다.

우리의 조상들이 굵은 허리가 다산의 증거라고 생각했던 것과는 다른 견해다.

하여간 가는 허리를 선호하는 분위기는 현재 거의 대부분의 문화권에서 공통적으로 나타나고 있다. 당연히 한국 여성들도 몸매가 아름다워지기를 바라고 있다. 신체적 매력, 특히 날씬한 정도에 대해서 가치를 두기 때문이다.

그후 대부분의 문화권에서 개최되고 있는 미녀 선발대회에서는 마

치 기준이나 있듯이 체중
이나 신장, 허리 등의 수치
를 발표하는데, 어김없이
가는 허리를 강조한다. 그
래서 대부분의 여성들은
자신의 신체에 대하여 불
만족스러워 하면서 자신이
더 매력적이기 위해서는
체중을 줄여야 된다고 생
각한다.

가는 허리를 강조하는 광고

몸매에 관한 연구들에
의하면, 여성들이 남성들에 비하여 몸매에 신경을 더 많이 쓰고 불만
족스러워 한다. 젊은층에서나 중년층에서도 마찬가지로 여성이 신경
을 더 많이 쓰는 경향이 있다.

한 연구에서는 남성들에게 얼굴을 가린 여자의 사진을 보여주며
매력을 결정하는 가장 중요한 부위가 어디인가를 물어보았다. 실험
결과 허리 부분이 가장 결정적인 신체 부위로 나타났다. 배가 불룩
나왔거나 허리가 굵을 경우 매우 부정적인 평가를 받았다.

그런 이유로 또 다른 연구들에서는 자신의 체중에 대한 만족도가
정신건강과 관련이 있다는 일관성이 나타나고 있다.

여성들은 특히 초경이 나타난 나이에 따라서 몸매에 대한 관심이
다르기도 한다. 보통 초경이 또래에 비해 빨리 나타난 여성은 늦은 여
성보다도 체중이 더 나가는 편으로, 음식섭취의 양을 줄이려고 한다.

몸매에 대한 불만족은 우울증이나 자존심의 저하, 음식 섭취행동
의 장애와 관계가 깊었다. 청소년들을 상대로 조사할 때 스스로 잘
생겼다고 생각하는 여성들이 못생겼다고 생각하는 여성들보다 체형
변화에 대해 불안이 더 컸다.

우리나라 여성들은 대다수가 아름다워지고 싶어하지만 운동과 음식 섭취 등으로 체중을 조절하거나 몸매를 가꾸려는 사람은 그리 많지 않다. 거의 대부분 운동을 하지 않으면서 체중조절을 하려고 애쓴다.

날씬한 미녀들만이 스타가 될 수 있는 현 상황에서는 스타(star)병에 걸리기 쉽다. 그래서 자신의 몸매가 비만에 가깝다고 잘못 평가하는 여성들이 많다.

잘못된 기준에 의한 평가 때문에 거의 먹지 않으면서 살 빼는 약을 복용하여 문제를 일으키는 여성들도 있다.

그들이 몸매가 뚱뚱하게 보이는 의복을 피하는 것보다 적절한 운동을 통해서 섭취한 에너지를 배출한다면 신체적인 건강까지도 얻을 수 있지 않겠는가!

유방이 큰 여자는 어리석다?

여성의 가슴도 매력의 부위로 꼽히지만, 시대에 따라서 평가기준이 달랐다.

우리나라에서는 조선말 개화기 당시까지만 해도 여성의 가슴을 매력적인 부위로 여기지 않았다. 물론 정숙함을 강조하는 양반 집 부녀자들에게는 유방이 치부였겠지만, 서민층 부녀자들에게는 아이의 먹이통 정도로밖에 여기질 않았다.

구한말 풍속을 담은 사진첩을 보면, 서민들은 젖가슴을 드러내놓고 거리를 나다녔다. 당시 우리나라를 방문했던 서양의 선교사들은 젖을 드러내놓고 수유하는 여성들이나, 물건을 머리에 이고 저고리와 치마 사이로 드러난 젖가슴을 늘어뜨리고 태연하게 걸어다니는 여인들을 보고 당황했다고 한다.

서민 여성들에게는 젖가슴을 드러내는 행위가 바로 집에 젖먹일 아들이 있다는 자랑에 해당되었기에 수치심을 느낄 필요가 없었다.

서구에서는 *18*세기 경부터 *20*세기 초까지는 아담한, 너무 크지 않는 가슴을 선호하였다. 손바닥으로 덮어서 약간 넘칠 정도의 크기이면서 사과처럼 둥그런 모양의 가슴을 선호했다.

그래서 태어날 때부터 작고 평평한 유방의 소유자는 조금이라도 더 풍만하게 보이려고 노력했고, 가슴이 원래부터 큰 서양 여성들은 당시 유행처럼 가슴을 묶고 다녔다.

우리나라에서는 서구인들에 의하여 기독교가 전파되면서 젖가슴을 드러낸 행위는 미개인들의 모습으로, 또 유방이 큰 여성은 우둔하기 때문에 말을 잘 듣는 사람으로 해석되었다. 또 성을 금기시하는 상황에서는 가슴이 큰 여성을 성적 호기심만 클 뿐 머리에는 든 것이 없다고 부정적으로 바라보는 분위기였다.

그러자 개화기 당시 일부 여학교에서는 서구에서처럼 유방이 커지지 못하도록 젖가슴을 졸라매고 다니는 풍습이 유행하기도 했다.

한국인들은 최소한 *1980*년대까지만 해도 작은 가슴을 선호했다. 그때문에 당시 큰 가슴을 지녔다는 여배우의 이름이 인구에 회자되기도 했다.

*1980*년대부터는 가슴의 크기와 지적 능력은 무관하다는 분위기로 반전되어 오히려 가슴이 작은 여성이 고민하기도 한다.

서구사회에서는 금세기 중반 이후 큰 가슴을 지닌 여성을 선호하게 되었고, 우리 문화권에서도 이제는 두툼한 가슴을 선호하는 시대를 맞이한 것같다.

그래서 작은 유방을 브래지어로 밀어 올려, 그것도 패드를 넣어서 크게 보이려고 노력하기도 한다. 또 유방확대 수술까지도 성행하고 있는데, 수술의 부작용이 알려지면서 요즈음 그 유행이 주춤할 뿐이다.

여기서 두 젊은 여성의 솔직한 자부심과 열등감을 들어보자.

나는 다른 여자에 비해 가슴이 좀 풍만한 편인데, 남자들은 여자 가슴의 크기에 관심이 높다고 생각해요. 조금만 쪼이는 옷을 입고 외출하면 남자들의 시선이 내 가슴 쪽으로 쏠리는 것같고, 아는 남자를 만나면 섹시해졌다면서 노골적으로 위아래를 훑어보면서 시간을 내 달라는 등 관심을 보이고 있어요. 그런데 내가 그런 옷을 사오면 부모님이나 특히 언니는 같은 여자로서 너같은 체격조건에 그런 옷을 입고 다니면 성범죄를 유발시킬 거라면서 옷을 못 입게 할 정도예요. 또 여자들은 나를 부러워하면서 나중에 남편 사랑 많이 받겠다고 해요.

나는 가슴이 작아 옷 입을 때마다 스트레스를 많이 받고 있어요. 쫄티를 입으려고 해도 납작하니 이상할 것같고, 그렇다고 부작용이 많다는 수술을 받을 수도 없지 않는가 생각해요. 결혼하면 남편에게 굉장히 창피할 것같아요. 그러나 속옷의 볼륨을 높여 입는 기술로 조금이라도 크게 보이려고 노력합니다. 계속 부끄러워하면서 기가 죽기는 싫거든요.

여자들의 경우 중학교에 다닐 무렵에는 가슴이 남보다 먼저 발달하거나 클수록 '글래머'라는 놀림을 받는다.

길을 걸을 때 남들이 다 쳐다보는 것같아서 가슴이 큰 것을 싫어한다.

요즈음의 여성들은 적어도 고교시절까지는 가슴이 너무 커서 고민을 했지만, 그 이후로는 오히려 가슴이 작은 여성들이 좀 더 컸으면 하고 바랜다. 그렇게 바래는 이유는 여자를 보는 남자들의 시각적 욕구를 충족시켜 주고 싶은 욕망 때문이다.

여성들이 가슴에 대하여 가장 많은 신경을 쓸 때가 바로 옷 입고 밖에 나가려고 할 때다. 예쁜 옷을 입고 머리를 매만지는 것과 함께 가슴이 너무 나오는지, 아니면 안나오는지 등 몸에 맞는지 신경을 쓴다.

옷 입을 때 너무 절벽이거나 엉덩이가 작아 바지를 입어도 별로 멋이나 폼 나지 않거나 하면 자신은 탄력있고 섹시한 다른 여자들보다 처진다고 생각하게 된다.

이와 반대로 탄력있는 몸매는 이성의 관심을 끌거나 스스로 멋있는 여성이 되어 생활하는데 도움이 된다고 믿는다. 남자 친구가 없는 여성들은 혹시 자신의 외모가 떨어져서 인기가 없다고 고민하면서 가슴을 키우는 방법을 연구하기도 한다.

자신보다도 남성들의 관심을 끌어내기 위하여 가슴에 신경을 쓰고 있는 문화에서 살아가는 여성의 모습이다.

어떤 남성들은 노골적으로, "작은 가슴보다 소위 글래머 스타일이 더 좋고 만지기도 좋습니다. 눈에도 잘 띄거든요. 세간에는 가슴이 크면 멍청하다는 말도 있지만, 가슴이 큰 석사나 박사들도 있잖아요. 솔직히 가슴이 큰 여자를 보면 하루 밤 지내고 싶다는 생각이 들어요. 쾌감이 더 클 것같거든요"라고 말한다.

이 남자처럼 일부 남성들은 가슴이 큰 여성이 호색일 거라고 믿고 있지만, 사실은 다르다. 또 성교 시 유방을 자극할 때 쾌감을 얻느냐의 질문에 소수의 여성은 짜릿한 흥분을 얻는다고 하지만, 상당수의 여성은 그렇지 않다고 대답한다.

그렇기에 큰 유방의 선호는 단지 남성들의 시각적 욕구를 위한 것이다.

성형 미인의 시대

남성들은 여성의 신체부위 중 어디에 가장 관심을 크게 둘까?

가슴이나 몸매도 중요하지만, 그보다도 얼굴을 더 중요하게 생각한다.

몸매는 코르셋 등의 의복으로 위장될 수 있기 때문에 얼굴 부위가 직접적인 매력의 근거가 되고 있다. 계절에 따라서는 얼굴만이 노출된 상태로 생활하기 때문에, 화장을 하고 있더라도 얼굴을 보고서 여성의 피부를 짐작하기도 한다.

전통적으로 한국인들은 하얀 피부를 선호하였으며, 일본인들도 금세기 이전까지 하얀 피부를 선호하였다.

유럽에서도 19세기 당시 하얀 피부에다가 야윈 몸매를 지닌 여성이 인기를 끌었다. 그래서 여자들은 일부러 굶고 다녔으며, 레몬 등을 다량으로 섭취하여 위장을 약하게 만들었다. 병약한 모습을 보이는 여자일수록 남성들의 관심과 보호, 동정을 받을 수 있었기 때문이었다.

요즈음은 19세기처럼 낭만적 미인상을 선호하지 않는다. 건강하지 못한 하얀 피부의 여성은 남성에게 평생 잔병치레로 골칫거리가 될 수도 있기 때문이다.

그래서 백인들은 햇볕에 그을린 피부를 건강하고 섹시한 것으로 평가하고 있다.

한국에서도 요사이 너무 하얗지도 검지도 않는 피부색을 원하고 있다. 결국 화장품 회사들도 이러한 요인에 따라서 광고와 상품개발에 투자를 하고 있다.

또 얼굴에서 코, 입술, 눈, 주름살 등도 매력을 느끼는 정도를 결정하므로 이에 맞는 성형수술도 유행하고 있다. 쌍꺼풀수술은 보통이고, 오뚝한 코, 두툼한 입술 등의 성형수술까지도 시행된다.

어떤 경우는 인기스타의 이름을 대고 그녀의 모습처럼 수술해 달라고 부탁할 정도로 매력에 관심을 가지고 있다. 이러한 욕구는 여성 스스로뿐만 아니라 남편이 부인의 수술을 원하는 경우도 흔하며, 노인층에서도 성형수술이 유행할 정도다.

근래에는 영양상태가 좋아 청소년들이 예전보다 늘씬하게 성장하고 있다. 1980년대까지만 해도 우리나라 여성들은 서구의 여성들과 달리 상체에 비하여 하체가 굵고 짧은 편이었다.

그래서 종아리가 못생겼다고 믿고 고민하는 여성들은 짧은 치마를 입지 못하였다. 이에 각선미를 뽐내려는 여성들을 위하여 초음파 지방흡입술도 성행하고 있으며, 아름다워지고 싶은 여성들에게 솔깃하도록 만드는 광고들도 대중매체에서 큰 비중을 차지한다.

늘어나는 뱃살을 탄력적인 복근으로 만들어준다는 운동기구, 아랫배가 나와 허리가 굵어 고민하는 여성에게 날씬하게 보이게 한다는 신체형 개선 팬티, 탄력적이고 볼륨있는 큰 가슴을 원하는 분을 위해 순수 식물 추출물로 만들었다는 젤라틴 성분 등의 광고들이 난무한다.

그런 기구들이 없어도 운동을 하면 몸매가 가꾸어질 수 있다.

한마디로 여성들은 남성들의 시각을 위해서 움직이고 있다. 역시 어떤 여성들은 이를 이용하여 남성을 조종하려고 한다.

1980년대까지만 해도 여성에게 섹시하다는 표현은 다소 부정적인 의미를 내포했다. 요즈음은 섹시하다는 말이 칭찬이나 아부에 해당된다.

대중가요의 가사에서도 여성들의 몸매나 외모를 노골적으로 묘사하여 섹시함의 기준을 제시하고 있다.

이런 기준에 따라서 섹시함을 얻으려면 화장이나 성형, 의복 등에 순간마다 신경을 써야 한다. 그 기준을 따르고 생활하려면 다이어트도 해야 하는 등 피나는 노력을 해야 할 것이다.

폰섹스가 에이즈를 막는다?

통신기술의 발달로 전화를 이용한 성의 상품화도 20세기 후반 사회적 논쟁거리가 되었다. 낯선 상대와 전화로 데이트를 할 수 있다는 전화방 사업체는 1990년대 중반 우리나라에도 등장했는데, 이는 1990년대 초반 일본 지역에 번성하고 있었다.

명목상 전화방 출입자를 남성으로 한정하고 길거리를 지나가는 여성에게 광고전단을 주면서 전화상으로 남성과 데이트를 하도록 하는 서비스 사업이다.

전화방에서 아무리 오랫동안 기다려도 여성이 전화를 하지 않으면 데이트가 이루어지지 않는다. 그래서 대다수 전화방 사업체에서는 여성을 고용하여 전화를 기다리는 남성과 통화를 하도록 하는 상술을 이용한다.

그러나 전화 데이트만 즐기기보다도 노골적으로 상대 여성과 만날 수 있기를 기대하는 등 고객의 거의 대부분이 성적 상대를 찾는 수단으로 이용하려고 한다.

특히 경제적인 여유가 없는 고객들이 전화 데이트 서비스 정도에 식상하게 되자, 소위 폰섹스 산업이 등장하였다.

전화 통화이지만 실제로 성적 흥분을 만끽하는 상태의 서비스 사업은 서구에서는 1980년대부터, 일본의 경우 최근 2~3년 전부터 수지가 맞는 장사로 성장하였다.

대중 잡지들의 상당수
가 이러한 서비스에 관한
광고를 게재하고 있다.

폰섹스는 실제 상대와
통화할 수도 있고, 원하는
상대를 고를 수도 있듯이
서비스 내용이 매우 다양
하다. 전화를 거는 사람은
신용카드 번호를 알려주
어야 하므로 이론상 연령

폰섹스 광고

등 기준에 따라서 선별되며, 이러한 사업체는 여러 문화권에서 이미
수 백억 달러 규모로 발전했다.

레이건 대통령 재임 당시 포르노의 심각성을 조사했던 미즈(Meese)
위원회에서는 폰섹스 사업을 불법으로 규정해야 한다고 주장했다.
결국 미국에서는 폰섹스를 제공하는 업체들이 1988년 대대적인 조사
를 받았으며, 이 문제로 의회 차원에서 청문회가 개최되기도 했다.

드디어 미국 의회는 폰섹스 서비스를 금지하는 법안을 372 대 22로
가결시켰다. 미성년자나 원하지 않는 성인들에게도 쉽게 노출될 수
있기 때문에 전화선을 이용하여 음란한 내용을 전달하는 행위에 대
하여 제재를 가한 것이었지만, 누구에게든지 상업적으로 음란한 내
용을 전달하는 행위는 범죄라는 법률이었다.

그러나 사업자들의 요구로 그 법률의 합법성을 심사한 대법원은
1989년 이를 파기시켰다. 성의 상품화에 대한 부당함의 외침보다도
그 타당성과 적절성을 찾으려는 부류들의 영향이 더 우세했기 때문
이다.

예를 들면, 에이즈와 같은 질병이 확산되면서 폰섹스가 성욕의 분
출구를 안전하게 찾는 방법 중의 하나이므로 오히려 이롭다는 주장

도 나왔다.

　사실 전화 등 통신기술에 의한 폰섹스 서비스 이용자들은 사회적 접촉이 없는 성 일탈자가 아니라 대부분 그렇지 않은 정상적인 중산층 남성들이었다.

　물론 우리 문화권에서는 폰섹스가 상업적으로 발달하지는 않았다. 그럴 필요가 없기 때문이다.

　오히려 첨단의 통신기술을 이용하는 매춘이 발달할 정도다. 휴대폰을 들고 다니면서 언제 어디서나 전화 한 통화만 하면 출장 마사지를 하러 달려오는 사업체가 생겨났다.

사이버 시대의 사이버 섹스

지난 *19*세기 이후 산업화시대로 탈바꿈하면서 기계가 인간의 노동력을 대신해 주었다. 또 *20*세기 후반 정보화시대로 변모하면서 인간생활은 더욱 편리해졌다.

그렇지만 편리함을 추구하는 영역이 감각적인 욕구충족에까지 확대되면서 정보화 사회의 부작용들도 속속 드러나고 있다.

초창기에는 포르노사이트에 노출되는 청소년의 문제만을 심각하게 여기었지만, 이제는 사이버섹스에 탐닉하기 시작한 성인들이 많아졌다. 결국 미래사회의 인간상이 여간 불안하게 느껴지는 상태에 이르렀다.

우선 채팅에서 익명의 상대와 성적인 메시지를 주고받으면서 쾌감을 얻는 자들이 근래 부쩍 늘었다. 채팅은 자신의 약점이나 신분을 노출시키지 않을 수 있기 때문에 평소보다도 훨씬 대담한 자세로 상대방에게 접근할 수 있다.

음란한 대화의 과정에서 곧바로 채팅 상대를 만나자고 유혹하여 실제로 성교를 하는 사람들도 늘고 있다.

한마디로 그들에게 채팅은 성적 쾌감이나 성교행위의 추구는 물론 성적 파트너를 만나기 위한 수단이다.

역시 포르노사이트를 방문하여 흥분되면 자위행위로 성욕을 해소하는 자들도 늘고 있다. 그들에게는 데이트 상대에게 성관계를 애걸

하면서 받는 스트레스도 없다.

신용카드로 비용만 지불하면 내가 원하는 상대를 고를 수 있고, 원하는 대로 상대방이 감각적인 자극을 전달해주기 때문이다.

채팅이나 포르노사이트에서 성적 만족을 추구하는 자들은 대부분 처음에는 수치심이나 죄의식을 가지고 우연히 접근하였다.

그러나 주변인들의 눈초리를 의식할 필요가 없는 장점을 살려서 보다 적극적으로 성적 자극을 추구할 때에는 이미 죄의식이나 수치심과 거리가 멀어지게 된다.

여성들도 임신이나 감염의 걱정이 없기 때문에 능동적으로 자기의 생각을 표현하기 위해 사이트에 접속하기도 한다.

일단 사이버섹스를 통해서 조그마한 호기심이 충족되거나 쾌락을 얻으면 나중에는 현실에서 충족이 불가능한 성적 환상을 맛보기 위하여 탐닉하게 된다.

심지어는 결혼 후에도 배우자와의 관계보다 채팅이나 포르노사이트 방문을 더 선호하기도 한다.

과거의 공상과학영화의 내용이 근래에 현실로 드러났다. 그렇다면 최첨단 특수장비를 몸에 걸치면 눈, 귀, 코, 성기 등 온몸을 자극하여 성적 쾌락을 맛본다는 최근의 공상과학영화의 내용도 언젠가는 현실로 다가올 가능성도 크다.

그러나 물질문명의 발달이 인간의 본질을 바꿔버린다고 할 수는 없다.

언뜻 여성의 입장에서 보면 남성을 종속시킬 수 있어서 사이버섹스의 추구가 남녀평등처럼 보여질 수 있다.

그렇지만 사이버섹스의 출현을 당연한 사회적 현상으로 이해하는 사람들은 여성들이 아니라 대부분 남성들이다.

곧 가상공간에서의 본능충족 추구는 인간의 가치를 스스로 부정하는 자들의 도피행위가 아닐 수 없다.

이처럼 탐닉하는 자들이 있기에 일부는 자신이 포르노사이트를 만들어놓고 상업적인 행위를 한다. 소위 회원제를 도입하여 회원들에게 자신의 누드로부터 실제 자위행위나 성행위의 장면 등을 보여주며 이득을 챙긴다.

수요가 있기 때문에 공급이 이루어지겠지만, 왜 그렇게 수요가 늘어나는 것일까? 바로 인간의 욕구충족과 관계가 깊다.

인간은 생리적인 일차적 욕구와 사회적인 이차적 욕구가 적절히 충족되어야 원만한 삶을 유지할 수 있다.

만약 이차적인 욕구가 제대로 충족되지 못할 경우에는 이를 일차적 욕구로 보충하고자 한다.

20세기 중반 이후 우리 문화권은 정치적인 불안정을, 그리고 20세기 말에는 경제적인 불안정까지 경험했다. 이러한 시대적 상황에서 많은 사람들은 타인으로부터 자신의 존재가치를 제대로 인정받지 못하고 살아간다.

청소년들도 대학입시에 시달리고, 대학을 졸업해도 취업이 어렵고, 또 취업해도 언제 직장을 그만두게 될지도 모르는 등 불안정한 생활을 하는 사람들이 많다.

이들은 일차적인 욕구를 추구하면서 이차적인 욕구불만을 해소하고 있다.

정력의 미신과 남근숭배

굵고 긴 것은 모두 정력제인가

성적 흥분을 일으키거나 쾌락을 증진시키는 최음제는 과연 존재하는가? 최소한 지난 5천년 동안 대부분의 문화권에서 그런 효과를 지닌다는 식품, 음료, 약, 향료, 기구 등에 대해서 언급하고 있다.

특히 고대로부터 남성들이 이성을 매혹시키는 기법에 여성들보다 더 관심을 가져왔으며, 혹자는 위험을 무릅쓰고 이를 구입하여 사용해왔다.

예를 들면, 고대인들이 신들에게 풍작을 감사하는 제사의식으로 거행된 성적 파티에서는 다튜라(datura)라는 흰독말풀, 그리고 벨라돈나(belladonna), 헨베인(henbane)과 같은 가지과(科)의 독성이 든 식물들이 이용되었다.

신경계가 이러한 독물의 영향을 받게 될 경우 판단능력을 결여시킴과 동시에 사람을 흥분시키므로 상대방이 누구인지를 가리지 않는 상태의 난잡한 성관계도 나타난다. 또 아프리카 원주민들은 근래에 이르기까지 자신들의 성적 용맹성을 증진시킬 목적으로 요힘빈(yohimbine)을 이용하였다.

이처럼 최음효과를 지닌다는 식품이나 약물 등을 영문으로 애프러디지액(aphrodisiacs)이라고 부른다. 그 명칭은 사랑의 여신 아프로디테(Aphrodite)의 이름에서 유래했다.

또 이를 이해하는 데에도 동서양의 차이를 보인다. 서양에서는 성욕을 증진시키는 면에 관심이 더 컸기 때문에 최음제라고 부를 수 있던 반면, 동양에서는 정력을 증진시킨다는 면에 대한 관심이 높아 정력제라고 표현할 수 있다.

문화권마다 최음제나 정력제로 꼽는 품목들은 조금씩 다르지만, 이들이 그 외양이나 속성을 토대로 선택되었다는 점에서 문화적인 유사성을 찾을 수 있다.

대부분 교미시간이 사람보다 길거나 교미 상대가 많은 동물의 성기관 또는 이를 닮은 식품들이 최음제나 정력제로 여겨져 왔다.

켈프(kelp)라는 해초나 대황(大黃, rhubarb)이라는 식물, 문어 등은 육감적이기 때문에, 마노(agate)나 하이에나 뼈 등은 단단하기 때문에, 달걀, 물개나 염소의 고환, 술을 담글 때 사용하는 누룩 등은 다산과 관계되기 때문에, 굴이나 섭조개 등은 미끈거리기 때문에, 뱀이나 장어, 인삼 뿌리, 무소나 사슴의 뿔, 바나나, 당근 등은 남근처럼 생겼기 때문에, 마늘, 고추, 후추 등은 맵고 독하기 때문에 성욕을 증진시키는 것으로 믿었다.

포유동물 중에서 개나 여우, 또는 바다에 사는 몸집이 큰 물개의 수컷들의 생식기에는 사람의 남근과는 달리 뼈가 들어 있다. 곧 그 수컷들은 교미시 발기를 계속 유지할 수 있으므로 사람들에게는 정력이 센 동물로 보인다.

그래서 한국인들은 개나 물개 등이 보양에는 최고라고 믿고 있지만, 과학적으로 증명되지는 못했다. 그럼에도 불구하고 그러한 동물 등의 성기를 고아 먹으면 남근도 커진다는 근거없는 이야기가 나돌아다닐 정도로 과신하는 경향이 남아 있다.

보양탕을 찾는 자들 중에서도 단골 손님들에게만 개의 성기를 제공하고 있는 것도 이를 어느 정도 믿고 있기 때문이다.

1990년대 중반 한국의 대중매체에서는 일부 남성들이 곰쓸개나 뱀 등을 구해 먹기 위하여 태국으로 보신관광을 했다가 사회적 물의를

입으면 정력이 강해진다는 정력 팬티 광고

일으켰다고 일제히 보도하였다.

그런 습성이 어제 오늘의 이야기는 아니지만, 외국에서 추태를 보였다는 점에서 수치감이 드는 소식이었다. 일본 남성들도 *1990*년대 후반 악어 수컷의 생식기 분말을 찾기 위해 호주의 악어농장을 방문하는 추태를 보였다.

이제 왜 그런 모습을 보여 주었는가를 다소 짐작할 수 있으리라고 생각한다.

한국 남성들은 가격에 상관없이 보신이나 보양, 정력보강을 해야 남자답게 살 수 있다고 믿는 경향이 강하다. 그래서 특히 남성들은 음경을 단련하는 수법에도 귀가 솔깃해진다. 통신광고 판매에서도 남성들의 이러한 약점을 이용한다.

일부 식품은 복용과 함께 심장박동의 증가나 발한과 같은 생리적 변화를 가져다주기 때문에 최음제 효과가 있다고 믿는다. 강한 냄새나 맛을 내는 마늘이나 고추, 후추, 겨자 등이 바로 그 예들이다.

또 서양에서는 문어, 조개, 굴, 철갑상어의 알 등 여러 가지 해산물들이 역시 최음제로서 명성을 얻고 있는데, 이는 사랑의 신 아프로디테가 바다에서 태어났다는 믿음과 관계된다. 이는 사람의 모습을 한 인삼이 장수나 남성의 성 기능을 증진시킨다고 믿는 동양인들과 비교된다.

최음제로 알려진 대부분의 식품들은 영양분이 풍부한 편이다. 그래서 특정한 영양분이 결핍되어 있는 사람에게는 성욕을 회복시켜주는 효과가 있다.

예를 들면, 아연(zinc)이 결핍되어 성욕이 결여된 사람은 굴이나 조개를 섭취하면 성욕이 살아날 것이며, 또 오크라(okra)나 샐러리와 같은 야채는 마그네슘을 비롯하여 성선(性腺)에 필요한 영양분을 많이 포함하고 있다. 무소의 뿔에는 칼슘과 인이 풍부하며, 일본인들이 표고버섯을 최음제로 여기는 이유도 이에 기인한다.

영양의 불균형뿐만 아니라 우울증이나 불안과 같은 심리적 문제가 있을 때에도 성욕은 사라진다. 남태평양 지역에서 수 천년 동안 최음제로 이용된 카바(kava)라는 식물은 불면증이나 신경증 등의 문제를 지닐 때 근육이완과 함께 진정제의 효과를 발휘한다.

또 식욕을 돋구는 요리 때문에 최음제나 정력제로 등장하기도 한다. 그 예로 서양에서는 쵸콜렛이나 토마토, 심지어 감자가 처음 유럽에 등장했을 때 성욕을 증진시키는 것으로 믿었다.

역시 고대로부터 중국에서는 오리 혀, 거위 발바닥, 거위 통구이, 비둘기새끼 통요리, 돼지 발과 머리를, 그리고 한국에서는 곱창구이, 소다리, 마늘, 대추, 굴, 게, 버섯, 메추리 등이 정력을 키우는 기능을 지녔다고 믿었다.

유감이지만 오랜 동안 최음제라고 여겨진 식품들의 성 기능장애 치료나 성욕증진 효과 여부를 과학적으로 증명하기는 매우 어렵다. 성욕을 증진시킨다는 식품들이 아직까지 실제로 최음 효과가 있는지, 있다면 어느 정도인지 등을 과학적으로 증명하지 못하고 있다.

사실상 일부 식품들이 성욕 증진의 효과를 지니더라도 그러한 결론을 내리는데 장애가 있다. 실제와 다른 것을 주고서 최음제라고 말하면 성적 흥분의 강도나 정도가 높아지는 위약(placebo)효과가 바로 그것이다. 즉 두뇌의 믿음이다. 이러한 이유로 미국 식품의약국(FDA)에서는 *1989*년 성 기능장애 치료제라고 시판되고 있는 식품들이 효과가 없다고 공식적으로 발표하였다.

성적 만족은 남녀의 심리가 조화를 이루어지면서 얻어진다. 남녀의 심리를 조정하는 원리에 너무 무지하다 보면 여러 가지 식품이나 물품에 관심을 가진다.

식품이나 물품을 과신할수록 중독에 빠지고 만다. 그리고 갈수록 사용해 보아도 별 효과가 없다고 느껴질 뿐이다. 많은 사람들이 아직 자신의 두뇌가 최고의 최음기관임을 모르고 우를 범한다.

회수 집착증과 의무방어전

결혼한 부부의 성생활은 의무적인 것인가?

의무라고 생각한 부인은 남편의 요구에 거부하지 못한다. 또 부인은 남편의 외도를 방지하기 위하여 남편이 요구할 때마다 응해주기도 한다.

남편도 의무라고 생각하면 주기적으로 아내와 성관계를 가진다. 그런데 아내가 원하는 만큼 부부관계를 유지하지 못한다고 생각하면 남편은 의무라는 조항에 집착하면서 갈등과 스트레스를 경험한다.

몇 해전 외국의 한 TV 토크쇼에 함께 살고 있으면서도 /년 동안 단 한 차례의 성교도 하지 않았다는 부부가 출연하였다.

성 기능장애가 전혀 없다는 그들은 매우 다정하게 손을 잡고 있었고, 청중들에게는 그들이 얼마나 사랑에 충만해 있는가를 설명하고 있었다.

청중들은 어떻게 부부관계가 전혀 없었는데도 문제가 생기지 않느냐고 반문하자, 서로를 이해하고 있기 때문이라고 답했다.

대부분 결혼을 하면, 주기적으로 성관계를 가져야 별다른 문제가 생기지 않을 것으로 생각하고 있다. 그런데 위의 예는 다소 의외였다.

필자가 몇 년 전 어느 날 오후 뒷산에 올라가는 도중, 산에서 내려오는 50대 중반에 해당되는 부부의 대화 내용을 우연히 포착할 수 있었다.

잠깐 동안의 대화내용을 소개하면, 아주머니는 매우 나직하게 "일주일에 두 세 번은 해야 한다는데, 우리는 한번도 못하고!"라고 말하면서 지나갔다. 함께 걸어가던 남편은 죄를 지은 듯 묵묵부답으로 걷고 있었다.

그렇다면 부부는 성관계를 어느 정도 자주 가져야 하는가? 사실 부부들 상당수가 결혼생활이 무르익으면서 성교의 빈도에 집착하면서 스트레스를 받고 있다.

동양 남성들은 서구인들에 비하여 물려받은 유전인자 때문에 성기의 크기가 더 작다.

그러한 콤플렉스 때문인지 자신의 정력이 강함을 강조하기 위하여 젊은 시절 남성들은 한 여성과 하루 저녁에 몇 차례나 관계를 가졌다고 얘기하면서 자랑한다.

그와 반대로 어떤 사람은 저녁 내내 몇 시간 동안 여자를 흥분시키다가 마지막에 한번 사정했다는 도사같은 이야기를 자랑한다.

그러나 성행위는 단순히 여러 차례 시도했다고 해서, 또는 오랫동안 끌었다고 해서 자랑할 만한 일이 아니다.

그건 인간의 성 심리를 알고 있으면 별로 문제될 일이 아니다.

또 성교의 빈도나 지속시간에 관한 연구에는 허점이 많다. 특히 성교의 빈도가 부부간의 인간관계를 절대적으로 만족시켜 준다고 믿는 사람은 드물겠지만, 빈도에 대하여 물어보면 평균치를 머리 속에 떠올리고 고민하게 된다.

고대로부터 방중술을 언급한 서적에도 연령에 따른 성교의 빈도를 기록하고 있지만, 지금도 이를 신뢰하는 사람은 다음에 지적하는 문제를 잘 생각해야 한다.

현대인을 대상으로 한 성교의 빈도에 대한 연구를 보면, 거의 대부분의 응답자들은 자신의 실제 상황을 보고하는 것이 아니라 여러 가지 성인용 잡지에 보고된 일반적인 기준에 의하여 답한다.

예를 들면, *30*대 중반의 남성은 자신의 또래들이 그러한 잡지 등에 소개된 수치가 어떠한가를 알고 있기 때문에 그 자료에 의하여 답한다.

질문에 대한 답이 선다형이라면 그 평균치를 찾아내기가 더 쉽다.

그렇다면 그러한 잡지에 나온 수치는 가상적이라는 점을 짐작할 것이다.

여하튼 남성들은 빈도를 의식하다 보면, 주기적으로 성교의 의무를 이행해야 한다고 믿는다. 그들은 달력에 날짜를 표시해가면서 이를 지키려고 노력한다.

특히 주말부부처럼 며칠만에 만나는 경우 몇 차례 지키지 못하면 거리가 멀어진다고 믿고 계획된 날짜에 따라서 철저히 섹스행위를 시도한다. 이러한 의무 이행 때문에 스트레스를 받으며 '의무방어전'이라는 고통스러운 속칭이 생겨났다.

현대 사회는 너무 복잡하여 남녀가 부부로서의 역할을 수행하는 것 이외에도 사회적인 역할이나 의무의 비중이 예전에 비하여 커지고 있다. 이러한 상황에서는 철저하게 계획된 성생활이 부부에게 너무 큰 부담을 준다.

그렇기에 주말부부 생활에 장기간 익숙해진 상태에서 다시 함께 살다 보면, 오히려 불편하게 느껴지기도 한다.

'영계'에 대한 미신

사회적 행동에 대한 책임능력이 아직 발달하지 않은 미성년자를 성적으로 상대하는 행위는 대부분의 문화권에서 금지되고 있다.

그럼에도 불구하고 서양에서는 슈네미티즘, 그리고 동양에서는 도교의 논리에 의하여 남성들은 지난 수 세기 동안 나이 든 여성보다도 미혼 여성을 상대로 성관계를 가져보고자 노력해 왔으며, 그중에서도 동녀를 성적으로 상대하면 회춘하게 된다고 믿어왔다.

동녀와 함께 자면 건강을 되찾는다는 서구인들의 믿음은 구약성서의 「열왕기·상」에 나온다. 지금으로부터 거의 3천년 전 이스라엘의 다윗(David)왕 이야기에서 유래된다.

다윗은 사울왕을 이은 2대 왕으로 솔로몬왕의 선왕이다. 그가 늙고 기운이 쇠하자, 신하들은 왕의 정기를 보강하는 방안으로 동녀를 찾아 나섰다. 그들은 슈넴이라는 마을에 살던 이제 막 사춘기에 접어든 아비삭이라는 동녀를 데려와 왕에게 동침을 권유하였다.

이렇게 동녀와 동침하면서 정기를 되찾으려는 습속을 '슈넴의 여자'라는 뜻에서 슈네미티즘(Shunammitism)이라고 부른다. 그러나 슈네미티즘은, 정기를 되찾기 위해서는 동녀와 나체로 살갗만 대고 성교를 금하면서 자야 하는 것이었다.

이슬람교의 예언자 무하메드도 자신보다 15세 연상이던 부인이 죽자 우울증에 시달렸다. 주변에서는 그에게 슬픔을 잊기 위하여 다시 결혼하라고 했는데, 결국 아예샤라는 9세의 소녀와 결혼하였다.

대부분의 이슬람교 권위자들은 무하메드가 소녀와 결혼하였어도 성적으로 성숙하기 전까지는 성교행위를 하지 않았고, 대신 슈네미티즘과 같은 생활을 하면서 위안을 얻고 활기를 되찾았다고 믿는다.

우주만물의 이치를 음양의 원리로 설명하는 중국의 도교는, 초창기 남녀 모두의 성적 쾌락을 중요시하는 차원에서 출발하였지만, 기원전 3세기 경부터 남성의 쾌락 위주로 발달하였다. 그후 도교는 남성의 불로장생을 위하여 숫처녀나 여러 여성을 성적으로 상대하되, 사정을 통제하라는 식으로 가르쳤다.

소녀와 동침할 때 성교를 하더라도 사정을 하지 않으면 소녀로부터 젊음의 기를 얻게 되어 장수하게 되지만, 사정을 하면 오히려 기를 빼앗겨 버린다는 논리였다.

반대로 젊은 남성이 나이가 든 여성과 성교를 하면 자신의 정기를 여자에게 모두 빼앗기게 되므로 주의를 요하라는 논리도 있었다.

과거 남성들의 건강과 장수의 논리는 동녀와 자더라도 슈네미티즘처럼 아예 성교를 하지 않는다는 조건, 또 도교처럼 성교를 하더라도 사정을 하지 않는다는 조건과 관련되어 있었다.

그래서 도교의 입장에서는 남성이 사정을 하지 않고서도 성교를 오랫동안 지속시키는, 곧 도사가 되는 방법을 훈련시켰는데, 이는 고대 페르시아를 거쳐서 인도의 힌두교 및 중국의 도교에 전해졌다.

그러나 그러한 논리들의 신빙성을 가리기에 앞서 그러한 조건들은 대단한 노력이 수반되는, 그리고 실제로 거의 불가능에 가까운 요구사항들이었다.

문제는 상당한 노력을 요했던 이러한 습속들이 남성들에게 나이 어린 여자와 성교를 해야 쇠퇴한 정력이 보충된다고 전달되었다는 점이다. 회춘을 목적으로 영계를 찾아 나서는 잘못된 사고방식이 여기에서 출발하였다.

정력제라면 바퀴벌레라도…

과거에는 남근이 크면 힘이 센 사람으로 평가되었을지 몰라도 요즈음은 좀 다르다. 근래에는 평등사상과 함께 여성의 성적 권리가 부각되면서 성교시 여성을 만족시킬 수 있는 남성을 정력가로 이해하게 된 것같다.

최소한 *1*세기 전의 남성들은 아내들로부터 별다른 불평을 받지 않았다. 성욕 표현은 남성의 전권이었기 때문이다.

근대의 남편들은 *30*대 이후가 되면서 고민이 생기기 시작하거나 커진다. 요즈음 *30, 40, 50*대 남성들은 사회적인 역할이나 책임의 과중, 전직이나 이직 등의 스트레스로 인하여 신체적인 기능이 떨어진다.

결과적으로 부인과의 성교의 지속력이나 의욕이 쇠퇴한다. 그래서 아내가 만족하기 전에 성교가 끝나 버리는 날이 점점 많아진다.

남자는 스스로 의무적인 부부생활에 콤플렉스를 가진다. 부인도 피로감에 쌓여 서로 섹스를 즐기지 못하게 된다. 이들 부부는 섹스 때문에 스트레스를 받는다.

그렇기에 정력을 증진시킨다는 각종 보약이나 식품에 관심을 가지게 된다. 이러한 관심은 단지 남성들만 가지는 것이 아니다. 여성도 남편과의 보다 원만한 관계를 위해서 관심을 가질 뿐만 아니라, 장모도 딸을 위해서 사위의 보양에 관심을 가진다.

여자가 오르가즘을 적절하게 경험해야 정상적인 생활을 할 수 있고, 또 이는 남자의 정력에 달려 있다고 믿는 것같다.

'아내에게 대접받고 삽니다', '당신의 새로운 인생이 시작됩니다', '남성에게 강한 힘을 드립니다', '기를 세게 해줍니다' 등등의 문구와 함께 정력 바이오 팬티 등을 선전한다. 팬티의 착용으로 인하여 천연 삼베와 자연마찰로 혈액순환이 증진되며, 신진대사를 촉진시켜 조루 등을 예방한다고 선전하고 있다.

남근을 단련하는 원리는 발기된 남근이 자극을 받아도 쉽게 사정하지 않고 무감각하게 만든다는 것이다. 팬티의 착용만으로 그 효과를 가져다 준다는 선전이다.

팬티의 착용이 땀을 방지하고 습진을 예방하는 효과가 있을 지는 몰라도, 그 팬티를 입는다고 해서 저절로 정력이 강해진다고 믿는 건 너무 순진하다. 정력의 세기는 생리학적 상태의 효과에 따를 수도 있지만, 심리적인 효과가 더 절대적이기 때문이다.

또 강한 남성으로 만들어 주므로 고민이 해결된다는 물리기구, 최고의 인기 특허품, 즉석에서 사용할 수 있으며, 백방으로 실패한 분들에게 유일무이한 제품, 일본과 국내에서 특허를 받은 첨단과학 제품 등이라는 선전에 귀가 솔깃해진다. 여성을 실망시켰다고 느낀 남성들일수록 더 솔깃한다.

한편 여성의 성 기능 역시 질의 크기나 질 근육의 강도, 또는 질 조직의 두께 등과 전혀 관계가 없는 것으로 드러났다. 운동이나 훈련을 통하여 근육을 단련시키더라도 성욕이 높아지거나 성행위의 빈도가 증가하는 것이 아니다.

여성에게는 몸 속에서 분비되는 테스토스테론의 양이 성욕을 좌우한다. 곧 건강한 상태에서 성욕이 감소된 여성에게 테스토스테론을 주기적으로 주입시키면 성욕이 다소 살아나는 효과가 있다.

그러나 사람은 호르몬보다도 두뇌의 영향을 더 크게 받는다. 그게 바로 다른 동물과의 차이다.

빈도와 지속 시간의 스트레스

계획된 부부관계는 과연 언제 가장 빈번하게 시도되고 있는가?

동물들은 호르몬의 영향에 의하여 교미의 시기가 결정된다.

그러나 현대인들은 호르몬의 수준에 관계없이 주중보다도 주말과 같은 휴일 전날 부부가 성교를 하는 비율이 가장 높게 나타났다.

이는 여러 문화권에서 조사한 결과들에서 공통적인 현상이다. 특히 남녀가 함께 직장생활을 하는 경우에서는 더욱 그렇다.

직장생활을 하는 기혼 여성들을 상대로 성교의 시기를 조사하였다. 그 결과 생리주기에 따라서는 월경이 끝나는 시기부터 배란일 전후까지 가장 성적 관심이 높았지만, 요일에 따라서는 공휴일이나 주말 전날에 가장 성교 빈도가 높게 나타났다.

그 이유는 다음날 아침 일찍 일어날 필요가 없거나 직장근무에 지장이 없기 때문이었다.

그렇다면 한국인들의 성교행위는 언제 가장 자주 나타나는가를 잠시 생각해 보자. 통행금지가 없는 우리나라에는 러브호텔 등의 숙박업소가 매일 늘어나고 있다.

이곳을 이용하는 대다수 기혼자들은 배우자가 아닌 상대와 주말 저녁도 아닌 주중 대낮에 성교 행위를 하고 있다.

물론 부부간의 관계는 토요일 저녁이 가장 높고 일요일 저녁이 가장 낮게 나타날 것으로 추론되지만, 한국인들의 성교 발생 시기는 좀 특이하다.

하여간 여러 연구들은 부부가 결혼생활에 잘 적응하고 있는 것과 성적인 생활에서 얻는 만족은 매우 상관관계가 높았다고 지적한다.

이제 성교의 빈도가 아닌 지속시간을 생각해 보자.

'부부간의 성교는 얼마나 오랫동안 걸리는 편입니까' 라는 물음에 30분이나 1시간 이상이라고 답하는 사람도 있다.

이들은 대부분 남근의 삽입시간을 기준으로 답했다기보다 준비시간에서부터 성교가 끝난 후의 과정까지를 포함시켜 대답한 것이다.

어느 정도 충실하게 성생활을 준비하고 임하는 부부들인지 모르나 꼭 시간이 오래 걸린다고 해서 만족이 크다고는 할 수 없다.

대다수 기혼자들은 성교를 시도할 때 남근이 삽입되어 있는 시간은 기껏해야 평균 2~3분 정도에 불과하다. 현대 남성들의 가장 큰 고민거리중의 하나가 바로 조루이지만, 조루를 제대로 이해하는 사람은 많지 않다.

또 여러 남성들이 여성을 만족시키지 못하고 사정하는 것을 고민하지만, 이건 남성만의 책임이 아니다.

여성이 성적으로 얼마나 민감한가에 따라서 남성에 대한 평가는 상대적이다.

성적인 흥분의 고조가 매우 느리거나 어려운 여성은 어떠한 남성을 만나더라도 비슷한 상황을 경험한다. 그래서 여자도 남성이 성교를 서두르지 않도록 유도할 책임이 함께 있다.

여러 남성들의 고민을 조사한 보고서들의 내용을 토대로 분석할 때, 발기 후 언제 사정해야 너무 빨리 사정하게 된 경우인지의 답은 매우 상대적이었다.

남성들이 사정 시기를 잘 통제하지 못한다고 생각할 때 어느 정도가 너무 빠르다고 생각하는가를 물으면 대부분의 남성들은 1분에서 30초 사이라고 답하였다.

　그래서 어떤 젊은 남성들은 성교를 하기 몇 시간 전 일부러 자위행위를 해버리면 여성과의 성교에서 좀더 시간을 연장할 수 있으면서 위안을 얻는다고 고백했다.

　만약 30초만에 사정을 해버리는 남성도 매우 쉽게 성적으로 흥분하는 여성을 만났다면 전혀 불평의 대상이 되지 않는다.

　물론 생리학적으로 성교에서 오르가즘에 도달하는 평균 시간은 남성들이 더 빠르다. 그래서 여성들은 남성들이 오랫동안 하지 못하는 것을 불평한다.

　어찌되었든지 왜 남녀 모두 성교행위가 오랫동안 지속되지 못하는 것 때문에 스트레스를 받는가? 빈도나 지속시간에 집착하는 이유는 바로 성교에서 기쁨을 얻을 수 있다는 기대 때문이다.

　어떻게 해야 아내를 만족시킬 수 있을까 하고 집착할수록 남성은 더욱 스트레스를 받으므로 원하지 않는 상황에서 사정을 해버린다.

　부부가 성교과정을 통하여 얻는 기쁨이 있었다면 당연히 그런 스트레스를 받지 않는다.

영웅은 주색을 밝힌다?

그 동안 한국인의 음주문화는 남성적인 색채를 강하게 풍기고 있었다.

누구보다도 술을 잘 마실 줄 아는 남자야말로 학식이나 덕망, 사회적 지위가 높은 군자의 위치에 서게 된다는 문화적 유산이 근래 남녀평등사회에 접어들면서 최소한 다음의 세 가지 문제에 직면했다.

첫째는 어느 상황이든지 남자들의 경우 큰 실수를 저질렀어도 술 탓으로 돌려버리면 책임의 상당 부분을 면제받아 왔던 문제다.

상사에게 큰소리를 쳤어도, 성추행을 범했어도, 설령 죽을 죄를 지었어도 술 때문이라고 변명하면 그 동안 무슨 일이든지 정상을 참작해주었다.

물론 그런 아량과 인정은 주로 남자에게만 베풀어졌다.

둘째는 우리의 음주문화가 주색을 즐기는 군자들의 기생문화와 골이 깊은 관계를 형성해 왔다는 점이다. 그런 연유로 아직도 상당수 남성들은 술을 마실 때에는 여자가 따라 주고, 여자가 옆에 앉아주어야 제맛이 난다고 생각한다.

이를 토대로 상대방의 노여움을 풀거나 환심을 사기 위한 접대문화도 여성 접대부가 있는 술집에서 이루어져 왔다. 감각적인 쾌락을 제공해주면 적군도 내 편이 될 수 있듯이 불편한 관계가 해소된다고 믿기 때문에 접대부가 있는 술집을 찾는다.

그러나 여자들이 남성 접대부가 있는 술집을 방문한다는 소식을 간혹 접할 때마다 많은 남성들은 노발대발하거나 불안해 한다. 이는 주색을 즐기는 남자들의 고유 권한을 여자가 침해한 것으로 해석되기 때문이다.

순진한 사람들은 사회지도층 인사들이 이미 그러한 주색문화를 깨고 살아가고 있는 것처럼 생각하지만 그건 오해다. 인간평등을 부르

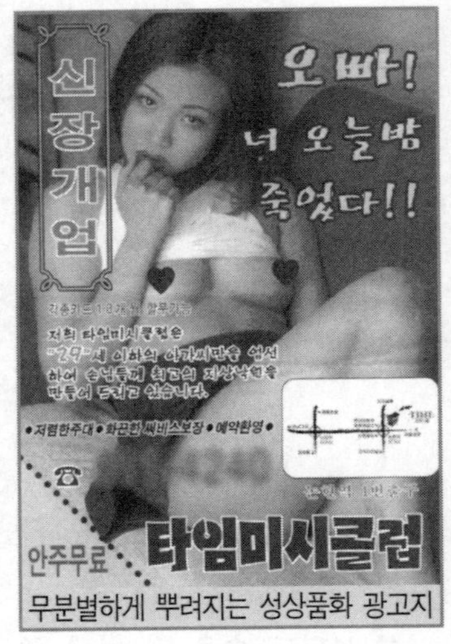

무분별하게 뿌려지는 성상품화 광고지

짖는 선구적인 대열에 서 있다고 자처하는 남성들의 일부도 술과 여자의 연결고리를 끊지 못하고 살아간다.

지도층 인사들이 접대부가 있는 술집에서 시간을 보내다가 국민들의 따가운 눈총을 받은 적이 한 두 번이 아니다. 안타깝게도 그들을 심하게 욕하던 자들도 접대와 기생문화에 젖어 살아온 탓에 떳떳하게 돌을 던지지 못하는 실정이다.

셋째, 독한 술을 마시거나 술을 많이 마실 수 있는 남자야말로 진정한 남자로 이해해 왔다. 이는 위대하고 용감한 남성일수록 여러 여성을 취할 수 있다는 영웅적인 사고와 관련이 높다.

아직도 지도층 인사들의 상당수가 폭탄주를 잘 마시고 많이 마실 수 있어야 큰그릇인 것처럼, 반대로 술을 잘 마시지 못하면 큰 인물이 되지 못할 것처럼 생각하고 살아간다. 대단히 유감스러운 일이 아닐 수 없다.

군자의 축에 끼지 못함을 비아냥거리면서 동료나 후배에게 억지로 술을 권하면 본인의 의지와는 상관없이 *1*차에서 *2*차, *2*차에서 *3*차로 이어지는 분위기에 한국인들은 너무 익숙해 있었다.

평소에는 이게 문제라고 지적하는 사람들의 일부도 일단 술이 들어가면 그런 분위기에 휩싸이거나 주도해 나가버린다.

근자에는 자동차의 보급으로 과거보다 술을 마시는 빈도는 약간 줄어들기는 했지만, 아직도 구시대의 음주문화에서 벗어나지 못한 상태다.

사회적 지위에 상관없이 대다수 한국 남성들의 머리 속에 뿌리깊게 남아있는 접대와 기생에 관련된 음주문화는 국제간의 치열한 경쟁을 필수적으로 하는 정보화 사회의 적응에 최대 걸림돌 중의 하나다.

남근에 손을 얹고 맹세하라!

남성들의 술자리에선 술이 거나해질 무렵 남근의 크기와 정력간의 관계에 대한 이야기가 자주 등장한다. 혹시 누군가 자신을 정력이 센 사람으로, 또는 다른 사람들보다 남근이 큰 사람으로 알아주면 의기양양해지고 우쭐해진다.

수년 전 모 일간지에 소개된 폭행사건의 내용이 생각나서 적어 본다. 필자가 근무하는 학교 근처 모 식당에서 일어난 두 중년 남성의 이야기다. 그들은 술을 주거니 받거니 하다가 이성을 잃고 서로 자신의 성기가 더 크다고 입씨름을 하게 되었다.

그들은 바지를 내리고 성기를 꺼내어 재보자고 떠들어댔다. 바지를 막 내리려고 하는 순간, 식당 주인은 재빨리 손님들의 행동을 만류하기 위하여 뛰어 들었다.

싸우던 남성들은 "당신이 왜 참견하느냐!" 하면서 주인을 폭행하였다. 결국 두 손님은 폭력에 관한 법률 위반혐의로 경찰서로 연행되었다.

과거에도 남근이 거대해야 지도자나 통치자가 될 수 있다고 믿었다. 또 이를 확인하지 못한 경우에도 지도자들의 남근은 거대할 것으로 믿었다.

그래서 여러 부족사회에서는 족장의 유고시 힘이 장사이면서 남근이 큰 남성을 새로운 족장으로 추대하기도 했다.

우리나라에서도 남근 크
기와 위대함의 관계를 믿는
사고방식이 팽배하였다.

『삼국유사』를 보면, 신라
22대왕 지대로(智大路)는 음
경의 길이가 한자 다섯 치
나 될 정도로 커서 여기에
맞는 여자가 없어서 왕비를
세울 수가 없었다는 설화가
나온다. 또 신라 35대 경덕
왕의 남근의 길이도 8촌이

남근석(경남 남해군 흥현리 소재)

라고 전해져, 너무 커서 왕비가 아기를 낳을 수 없었다고 한다.

이처럼 과장된 이야기는 가락국의 시조 김수로왕의 남근설화에도
등장한다. 김수로왕의 남근이 어찌나 크든지 선암진이라는 나루터의
다리 역할을 하여 백성들의 통행을 도울 정도였다는 이야기가 바로
그것이다.

물론 김수로왕의 거대한 남근 때문에 그의 부인 허왕후도 성기가
컸다는 설화도 함께 만들어 졌다. 이제는 과학적인 근거가 없는 이야
기가 되었지만, 남근의 크기를 위대하고 웅장함으로 이해했기 때문
에 그러한 설화들이 생겨났던 것이다.

일본의 토속종교인 신토(神道)의 근간도 남근 숭배였듯이 남근은
여러 문화권에서 경배의 대상이었다. 요즈음 성경에 손을 대고 맹세
를 하듯이 고대의 서구 사회에서 남성들은 공적인 선언을 하거나 맹
세할 때 자기의 성기 부위에 손을 얹었다.

남근은 남성에게는 힘을, 여성에게는 다산을 가져다준다는 대상이
었으므로 여성들은 남근 모양의 장신구를 가지고 다닐 정도였다.

남근이 힘의 상징과 관계되는가는 남근 숭배가 태양 숭배의 직접

적인 결과였다는 점에서 추론할 수 있
다. 춘분시 태양은 별자리에서 황소자
리(Taurus)에 들어가게 된다. 황소는
사람을 대신해서 일을 해 줄 정도로
힘이 센 동물로 알려진 탓에 성적으로
도 힘이 센 상징물로 부각되었다.

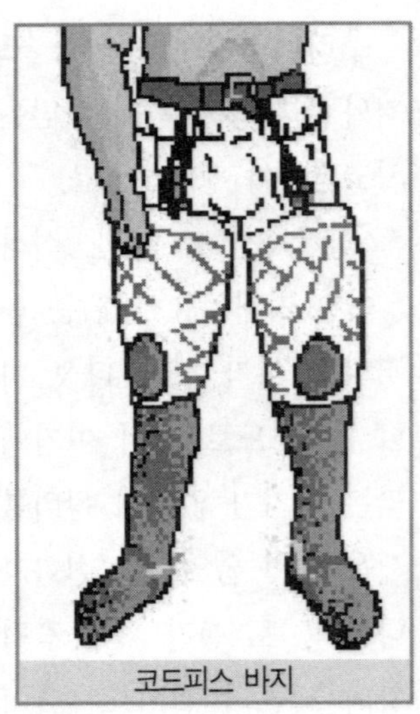

코드피스 바지

그래서 서양의 남성들은 성적인 충
동으로 흥분되어 남근이 발기된 상태
를 소뿔과 같다고 표현한다. 영문의
'호니(horny)'라는 단어는 바로 남근
이 소뿔처럼 단단하고 강하게 발기되
어 있는 상태 또는 성욕이 고조되어 있는 상태를 의미한다.

과학적으로 근거가 없는 위대한 통치자의 설화가 사라지자, 나중
에는 남근이 커야 정력이 세고, 매력적이고, 또 여성을 만족시킬 수
있다는 믿음으로 바뀌었다.

중세의 서양 남성들도 성기가 커야 남자의 행세를 할 수 있다고
생각했다. 그들은 성기 부위가 불룩하게 부풀은 상태로 보이도록 고
안된 코드피스(codpiece)라는 바지를 입고 다녔다.

특히 남근이 작다고 생각하여 열등감에 사로잡힌 남성들은 사타구
니 앞쪽에 여러 가지 물건을 넣고 코드피스를 입었다. 마치 자신의
남근이 커서 그렇게 불룩하게 나온 양 위장하고 시가지를 위풍당당
하게 활보하고 다니고 싶어서다.

바로 부녀자들의 눈초리를 의식한 행위로 보여지는 풍속이었다.

조선시대에는 고위 정치가들이나 사회적으로 존경을 받았던 학자
들이 서로 다투어 문집을 냈는데, 유교사회의 품위에 맞지 않게 그들
의 문집들에는 음담패설이 가득 차 있다.

문집의 예로 『고금소총』에는 성여학(成汝學)의 작품인 「속(續)어면

순」이 포함되어 있다. 「속어면순」이나 다른 문집 등에 남근의 크기와 관련된 음담패설이 수록되어 있는데, 부녀자들도 큰 남근을 선호한다는 대목이 여러 차례 언급된다.

『고금소총』에 부녀자들도 남근이 큰 남성을 선호한다는 대목이 여러 차례 언급된 점을 보면, 여러 남성들을 상대할 수 있었던 기생들과의 교류를 통하여 조선의 남성들도 그와 유사한 사고방식에 사로잡혀 있었던 것같다.

길고 짧은 건 '해봐야' 안다

아직도 많은 사람들은, 특히 남성들은 성기가 커야 정력이 세고, 매력적이고, 또 여성을 더 만족시킬 수 있을 것이라고 생각하는 경향이 강하다.

"남자의 성기가 커서 손해볼 것은 없다. 작아서 부인이나 애인이 불평이나 불만족을 느낀다면 가까운 병원에서 키운다고 해도 괜찮을 것이라고 생각한다."

"작으면 어쩔 수 없겠지만, 클수록 좋다고 생각한다. 크기가 성적 만족과 관계가 없다고 하더라도 거대함을 눈으로 확인한 여성이 심리적으로 더 만족할 것이라고 생각한다."

다른 남성들과 비교하여 자신의 성기가 비교적 큰 편이라고 생각하거나 그런 이야기를 자주 들었던 남성들의 자부심이 담긴 목소리이다.

자신의 남근이 보통 남성의 것보다 크다고 생각한 남성들은 은근히 이를 자랑하고 싶어한다. 그들은 대중 목욕탕에 들어가 다른 남성들의 성기를 바라보며 '자식, 물건 한번 볼품 없네!' 라고 조소가 섞인 눈웃음을 치고 자만심에 가득 차 있다.

반대로 작다고 생각한 남성들은 '작은 고추가 더 맵다' 하면서 스스로 위안을 추구하지만, 일부 남성들은 열등감에 심하게 사로잡혀 살아간다.

　그래서 목욕탕이나 화장실에서 남이 자신의 남근을 보고 어떻게 생각할까 고민을 한다. 남근의 크기로 인한 심리적 반응의 대조임에 틀림없다.

　대부분의 남성들은 청소년기부터 성기가 너무 작거나 굽어져 있어 못생겼다고 생각하면서 고민한다.

　그러나 남근의 크기는 발기된 상태인가 아닌가에 따라서, 그리고 발기되지 않은 상태에서도 날씨나 스트레스, 비만 등의 조건에 따라서 차이가 생긴다.

　또 정면에서 바라보느냐 위에서 바라보느냐 등 보는 위치와 각도에 따라서 크기가 다르게 지각된다.

　남근의 크기에 대하여 고민하게 된 결정적인 이유는 항간에 발표된 남근의 평균치 때문이다. 남근의 측정은 어디서부터 재는가에 따라서 계측 결과가 달라진다.

　또다른 문제로 남근의 크기를 측정하는 연구에 참여할 때 실제로 자신의 성기가 작다고 생각하는 사람은 참여하지 않는다는 점이다. 그리고 실제로 측정한 결과를 보고하더라도 약간 넉넉한 수치로 보고하게 된다.

　그러한 측정상의 오류 때문에 항간에 발표된 남근의 평균치는 과장되어 있다.

　이를 모르는 대다수의 남성들은 자신의 성기가 작다고 생각하며, 성인이 되어서도 수술을 하여 성기를 크게 만들 수 없는가에 관심이 크다. 할일이 별로 없는 사람일수록 근거없는 사실에 귀가 쏠린다.

　몇 년 전에 발표된 모 소설의 내용에는 감방에서 죄수들이 서로 성기의 크기를 재보면서 더 크게 만들 수 있는지에 관심을 가지고 있던 이야기가 적혀 있었다.

　고민을 해소시키려는 심리 때문에 남근을 크게 만든다는 물리기구의 유혹적인 선전에 쉽게 넘어가 버린다. 그리고 대부분 이를 사용해

보고 효과가 없음을 느낀다.

물리기구를 구입하여 사용해 보았자, 후회가 섞인 고민이 가중될 뿐이다. 과거에도 남근을 크게 만든다는 비법이 전해지기도 했지만, 모두 비현실적인 것들이었다.

예를 들면, 거머리 2, 3마리를 병 안에 넣고 참기름을 채운 후에 그것을 햇볕에 2, 3일 쪼인 다음, 그 기름을 남근에 바르면 커진다는 속설을 믿었다. 이를 믿는 현대인은 다행히 거의 없을 줄 안다.

근대에는 남근을 크게 하는 수술기법이나 약물주사, 발기를 지속시킨다는 물리적 기구 등이 개발되었다. 유감이지만, 수술해도 후유증으로 고통받을 가능성이 매우 크므로 의사들은 굳이 권하지 않는다. 물론 기능상의 문제로 성적인 불구자가 되었을 때에는 부득이하게 이러한 기법에 의존할 수 있다.

그 예로 1984년 중국의 한 남성이 개에 물려 남근이 잘린 후 결혼을 할 수 있도록 봉합 수술을 받으면서 원래의 남근보다 크게 되었다. 수술을 담당했던 의사는 꽤 유명한 인물로 부각되어 남성들이 너나없이 몰려들었다.

그는 사고로 인한 경우가 아니면 수술을 해주지 않는다면서 어리석은 남성들을 돌려보내 버렸다. 대다수의 남성들이 자신의 성기가 더 작게 보인다는 사실을 쉽게 받아들이지 못하고 남보다 더 작다고만 생각한다.

그들은 고민을 해소하려는 욕구 때문에 남근을 크게 만든다는 물리적 기구의 선전에 쉽게 현혹되고, 실제로 남근 확대수술까지 받는다.

이제는 세계 도처에서 남근 확대시술을 받은 남성은 수 만 명을 넘었다. 아예 그런 시술만을 전문으로 하는 의사들은 신문이나 인터넷을 통하여 남근 확대로 자존심이 고양된다는 광고를 싣고 있다.

그러나 수술을 받은 남성들도 자신의 기대에 미치지 못했음을 곧 알게 되는데, 흉터, 축 처져있는 모습이나 기형 등에 실망한다.

흥미롭게도 여성들은 남근의 크기에 대하여 별다른 관심을 보이지 않지만, 우매한 남성들의 우월감이나 열등감은 그 크기와 관련이 높다. 남성들은 성기가 클수록 남성의 역할을 더 잘할 수 있다고 믿고 있지만, 여성들의 성적 만족은 주관적인 정서에 좌우되므로 남근의 크기와는 별 관계가 없다.

물론 친교보다도 깊게 삽입된 상태에서 성적 만족을 느끼는 여성의 경우에는 남근의 크기를 중요하게 여기겠지만, 대부분의 여성은 남성들과 달리 친교를 중요시한다. 또 깊은 삽입을 원할 때에는 여성 상위의 체위를 취하면 그 효과가 나타나게 되므로 남근의 크기가 작더라도 크게 문제가 되지 않는다.

남근의 크기에 대하여 여성들에게 물어 보면, 남성들의 반응과는 다르게 나온다. 남성들은 남근의 크기로 우월감이나 열등감을 지니고 살아갈지 모르지만, 대부분의 여성들은 이를 대수롭지 않게 생각해 버린다.

그렇지만 여성이 남성에게 남근의 크기에 대하여 언급하면 그 남자는 열등감에 빠질 수 있다. 만약 한 남자가 부인이든지 어떤 여성으로부터 '당신 건 작은 것같다'는 이야기를 들었다면, 좌절과 실망, 열등감에 빠져 헤매버릴 수 있다.

이런 남성은 다양한 수단과 방법을 동원해서라도 남성의 역할을 다해야 한다고 애를 쓰고 산다.

어느 날 남근이 사라졌다!

　남성들이 가질 수 있는 심리적 장애 중에서 자신의 성기가 오그라들기 시작하여 복부 속으로 쑥 들어가 죽게 될지도 모른다는 불안이나 공포가 갑자기 심해지는 사례가 있다. 일종의 사고장애나 망상에 해당되는 이러한 급성 공포장애를 '고로 증후군'이라고 부른다.

　고로(Koro)란 말레이시아어로 '자라머리처럼 쑥 들어갔다'는 뜻이며, 이 증후군은 실제의 발생 건수에 비해 어울리지 않게 관심을 많이 받았다. 그 이유는 말레이시아, 인도네시아, 태국, 싱가포르, 중국의 남부 광동 지역을 비롯한 동남아시아 및 인도 지역 일부 등 특정 문화권에서만 나타난 현상이었기 때문이다.

　고로 증후군이 여성에게 나타날 경우 유방이나 생식기가 몸 속으로 쑥 들어가는 느낌을 보고하지만, 남성에 비하여 매우 드물다.

　또 일단 그런 증상을 호소하는 사람들은 정말 죽게 될지도 모른다는 생각을 절박하게 하므로 우스꽝스러운 행동을 한다.

　고로 증후군을 보이는 남성들은 남근이 오그라드는 것을 방지하려고 성기를 꼭 붙들고 있으면서 도움을 요청하거나, 아무런 도움을 받을 수 없는 상황에서는 성기에 추나 꺾쇠를 매달거나, 심지어는 남근을 끌어올리는 도르래와 같은 장치를 하기도 한다.

　이러한 망상에 사로잡힌 남성들이 있으면 그 가족이나 친구들도 함께 어떻게 해야 희생자가 되지 않을까 걱정하기도 한다.

동남아시아 지역 일부에서는 고로가 음식을 통해서도 전달된다고 믿는다.

예를 들면, *1967*년 싱가포르에서 고로가 유행할 때 신문에서는 콜레라 접종을 받은 돼지고기를 먹고 나서 고로 증상이 나타났다고 보도하였다.

그러자 곧바로 돼지고기 판매량이 떨어지면서 수 백 명의 남성들이 고로 증상을 호소했는데, 그러한 소문이 곧 남성성을 약화시킨 것이다. 나중에 보건당국이 나서 사태를 진정했을 정도였다.

또 *1976*년 태국의 한 지역에서는 베트남인이 운영하는 가게 및 식당에서 태국인의 번식능력을 떨어뜨리기 위하여 음식물에 독을 넣었다는 소문이 나돌면서 *4*일 동안에 *171*명의 남성들이 입원하였다.

그러나 조사 결과 아무런 문제가 없었다. 최근에는 *1982*년 인도의 여러 시골 지역에서 수 백 명의 사람들에게 이러한 증후군이 발생하였다.

물론 고로와 같은 증상은 미국, 캐나다, 영국 등 백인들에서도 산발적으로 나타난다. 예를 들면, 암페타민에 중독이 되었던 *20*세의 캐나다 남성이 동일한 반응을 보였다. 그들이 동남아시아인들과 다른 것은 죽음의 공포가 없다는 점이다.

동남아시아 지역에서 나타나는 전형적인 고로 현상은 신경증으로 분류되지만, 서양에서는 정신분열증 환자, 약물이나 알코올 중독자, 또는 뇌를 심하게 손상한 사람들에게서 나타난다.

학자들은 성에 대한 불안이 높거나 성기가 위축되어 사망했다는 이야기가 전해지는 문화권에서는 고로 증후군 발생이 가능하다고 본다.

남편과 아내 사이의 정상적인 성교에서만 음양의 조화를 이루게 된다는 믿음을 지녔던 중국 문화권에서는 자신의 남성성에 대한 공포 때문에 일부 남성들에게서 고로 현상이 나타났다.

남성들은 추운 겨울철 소변을 볼 때나 불안하고 두려울 때 평소보다 작아진 성기를 관찰한다. 이런 관찰을 통해서도 그런 불안이 커지게 된다.

특히 매춘부를 찾은 후, 자위행위나 몽정을 경험한 후, 또는 아내와 심하게 다툰 후 남성들은 부적절하게 자신의 양기를 버렸거나 아내와의 관계에서 양기를 얻지 못할 것이라는 불안이 생길 때 그런 증상이 나타난다.

중국에서는 이를 양기의 상실로 해석하여 '축양(縮陽)'으로 표현하는데, 부정을 저지르고 난 이후의 죄의식이 관여된 결과로 해석된다.

온라인 섹스 ─ 오프라인 섹스의 위장

전통사회에서는 대부분의 남성들이 여성을 자신과 동등한 인격체가 아니라 단순히 자신들의 성욕을 표출할 수 있는 대상으로만 생각하고 살았다.

예를 들면, 아테네 도시국가에서는 여성의 존재는 팔거나 살 수 있는 상품이었다. 로마시대에는 여성은 아버지와 남편의 재산이었는데, 동로마제국의 유스티니아누스(Justinian) 황제 시대에나 여성의 존재가치가 일부분 법적으로 인정을 받았다.

유태교에서는 여성을 저주의 상대, 근본적으로 악마와 같은 상대로 보았다. 여성에 대한 기독교적 관점은 영혼이 없는 생명체로부터 정체성이 없는 인간 등이었다.

영국 법에서도 *1801*년 이전에는 남편이 아내를 팔 수가 있었으며, 아주 최근에야 여성에게 독립적인 지위가 주어졌다. 또 동양의 유교 사회에서도 남존여비사상이 매우 뚜렷하여 서구의 기독교 문화와 크게 차이가 없었다.

유감스럽게도 일부 현대 남성들은 아직도 그러한 사고방식에서 벗어나지 못하고 살아간다. 그들은 우연히 만난 여성이든지, 잘 아는 여성이든지 상대할 때마다 자신의 노력에 따라서 성욕을 배출할 수 있다고 믿는다.

다시 말하면, 그들은 성관계를 갖기 위하여 여러 가지 수단과 방법을 동원하여 여성을 상대한다. 여성의 환심을 사기 위하여 노력하는데, 때로는 협박이나 위협도 해보며, 상황에 따라서는 사랑한다는 고백의 속임수를 사용하기도 한다.

그들은 여자들이 협박을 당할 때 쉽게 넘어가기도 하고, 자존심을 건드려 정신을 혼란시킬 때 넘어가기도 하고, 또는 감언이설에 넘어간다고 믿는다.

그래서 그들은 표적이 되는 여자를 여러 가지 상황에서 건드려 보면서 어느 정도 노력해야 성관계를 성공시킬 것인가를 시시각각 평가한다.

예를 들면, 처음 만난 여자라도 옆구리를 찔러보고 어떤 반응이 나오는가를 살핀다. 이 여자가 이 정도면 좀 어렵구나 생각이 되면, 다음 날을 기약하고 다른 전략을 짜게 된다.

또 성적인 농담을 건네보면서 어떻게 반응하는가를 유심히 살핀다. 곧 그러한 남성들은 여성과의 성관계를 성공시키기 위하여 그들 나름대로는 대단한 노력을 하는 셈이다.

별다른 노력없이도 여자와 성관계를 성공하게 되면 참으로 운좋은 날로 생각한다. 그렇지만 그 여성은 다시 만날 필요가 없는 상대가 될 가능성이 매우 높다.

대화방이나 게시판 등 온라인 상에서 나타난 성적인 언급은 거의 대부분 남성들에 의하여 표현되고 있는데, 그러한 표현을 하는 남성들은 앞에서 설명한 남성들과 동일한 심리상태에 있다.

그들은 주로 여성들이 대화하고 있다고 생각되는 방을 찾아다닌다. 처음 만나는 여성에게 살짝 농담도 해보고 어떻게 나오는가에 따라 다음 작전을 개시한다. 그리고 상대방이 어떻게 나오는가에 따라 여자를 개별적으로 만날 수 있기를 기대한다.

그들의 목표는 소위 번개팅을 통하여 성관계를 달성하는 것이며, 그들은 그 '번섹'을 자신의 노력에 대한 대가, 그리고 여성에 대한 정복으로 해석한다.

그래서 일단 상대방의 반응을 기다린다. 반응이 오면 자신의 목표에 어느 정도 가까워진다고 점을 친다. 그들은 이러한 상황에 접한 여성이 대화방을 빠져 나오더라도 쪽지를 보내면서 반응해주기를 기대하고 있다.

물론 일부 남성은 상대방에게 불쾌한 언사를 퍼붓고 사라져버리기 때문에 성관계의 의도가 없는 것처럼 보이지만, 그들의 목표도 마찬가지다. 그들은 상대방을 당황하게 만들고 빠져나가면서 여성을 괴롭혔다는 점에서 만족을 얻는다.

그들은 성관계를 가지고 싶은 욕망과, 성관계는 사회적으로 바람직하지 못하다고 욕망의 양가감정에 사로잡혀 살아간다.

그렇게 불안정한 심리상태에서 살아가므로 성관계를 가지고 싶은 욕망 때문에 대화방에 불쑥 들어가게 되고, 성관계는 바람직하지 못하다는 생각 때문에 차마 오랫동안 머물지 못하고 심한 표현을 하고 나서 사라져버린다.

성의 억압

송아지 사랑 강아지 사랑

대학교 2학년이던 한 여학생이 과제물을 제출하면서 시골 중학교 2학년 당시 좋아했던 남자 선생님 사진을 지갑 속에 아직도 곱게 간직하고 다닌다고 실토했다.

친구들과 선생님 자취방에 놀러가 사진첩을 보고 있는 동안 몰래 한 장 꺼내왔는데, 6년이 지난 후에도 소중한 추억이 된다는 얘기를 했다.

청소년들이 주변의 어른이나 스타를 사모하거나 이성에 대한 관심을 보이는 건 동서고금을 막론하고 나타나는 본능적 현상으로 연령에 따라 조금씩 변할 뿐이다.

아동기에도 이성에 대한 관심을 가질 수 있지만, 이는 청소년들이 가지는 관심과는 본질적으로 다르다.

특히 아동기 후반에는 자기보다 나이가 훨씬 많은 이성에 대해 관심을 가지고 있는데, 그 대상이 자신과 거리가 먼 비현실적인 인물일 가능성이 높으며, 또한 단지 영웅적인 대상으로 좋아하는 것이 보통이다. 운동선수나 가수, 탤런트 등이 그 대상이 되기도 한다.

그러나 청소년기에는 보다 현실적인 인물에 대한 관심을 갖게 된다. 우선 청소년기 초기에는 친구의 누나 또는 오빠, 오빠나 누나의 친구, 선생님 등에게도 관심을 가지며, 결혼에 대한 환상에 젖어드는 애착현상을 보인다.

자신의 나이를 선생님과 비교하면서 '내가 고등학교를 졸업하면 선생님은 몇 살이 될까', '내가 대학을 졸업할 때까지 7년만 기다려 달라고 하면 그렇게 해 주실까' 등등 온갖 상념에 빠져들어 수업시간을 보내게 된다.

이러한 유형의 이성애는 송아지가 어미 소를 졸졸 따라다니는 모습과 흡사해서 송아지 사랑(calf love)이라고 부른다. 선생님을 좋아하는 소녀들은 자신뿐만이 아니라 다른 친구들도 그 선생님을 좋아하고 있다는 것을 알게 되면 긴장을 한다.

일부는 매우 소극적으로 관심을 보이지 않는 척 하면서 친구들을 미워하는 마음에 사로잡히기도 하고, 다른 일부는 그 친구들보다 더 적극적으로 관심을 표현하기 위해서 일부러 엉뚱한 짓이나 눈에 띄는 행동을 한다.

물론 청소년기에도 아동기 후반처럼 비현실적인 인물에 대한 관심을 보이기도 한다. 특히 자신의 주변에서 적절한 대상을 찾지 못했다면 그렇게 된다.

예를 들면, 2000년 8월 말 서태지가 몇 년만에 귀국했을 때 10대 중반에서 20대 초반의 여자 청소년들이 찾아가 소리를 지르고 눈물을 흘렸다. 그들이 눈물을 흘렸던 건 추억을 기리는 것과 관계가 깊다.

청소년기 중기에는 동년배에 대한 이성애적 관심이 커진다. 남녀 모두 이성의 친구를 사귀고 싶어하며, 그렇지 못한 청소년들은 이성의 친구가 있는 청소년들을 부러워한다.

또한 이성의 친구를 사귀지 않더라도 그들은 자기가 이성으로부터 관심을 받고 있는 대상이라고 생각한다. 이성에게 더 매력적이고 더 나은 사람으로 보이기 위해서 그들은 항상 머리 모양이나 신발, 옷치장 등의 외모에 신경을 많이 쓴다.

보통 이 시기에는 이성에 대한 관심이 남자들보다도 여자들에게서 먼저 나타난다. 이는 생리학적으로 여자가 남자보다 1~2년 먼저 성숙하기 때문이다.

여자아이들은 자기에게 관심을 지닌 남자애들에게 호의를 보이지만, 남자애들은 그 호의에 몹시 수줍어하고 어찌할 줄을 모른다. 동년배의 이성과의 교제가 서툴러 긴장이 고조되면서 결과적으로 어색한 행동이 나타나고 마음이 불안해진다.

남자애들은 그러한 긴장, 어색함, 불안을 무마시키기 위하여 애써 멋있는 말투를 사용한다. 또 상대방을 난처하게 만드는 언행이 나타나는데, 심하면 본의 아니게 손찌검 등 난폭한 행동까지도 보인다.

이러한 유형의 남녀관계는 폭력으로 오인된다. 이는 마치 한 배에서 태어난 강아지들이 서로 장난치며 노는 모습과 흡사해 강아지 사랑(puppy love)이라고 부른다.

중학교 다니면서 만난 남녀가 나중에 부부로 발전하는 예가 없지는 않지만, 흔히 첫사랑은 이루어지지 않는다고 표현한다.

송아지 사랑이나 강아지 사랑은 아직 성숙하지 못한 미숙한 사랑의 형태로 풋사랑이라고 부르지만, 현실적인 대상으로서의 이성에 대한 사랑의 감정이 생의 최초에 해당되는 경우가 일반적이어서 첫사랑이라고 부른다.

생을 이해하는 폭이 좁은 시기에 이성과의 관계를 인식하기 때문에 나이가 들수록 어린 모습에 쓴웃음을 짓게 된다. 그리고 추억으로 간직했을 때에는 순수하고 아름다운 것이 되지만, 그 상대를 나중에 만나게 되면 왠지 어색하게 생각된다.

어린 시절의 사고에서 비롯된 관심이었기 때문에 그렇다.

청소년기 말기에는 이성에 대한 관심이 결혼을 의식한 연애, 소위 로맨스 관계로 발달한다. 데이트와 같은 이성교제를 통하여 결혼제도의 본질을 이해하기 시작하며, 서로의 개성과 인격을 존중하는 면도 성숙한다.

그리고 배우자를 선택하는 과정에서 그들은 어린 시절의 순수성과는 달리 여러 가지 기준을 적용하게 된다. 과연 나를 잘 이해해주고, 내 말을 잘 들을 상대일 것인가에 관심을 가진다.

그러나 그들의 선택기준도 부모가 다른 의견을 제시하게 되면서 부모와 자녀의 관계가 문제로 발전하기도 한다. 더 나이가 든 부모가 보았을 때에는 자녀들이 가지고 있는 기준이 너무 이상주의적이기 때문에 자녀와 갈등을 겪게 된다.

억압! 청소년들의 성 행동

조선의 세종대왕은 *1427*년 누구든 일정한 연령을 초과하기 전 결혼해야 한다는 의무사항을 고시했다. 남성은 *30*세, 여성은 *20*세가 넘기 전 결혼하라는 내용이었다.

부득이한 사유가 생겨 그 나이를 넘겨야 할 때 관가에 연기 신청을 해야 했다. 만일 그 사유가 허위로 판명될 경우 혼인을 주선해야 할 부모나 관청의 관리가 처벌받게 되었는데, 그런 연유로 *10*대나 *20*대의 자녀가 있으면 부모들은 서둘러 결혼을 시켰다.

그럼 세종께서 왜 결혼 연령을 정하셨을까? 아마도 일정한 연령에 해당될 때까지, 또 혼기를 놓치고 혼자서 살아가는 남녀들로부터 파생되는 부작용을 이미 알아차리셨던 것같다.

*20*세기 전반까지만 해도 *10*대에 결혼하는 게 다반사였지만, *20*세기 중반 이후 결혼연령이 *20*대 중반이나 후반으로 늦추어졌다.

이때부터 청소년들에게는 위기가 닥쳤다.

바로 성욕 해결에 관한 위기다. 결혼할 때까지 참고 지내자니 보통 일이 아니고, 그렇다고 성관계를 경험하자니 부모님들이 못마땅하게 여기기 때문이었다.

청소년 자녀를 둔 한국의 부모들은 자녀가 이성교제를 하고 있다면, 어떻게 해서라도 그들의 관계를 끊어주고 싶어했다.

혹시라도 성교행위로 인하여 불미스러운 결과가 초래될지도 모른다는 걱정 때문이었다. 특히 딸을 둔 부모라면 순결을 잃게 되어 나중에 불이익을 당할지 모른다는 생각이 더욱 앞섰다.

옛날같으면 결혼을 했을 나이에 해당되는 근대 청소년들의 성행위는 사회문제로 비판을 받고 있다. 성인에 비하여 청소년은 약자며, 성인들이 설정한 기준에 따르면 분명히 그들의 성욕 발산은 문제에 해당된다.

또 다른 문제는 상당수 청소년들이 성인들의 기준에 따라서 청소년들의 성행위를 바람직하지 않다고 일관성있게 말하면서도 성관계를 경험하는 일이다.

즉 성교를 경험한 청소년들에게 '최소 몇 살 정도가 되었을 때 성교를 해야 하는가' 라고 물으면, 대부분 자기가 경험한 연령보다 더 높게 대답한다.

청소년들은 그들의 의지와는 상관없이 성인들에 의하여 자신들의 성욕이 억압되고 있다. 그리고 그러한 억압이 고정관념이므로 깨져야 한다고 주장하지만, 그들이 좀 더 나이가 들었을 때는 대부분 자신의 입장을 잘 기억하지 못한다.

대다수 성인들도 마찬가지다. 그들이 지닌 청소년들의 성행위에 대한 태도는 그들 자신의 개인적 행동과 일치하지 않는다.

청소년기의 개념은 비교적 새롭다. 청소년기란 생물학적으로는 성인에 도달한 시기부터 결혼하기 전까지의 기간이다.

서구사회에서 최소한 산업혁명 이전까지는 청소년기의 개념이 부각되지 않았다. 우리나라는 금세기 중반까지 그러했다. 그리고 오늘날도 제3세계 국가들에서는 그렇다. 모두 생물학적으로 성숙하면서 곧바로 성인이 되었기 때문에 청소년 시절이 거의 없었다.

문명이 개화된 나라일지라도 아직 하위문화권(subculture)에서는 10대들의 임신과 출산이 허다하다. 예를 들면, 미국의 경우 흑인들의 빈민지역에 거주하는 청소년들은 15세를 전후하여 아이를 낳는다.

그들은 이를 상당히 자연스러운 현상으로 받아들일 뿐 별다른 문제로 생각하지 않는다. 그러나 그 하위문화권의 밖에서는 청소년 임신이나 미혼모의 발생을 문제나 골칫거리로 해석한다.

행동의 정상 여부는 시대 환경에 따라서 조금씩 변하고 있다. 그렇기 때문에 서로 다른 시대를 살아온 개인들간에는 어떤 문제나 행동의 해석에 차이가 생긴다.

요즈음의 청소년들에게는 보편적인 현상도 기성세대에게는 퇴폐풍조처럼 느껴진다. 시기가 서로 다른 기준을 토대로 해석하기 때문이다. 과거 기준에 집착한 전통윤리의 고수는 기득권 세력의 논리에 해당될 수 있으며, 또 남성 위주의 문화로 회귀하는 결과가 초래될 수도 있다.

오늘날 기성세대들은 성 개방과 함께 청소년들의 성행동이 무분별하게 나타나지 않을까 우려한다. 그러나 그러한 우려는 단순히 기우에 해당된다는 연구결과도 있다. 가치관이 변해가도 청소년들은 그들 나름대로의 합리적 기준을 준수하고 있다.

그 예로 서독의 경우 *1960*년대 후반 성 개방 풍조가 유입되면서 *1970*년에 조사한 바에 의하면, *16*세와 *17*세 청소년들의 *3*분의 *1* 정도가 성교의 경험을 했다는 보고서가 나왔다. 그 정도라면 *5*년이나 *10*년이 지난 시기에는 그 비율이 훨씬 더 높아졌을 것이라고 기대할 수 있었다.

그러나 *1990*년의 조사에서는 *1970*년의 비율과 전혀 차이가 없게 나타났다. 단지 변화된 내용이라면 예전보다 성적 불평등이 줄어들면서 여자가 남자에게 먼저 데이트를 신청하는 비율이 더 높아졌다는 점이다. 또 남자들은 오히려 예전보다 사랑과 성교의 관계를 오히려 더 중요시하고 있었다.

우리 문화권에서 청소년의 위상은 최소한 *1980*년대 후반까지 비행이나 문제를 일으킬 가능성이 높은 존재에 불과했다. 도발적인 행동을 즐기는 것처럼 보이는 청소년들이 문제인가, 아니면 그들의 도발적인 행위를 잘 이해하지 못하는 것이 더 큰 문제인가?

우리가 후자의 입장에 설 수 있을 때 더 정확한 이해를 할 수 있으며, 청소년들로 인한 사회적인 문제가 더 감소될지도 모른다.

덴마크나 스웨덴 등 일부 북유럽 국가들에서는 청소년들의 성행동에 부모가 간섭하지 않는다. 그 대신 청소년들에 대한 성교육은 국가 주도로 실시하는데, *14*세 이상의 청소년들에게 무지로 인한 비극을 방지시키기 위하여 피임에 대한 교육을 철저하게 시킨다. 그러나 스웨덴에서는 *16*세 이전에 성교를 하지 않도록 요구한다.

우리도 청소년들이 최소한 고교를 졸업한 이후에는 기성세대의 눈치를 보지 않고 성욕을 발산하도록 해야 한다. 물론 고교시절까지는 성욕을 억제할 수 있는 능력도 키워주어야 한다.

그렇다고 고교를 졸업하자마자 모두가 성교를 경험한다고 보기는 어렵다. 순결을 지키려는 자세와 태도 등도 아름답다는 걸 병행해 가르칠 필요가 있다.

크래커 과자는 자위행위 방지용

흔히 보통 사람들은 성욕을 증진시키는 식품에 관심이 더 높은 반면, 일부 도덕주의자들은 그와 반대로 성적 욕구를 감소시키는 식품에 관심이 더 큰 편이었다. 특히 *19*세기 서구인들 중에서 후자의 대표적인 주자는 다음의 두 사람이다.

한 사람은 *1830*년대 얇고 딱딱한 비스킷의 일종인 크래커(cracker)를 발명한 그래함(Sylvester Graham, *1794~1851*)이었고, 다른 사람은 어린이들이 아침식사 대용으로 선호하는 시어리얼(cereal)을 *1890*년대에 개발하였던 켈러그(John Harvey Kellogg)다.

그래함은 목회자였던 부친이 *72*세였을 때 *17*번째 자녀로 태어났다. 그는 어린 시절 오랜 기간 동안 병마에 시달렸다. 그런 연유로 나중에 생리학과 영양학에 관심을 가지면서 채식성 식이요법 이론을 주창할 정도의 건강이론 전문가로 변신하였다. 그는 특히 청소년들이 자위행위를 하기 때문에, 그리고 식이요법이 부적절하기 때문에 건강을 잃는다는 주장을 펴왔다.

물론 영양분 섭취가 부족할 때 누구나 건강을 해치게 된다. 그러나 그래함에 따르면 영양분이 높은 고기의 섭취가 과다해도 청소년은 자위행위, 그리고 성인은 성관계의 빈도가 높아져서 결국 건강을 해치게 된다고 주장했다.

대부분의 자극적인 음식물, 그리고 꽉 째이거나 두꺼운 옷은 생식기를 민감하게 만들고 성적 흥분을 유발시킨다고 믿었기 때문에 건강을 위해 피해야 한다고 가르쳤고, 기혼자들도 한 달에 한 차례 이상의 성교를 시도하지 않아야 건강을 유지할 수 있다고 가르쳤다.

자위행위나 성교로 정액을 잃게 되면서 건강이 약화된다는 주장은 당시 기독교 문화권에서 매우 설득력이 높았다.

이러한 상황에서 그래함은 성욕을 통제할 수 있으면서, 그리고 영양분을 적절하게 유지시켜줄 수 있는 식품을 개발하고 싶었다.

그 동안 대중을 상대로 자위행위의 해악 등을 강의하러 다니던 일을 중단하고 건강을 위한 식품 개발에 관심을 갖게 되면서 개발된 것이 바로 크래커이다.

그는 크래커를 우선 병약한 사람들이 모여있는 요양소 환자들을 위하여 처방하였다. 환자들의 건강회복이 절대적으로 중요하다고 믿었기 때문이다.

이렇듯이 그래함은 동시대의 다른 도덕주의자들과 달리 건강 유지의 차원에서 자신의 이론을 전파했다. 그 이론의 기본적인 내용은 에너지를 성적으로 발산시키는 것을 제한하는 것이었다. 그렇기 위해서 너무 많은 음식을 섭취해서는 안된다.

두 번째 인물인 켈러그는 *19*세기 말 안식일 재림교단의 본부가 있었던 호주의 한 요양소의 소장 직무를 맡고 있었다.

그 교단에서는 술이나 담배, 고기, 카페인 등을 엄격하게 금하는 채식주의 다이어트에다가 운동과 신선한 공기를 통하여 환자들의 건강을 회복시키는 요양소를 운영해오고 있었다.

그래함의 건강이론 신봉자였던 그는 담배나 사탕, 계피, 박하, 향료, 조미료 등은 성기를 자극하여 청소년들이 자위행위를 하므로, 사춘기에 접어든 남아들에게는 그런 걸 주지 않아야 한다고 주장했다. 또 여자애들이 오른손 엄지나 검지 손톱 뿌리에 궤양이 생기거나 손가락을 자주 무는 것은 바로 성기 속에 손을 집어넣는 것과 관련이 높다고 해석하였다.

그러면서 남녀를 불문하고 청소년들이 자위행위를 하지 않도록, 또는 성기를 만지지 않도록 하는 나름대로의 '비법'을 제시했다.

간단하게는 손가락 부위를 붕대로 감아버리면 된다고 했다. 또는 손가락을 묶어놓으면 그런 일이 생기지 않지만, 그렇게 해도 성기 부위에 손이 간다면 아예 성기 부위를 새장처럼 가두어버릴 수 있다고 했다.

켈러그는 성욕의 발산이 건강을 위해서 좋지 않다는 점을 증명이라도 하듯이 스스로 금욕생활을 실천했다. 결혼을 했지만 거의 대부분의 기간을 아내와 별거하면서 지냈다.

그는 어느 날 얇게 저민 밀을 반죽하다가 시간이 없어서 그대로 놓은 채로 며칠간 출장을 갔다. 그런데 요양소에 돌아왔을 때 반죽해 두었던 밀이 전혀 상하지 않았다는 것을 우연히 목격하게 되었다.

그래서 이를 버리는 대신에 요양소 환자들에게 한번 먹여보았다. 반응은 의외였다. 환자들 모두 매일 먹고 있었던 맛없는 빵보다 더 맛있다고 반응했다.

이를 계기로 그는 동생을 요양소 직원으로 고용하여 본격적으로 환자들이 맛있게 먹을 수 있는 대용품을 개발하는 일에 착수하였다. 여러 차례의 실험 끝에 개발된 식품이 바로 시어리얼이다.

그런데 환자들은 요양소에서 퇴원한 후에도 그 식품을 계속 먹고 싶어했다. 퇴원 후에도 환자들이 그 식품을 우편으로 주문하게 되자, 소장은 동생 켈러그(William Keith Kellogg)를 고용하여 퇴원한 환자들을 위해서 그 식품을 만들어 보급하는 일을 맡겼다.

동생은 초기에는 급료를 받고 요양소 일을 도왔지만, 자위행위를 방지하고 잘못된 식이요법을 바로잡는 형의 사업에 별로 관심이 없었다. 동생은 나중에 형을 설득하여 건강식품의 대명사인 시어리얼 회사의 창업가로 변신하게 되었다.

몽정은 악마의 소행

성적 성숙이 이루어지는 사춘기를 맞이하면서 자신도 모르는 사이에 수면 도중 속옷이 적시어진 현상을 한번쯤 경험한다. 이는 남녀 모두에게 나타나지만, 특히 남성들의 현상을 '몽정(nocturnal emission)'이라고 부른다.

이러한 현상은 성 개념이 아직 발달하지 못한 시기이더라도, 또 성적 자극을 전혀 받지 않았더라도 나타나게 된다. 하물며 마음속으로 그리워하는 상대가 있는 청춘남녀라면 실제로 그 상대와 꿈속에서 성행위를 하는 일도 생긴다.

우리 조상들은 그리움에 지쳐 잠을 못 이루는 남녀의 이야기를 상사별곡 등으로 전해주고 있다. 그렇지만 우리와 달리 서구 기독교 국가에서는 수면 도중 옷을 적시는 현상을 악마들의 소행으로 해석하였다.

특히 이교도 심판의 종교재판이 유행하던 중세 유럽에서는 그러한 현상뿐만 아니라 여러 가지 질병의 원인을 악마의 소행으로 믿었다. 잠든 여성의 몸 위에 올라가 성교하는 남성 악마 잉큐버스(Incubus)가 있고, 또 잠든 남성의 몸 아래로 파고 들어가 성교한다는 여성 악마 서큐버스(Succubus)가 있다.

여성과 악마와의 성교는 보통 수면 도중 깨어나지 않고 꿈속에서 이루어지지만, 만약 그녀가 임신했다면 아이는 정상아처럼 자라면서

도 초능력을 소유하게 된다는 믿음도 있다. 전설에 의하면, 그 아이
도 보통 자라서 악마나 마법사가 된다.

즉 영국 아서왕의 사부 멀린(Merlin)은 바로 잉큐버스와 한 여성
사제 사이에서 태어났으며, 잉큐버스와 서큐버스 모두 지옥에 추락
한 타락한 천사들이라는 식이다.

당시 유럽 성직자들은 '여성들은 모두 이브처럼 절제할 줄 모르며
남성들의 정신이나 영혼을 위협하는 존재', '악마의 탈을 쓴 여성이
모든 문제들의 씨앗'이라고 가르쳤다. 마녀의 탈을 쓴 여성들의 생식
기에는 이빨이 있어 남성의 생식기를 물어 상처를 내므로 경계하라
고도 가르쳤다.

이러한 믿음이 지나쳐 중세에는 심지어는 병적으로 악마와 성교를
하는 착각에 빠지거나 악마와의 성교를 원하는 남성들도 생겨났다.

발기불능이나 기억장애와 같은 자신들의 문제를 성기에 이빨이 달
린 마녀의 농간으로 믿고, 마녀를 이겨내야 자신의 문제가 해결된다
고 생각했기 때문이다.

중세에서도 특히 15~16세기에 여성들의 성에 대한 부정적 태도가
매우 심하여 마녀로 판명된 여성들을 불에 태워 죽인 일이 허다했다.

소위 마녀사냥의 행위는 17세기 후반과 18세기 초반 악마의 존재를
의심하는 엘리트들이 등장하면서 중단되었지만, 서구사회에서 마녀
들을 불에 태워 죽이는 마지막 박해는 1782년 스위스에서 있었다.

그러나 형태만 다를 뿐 아직도 여성을 악마로 규정하는 일이 가끔
발생한다.

예를 들면, 1998년 에이즈에 감염된 미국 테네시주의 한 여성이 근
래 감염 사실을 상대방 남성에게 알리고서 서로 동의를 한 상태로
성교를 했음에도 불구하고, 그녀의 행위는 세상을 원망하면서 복수
극을 펼치는 마녀처럼 취급받아 지난해 12년 감옥살이라는 중형을
선고받았다.

역시 아직도 일부 서구사회에서는 남성의 몽정을 악령이 들었다고
해석한다. 성적 성숙으로 인한 자연스런 현상임을 이미 알아차린 시
기에도 구시대적 사고에서 벗어나지 못하듯이, 여성의 성욕 표현을
못마땅하게 여기는 자들이 적지 않다.

자위행위 방지 위한 할례

고대로부터 최근까지 지속되고 있는 할례 의식의 기능은 남녀간에 차이가 있다.

우선 남성의 경우 선사시대의 농부들은 대지의 신들에게 자신의 남근 부위의 껍질을 바치면서 풍요와 다산을 기원하였다.

문명사회의 할례는 거의 6천년 전 이집트에서 시작되었는데, 할례를 실시하는 이유는 매우 다양하다.

남아들에게 생식기에서 피를 흘리게 만드는 고통스러운 시술을 참고 견디도록 하는 것으로부터 어머니를 비롯한 여성들의 보호를 더 이상 받아서는 안된다는 독립심을 키워주기 위해서 할례를 실시했다. 또 근친상간 욕구로부터 도피시켜 다른 여성에게 눈을 돌리게 하는 기능도 지니고 있다.

이들은 모두 남아를 성인으로 인정하는 의식이었다. 또 그 의식은 여성이 생식기에서 피를 흘리는 월경을 경험하면서 어른이 되는 현상을 모방한 행위였다.

고대 이집트에서 탈출한 유태인들은 아브라함 시대 이래 신과의 유대를 위한 징표로 할례의 기능을 변조했다.

그후 유태인이 아닌 유럽인들은 유태교 및 기독교 정신에 의해 할례(포경수술)를 시술하기도 했다. 예를 들면, 19세기 유럽에서는 신생아들에게 건강, 위생상의 이유로 할례 시술을 하였다.

할례의식을 묘사한 이집트 조각

아동기는 도덕적으로 위험한 시기로 포경수술을 하지 않은 상태로 두면 커나가면서 자위행위를 하게 될 것이고, 그 결과 건강을 해칠 것이라는 우려 때문에 부모들은 어린아이에게 포경수술을 시켜버렸다.

포경수술로 성기가 무감각해져야 자위행위를 하지 않을 것이라는 당시 성인들의 생각은 젊은이의 건강을 위한 것이었다.

또 20세기에 들어와서는 포경수술을 받은 남성은 그렇지 않은 남성에 비해 성기 부위의 위생상태가 더 청결하므로 질병에 감염될 가능성이 낮다는 주장이 나오면서 할례 시술이 유행하기도 했다.

신생아들에게 포경수술을 시키면 음경암을 예방할 수 있다는 주장은 1932년 월바스트(Abraham L. Wolbarst)에 의해 제기되었다. 그러나 실제로는 음경암 환자가 그렇게 많지 않을 뿐만 아니라 음경암 발생이 포경수술 여부와도 관련이 없다.

샤워를 자주 하면서 살아가는 요즈음에는 건강이나 위생상의 이유로 포경수술을 한다는 주장은 설득력이 낮아졌다.

20세기 중반 이후 남성의 성 기능을 높이기 위해 할례가 필요하다는 주장도 한동안 제기되었다. 한때 그 이유를 남근을 무감각하게 만들어 발기시간을 더 길게 유지한다고 믿었으나, 마스터즈(Masters)와 존슨(Johnson)의 실험에서 포경수술을 받은 집단과 그렇지 않은 집단간에 차이가 없음이 증명되었다.

남성들의 할례가 불필요할지도 모르는 생식기의 일부를 잘라낸 의식이지만, 여성의 할례는 불필요한 부위가 아니라는 점에서 다르다.

여성의 할례는 생식기 중 음핵의 끝 부위를 살짝 잘라내는 시술에서부터 음핵을 모두 잘라버리고 아예 남성과의 성교를 하지 못하도록 어릴 때 음부를 봉합해버리는 형태까지 다양하다.

적어도 지난 14세기 이상 동안 실시되어오던 여성의 할례를 대부분의 문화권에서는 1970년대 이래 야만적인 행위로 규정하여 법으로 금지하고 있다. 그렇지만 아프리카와 같은 미개지역이나 인도네시아를 비롯하여 아시아권의 회교국가를 포함한 회교권에서는 아직까지 사라지지 않고 있다.

어떤 사람들은 회교국가에서 여성들에게 실시하는 할례가 종교적인 이유 때문으로 믿고 있지만, 사실은 그렇지 않다.

순전히 사회관습에 따른 행위이다. 아프리카 수단이나 이디오피아 지역에서는 회교를 믿든 기독교를 믿든, 또는 무신론자이든 할례가 실시될 정도였다.

가난과 무지 때문에 그 동안 여성에게 시술되는 할례절차는 의료인도 아닌 사람에 의해서 마취도 하지 않고서, 매우 비위생적인 상태에서 이루어졌다. 이로 인한 후유증을 앓고 있는 여성들의 고통이 국제사회에 제대로 알려지기 시작한 것은 20세기 중반이었다.

회교권에서는 할례 시술을 받지 않은 여성이 아직도 위험한 존재로 이해되고 있기 때문에 결혼상대를 구하는 게 쉽지 않다. 할례를 받은 여성이어야 남성에게 건강상의 문제를 불러일으키지 않고, 자라면서 자위행위나 동성애를 경험하지 않게 되고, 또 얼굴도 더 예뻐지게 된다는 믿음이 사라지지 않고 있다.

또 여성의 음핵 일부를 잘라야 남편의 성적 쾌락이 높아지고, 나이가 들어서도 부인의 성욕을 조절할 수 있다고 믿는다. 여성들의 성욕을 높아지게 한다고 믿고 여성에게 거의 10년간 음핵을 잘라내는 시술을 하다가 적발된 미국의 한 의사는 1970년대 말에 의사자격을 박탈당하기도 했다.

경미한 상태의 할례는 남편이 아내들의 성욕을 통제하기 위한 일부다처제 문화권, 영아사망률이 높았던 문화권 등에서도 실시되었다. 후자는 아이가 태어날 때 귀신이 든 음핵에 머리를 부딪치기 때문에 아이가 죽게 된다고 믿는 문화권이다.

음핵을 귀신이 들어가는 곳으로 믿었다면 남성과 성교를 해도 위험한 부위가 되므로 잘라내야 마땅했을 것이다.

반면 음부를 봉쇄해버리는 가장 심한 형태의 여성의 할례는 아버지가 딸의 처녀성을 보존시켜 고가로 팔기 위하여 실시된 부계의 농경사회문화권이었다.

문제는 아직도 그런 잘못된 믿음 때문에 여성들에게 할례 시술을 하는 문화권이 지구촌에 산재하고 있으며, 또 위생이나 성 기능 향상을 믿고서 남성들이, 특히 아동에게 그런 시술을 하고 있다는 점이다.

자위행위는 왕권에 대한 도전

청소년들의 성욕을 억압하는 행위는 보다 근대적인 맥락에서 기독교적 사고방식 및 가부장적 논리와 관계가 깊다.

유태교와 기독교는 종족보존과 무관한 상태에서의 정액의 낭비는 신의 명령을 거역하는 행위라고 여긴다. 남성이 자위행위로 정액을 낭비하는 행위가 바로 여기에 해당된다.

또 결혼 관계 이외에서 나타나는 여성들의 성 행동은 가부장적 논리에서 혈통의 순수성을 흐리게 한다는 이유로 억압되었다.

기독교 사회에서 성욕을 억압시키려고 하더라도 여성들보다도 남성들의 성욕 억압이 실질적으로 더 어렵다. 왜냐하면, 남성들의 자위행위는 혼자서도 몰래 행해지고 있기 때문이었다.

최소한 *19*세기까지 서구의 의사나 과학자들은 자위행위를 신체 및 정신질환의 원인으로 여겼다. 빅토리아 왕조시대에는 자위행위가 하느님과 왕권에 대한 최대의 도전으로 여겨져 아동이나 청소년들의 성에 대한 놀이나 행위를 심하게 처벌했다.

한 마디로 *1850*년에서 *1900*년 사이의 영국은 자위행위 히스테리 시기라고 부를 정도로 자녀들을 억압하였다. 수세기 전 마녀사냥과 버금갈 정도의 억압이었는데, 이 시기 남자애들의 자위행위를 방지하기 위한 독특한 기구들이 고안되기도 했다.

예를 들면, 남자애들에게는 밤에 그 기구를 장치하고서 잠을 자도

록 했다. 만약 잠을 자다가 성
기가 발기되면, 그 기구의 금
속 부분에 닿게 된다. 그렇게
되면 종이 울리게 되고, 종소
리 때문에 자신은 물론 부모
까지 잠을 자다가 놀라 깨어
나게 만들었다.

이러한 상황에 처하지 않으
려면 청소년들은 꿈 속에서라
도 성을 생각하지 않으려고
노력해야만 했다. 수면 도중
정상적인 남성들은 성적 관심

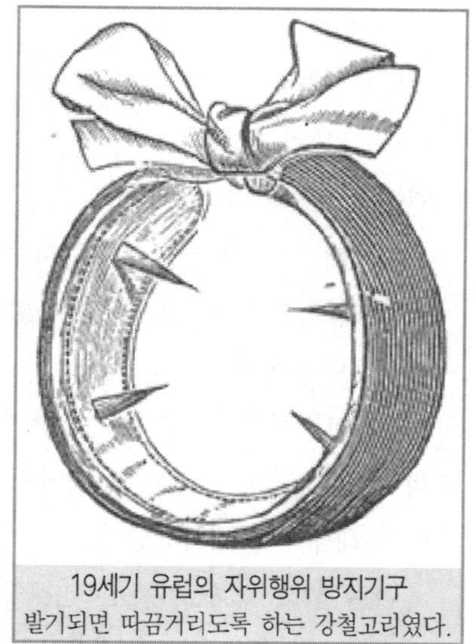

과 상관없이 수 차례 발기가 되는데, 이를 모르고 그런 기구를 사용
하여 성적 억압을 시도한 것이다.

유감스럽게도, 혈액의 흐름과 관계된 이러한 수면중의 발기현상을
정상으로 여기기 시작한 지는 20세기에 들어온 이후부터였다.

또 19세기 영국의 중고생 남자 기숙사에서는 자위행위를 방지할
목적으로 취침전 운동장을 몇 바퀴 돌게 하였다. 그리고 나서 더운
욕탕에 들어가 심신을 녹초로 만든 다음 취침하도록 했다.

게다가 두 손을 이불 위에 내놓고 자도록 했다. 자위행위를 너무
부정적으로 여긴 탓에 혹시라도 자신도 모르게 손이 성기 부위로 가
는 것을 예방하려는 의도였다.

여자 청소년들도 혹시 성기 부분을 만진 흔적이라도 발견되면 심
하게 처벌받았기 때문에 정숙한 여인이 되려고 노력했다.

이처럼 성을 억압하던 19세기 영국 사회에서도 상류층으로부터 하
류층에 이르기까지 기성인들 대부분은 음성적으로 향락문화를 즐기
고 있었다. 산업혁명으로 사회구조가 탈바꿈하기 시작하여 19세기 말

에는 소위 카바레(cabaret)라는 사교장이 탄생하기도 했다.

일부 지식인은 이러한 퇴폐문화가 청소년들을 성적으로 조숙하게 만들므로 유해하다고 믿었다. 그래서 유해한 사회환경으로부터 청소년들이 오염되지 않게 하기 위한 수단을 강구하게 되었다.

학교나 주택가에 무분별하게 들어선 러브호텔을 상대로 싸워나가는 우리 문화권의 모습과 흡사했다.

청소년들에게 독서나 냉수욕 등을 권장하였고, 또 청소년들이 퇴폐사회에 물들지 않도록 정화시키는 장치로 등장한 게 바로 스포츠의 진흥이었다. 쿠베르탱 남작에 의하여 부활된 근대 올림픽은 *1896*년 아테네에서 개최되었다.

이는 사실 국제 친선보다도 청소년의 체력 향상이나 에너지 발산에 더 초점이 맞추어진 상태에서 부활되었다. 스포츠 경기의 참여를 통해서 에너지를 분출시키다 보면 성적인 관심이 줄어들 거라고 생각한 것이다.

이를 역으로 표현하면, 성적인 관심이 지나치면 스포츠에서도 제 실력을 발휘하기 힘들다고 여겨진다. 실제로 스포츠 관계자들은 그 역의 관계를 믿고 있다.

예를 들면, *1996*년 봄 브라질 당국은 애틀란타 올림픽에 출전할 자국의 축구선수들에게 지나친 섹스는 선수들의 탈진을 초래하므로 삼가라고 엄명을 내렸다.

특히 경기 전날 절대로 성행위를 해서는 안된다고 가르쳤지만, 그들은 축구경기에서 결승에 오르지 못했다.

물론 경기에 직접 참여하지 않더라도 스포츠는 사람들의 관심을 유도하여 에너지를 쏟아버리게 만드는 기능을 한다.

즉 스포츠를 관람하는 행위에서도 성적 흥분과 같은 느낌을 받기도 한다. 특히 자신이 응원하던 팀이 승리하거나 멋있는 기량을 발휘할 때 흥분을 한다.

스포츠 관람을 성관계로 표현하면, 승리하는 팀의 응원자들은 오르가즘을 느끼는 입장이고, 패배하는 팀의 응원자들은 그렇지 못하는 입장이다. 두 사람이 성교시 함께 오르가즘을 느끼기 어려운 이치와 유사하다.

성관계에서 오르가즘을 전혀 느끼지 못하면 성관계의 의욕이 상실되듯이, 자신이 응원하는 팀이 자꾸 패배한다면 경기장을 다시 찾아가고 싶지 않게 된다.

우리의 상황은 어떠한가? 한국의 청소년들이 스포츠라도 즐기면서 에너지를 쏟아버리는 분위기에서 살고 있는가? 그렇지 않다.

남자 배구나 농구 경기장에 상당수의 중고 여학생들이 오빠부대를 형성하고는 있다. 여성들의 성욕 분출구가 더 제한되어 있기 때문에 스포츠 경기에서 여학생들이 남학생들보다 더 적극적인 팬으로 등장했다.

이를 이해하지 못하면, 응원부대의 모습이 눈에 거슬리거나 걱정스럽게 생각된다. '학생들이 공부나 할 것이지,' '저 애들이 과연 뭐가 될까' 등의 탄식이 나온다.

그러한 방식으로라도 에너지를 발산시키지 못하는 분위기에서는 어른들만의 특권인 것같은 성행동이 청소년들에게 음성적으로 시도될 수밖에 없다.

여성은 성욕이 없는가

서구 기독교 문화권에서는 최소한 *20*세기 이전까지 여성은 성욕을 지닐 수 없는 대상(asexual being)으로 규정되었다.

이브가 아담을 유혹으로 빠뜨린 대가다.

이러한 분위기에서도 *17*세기 네덜란드의 디그라프(de Graaf)는 과감하게 여성의 요도 주변의 작은 내분비선 및 관들의 일부로부터 남성들처럼 성욕에 탐닉할 수 있도록 해주는 어떤 액체가 방출된다고 주장하였다.

물론 그의 주장은 근래에 이르기까지 보수적인 태도를 고수한 서구인들에게 일고의 가치가 없는 것이라고 일축되기도 했다.

빅토리아 왕조의 금욕정책으로 서구의 여성들은 *19*세기 후반 성적 욕구불만이 고조에 달했다. 프로이트(Freud)는 그들을 상대로 치료와 연구를 하는 과정에서 여성도 남성처럼 성욕을 지닌 존재임을 부인하지 못했다.

그렇지만 기독교 국가의 전통적인 남성이었기에 프로이트도 여성을 남성과 동일한 존재로 이해하고 싶지 않았다. 결국 그는 여성을 완전한 인간이 아니라 일생 동안 남성의 성기를 갈망하는 거세된 남성 정도에 불과하다고 비하했다.

또 여성의 신체 부위에서 성적으로 가장 민감한 곳은 어릴 때에는 음핵이지만 나이가 들면서 질 내부로 이동해야 한다고 주장하였다.

만약 그러한 이동이 이루어지지 않으면 불감증의 상태로 발전하여 미숙한 여성이 된다고 했다.

즉 그는 여성의 오르가즘은 음핵을 자극하는 것보다 질을 자극해서 나타난 것이 차원이 더 높으므로 남성의 능동적인 도움없이 여성은 성욕 충족이 불가능하다고 설명했다.

이러한 논리를 뒷받침하듯 독일 산부인과 의사 그래펜버그(Graefenberg)는 *1940*년대 질 내부의 특정한 부위

프로이트

를 자극하면 여성이 성적으로 흥분함과 동시에 남성들의 사정현상처럼 어떤 액체를 방출하게 된다고 주장했다.

학계에서는 그 부위를 그 의사의 성씨 첫 글자를 따서 G-점(G-spot)이라고 불렀다. 지난 반세기 동안 G-점의 존재여부 및 성적 흥분이나 액체의 방출과의 관계 등에 대한 논쟁은 뜨거웠다.

실제로 일부 여성이 G-점의 자극으로 눈에 드러날 정도의 액체를 방출하자, 포르노 영화 제작진들은 이를 하나의 소재로 삼기도 했다.

그렇지만 상당수의 여성들은 성적 흥분과정에서 액체의 방출에 대한 느낌을 알아차리지 못한다고 보고하였다.

개인차가 너무 심하여 일반인들에게 G-점이라는 해부학적 위치를 정확하게 묘사해줄 수는 없지만, 일부 학자들은 그곳이 남성의 전립선과 비슷한 기관으로 남성의 유두처럼 이미 기능이 퇴화한 부위일지도 모른다고 해석한다.

그럼에도 불구하고 과학자들은 아직도 오르가즘을 얻게 하는 뇌 기제를 완전히 이해하지 못하고 있다. 특히 왜 어떤 여성이 오르가즘을 제대로 경험하지 못하는가를 제대로 해명하지 못한 상태다.

이는 그녀가 성 기능장애를 지녔기 때문이 아니라 상대방이나 그녀 자신이 그녀를 잘 모르기 때문일 가능성이 높다.

사실 20세기 중반 이후 여성의 성감대에 대한 남성들의 관심은 여성의 성욕을 인정해주면서 고조되었다. 이는 역시 남성들이 여성을 성적인 도구로 보는 상황에서 비롯되었다.

많은 남성들이 아직도 여성의 신체 중 특정한 부위만 자극하면 흥분하리라고 믿는다. 성인용 포르노나 만화, 잡지 등의 감상을 토대로 여성의 두뇌 활동을 완전히 무시해버린 해석이다.

성범죄는 피해자 책임?

성폭력 사건은 사회 전반에서 발생하고 있지만, 대학에서 발생한 예를 하나 들어보겠다. 1990년대 중반 가을 필자가 근무하는 학교에 '학내 성폭력 이대로 좋은가' 라는 제목의 대자보가 붙었다.

한 여학생이 꿈속에서조차 생각하기 싫은 이야기를 공개한다는 내용이었고, 이는 나중에 전국으로 전파되어 중앙 일간지에까지 보도되었다.

그녀는 그해 7월 하순 어느 날 새벽 1시를 넘어 여학생 휴게실에 들어가 잠을 청했다. 잠이 막 들었을 때 이상한 느낌이 들어 눈을 떴다. 그녀의 바지가 벗겨져 있었으며, 캄캄한 휴게실 안에 한 남자의 모습이 보였다.

"누구야!"라고 소리치자, 그는 "미안해요"라고 답했다.

그녀가 남자의 얼굴을 확인하려고 불을 켜려 하자, "불 켜지 마세요!"라는 말과 함께 그는 바지의 지퍼를 올리면서 나가버렸다. 두렵고 소름끼치는 일이었다.

그녀는 귀에 익은 듯한 목소리 주인공을 확인하려고 용기를 내어 휴게실을 나섰다. 남성의 얼굴이 확인되었을 때, 그녀는 실망과 분노를 감추지 못했다.

평소 안면이 있던, 믿었던 사람이었기에 실망과 분노는 더했다. 그녀는 며칠 동안 그날 밤의 일을 잊어보려고 노력했다.

그런데 그는 마주칠 때마다 너무나 태연스럽게 자신을 대했다. 또 주변인들이 그 일을 알아차린 듯한 눈치가 보이자, 그는 "그녀가 평소에 자기에게 손짓을 했다"고 떠벌리고 다녔다. 멋대로 그날의 일을 정당화시키려는 그 남자의 행동에 그녀는 더욱 분개했다.

결국 그녀는 일이 발생한 지 보름 정도 지났을 때 가까운 학우들에게 그날 밤의 일을 사실대로 얘기하고 그에게 공개사과를 요구하기로 결심했다.

그러자 사건은 학생회와 학교, 그리고 외부로까지 알려졌다.

그렇지만 시간이 흐를수록 그녀의 입장을 이해하려는 학우들의 목소리는 줄어들고, 몇 달 후 별다른 관심을 받지 못하는 과거사로 변해갔다. 그녀를 범하려 했던 남자의 행위도 잘못으로 인정되었지만, 여자도 그런 일이 발생하지 않도록 밤늦은 시간에 그러한 장소에 있지 않았어야 했다는 점이 부각되기도 했다.

다시 말해 여자 스스로가 조심해야 된다는 쪽으로 결론이 난 셈이었다. "밤늦게 그런 장소에서 잠을 자는 행위가 남자에게 충분한 빌미를 제공했기에 그녀가 책임을 져야 한다"라는 것이었다.

그렇다면 여자로서는 참으로 밝히기 어려운 사정을 공개한 그녀의 입장은 어떻게 되는가?

사실 필자는 성폭력 문제를 해결하기 위한 가장 현실적 방법으로 자신에게 닥친 일을 과감하게 고소 고발하는 적극적인 여성들이 많이 나와주기를 기대했다. 그렇지만 정작 앞의 학생처럼 용기를 지닌 여성들이 불이익을 받지 않고 살아가는 분위기가 조성되지 못한 상황에서는 적극적인 여성은 이중으로 고통을 받는다.

시간이 지나면서 사건의 본질이 전도되기 쉽다. 피해자인 여성은 오히려 '저 여자가 바로 그 여자!' 라는 주변의 눈초리와 손가락질을 받으며 살아가야 한다. 인간의 권리와 사회의 질서를 위해서 신고한 여성을 시끄러운 여자, 정숙하지 못한 여자, 문제나 일으키는 여자로 인식하기 때문이다.

결국 앞에서 언급한 남학생은 자의반 타의반으로 자퇴했다. 여학생도 학교 생활에 잘 적응하지 못해 학교 나오기를 기피했다. 그 이유는 학교 구성원들이 그녀를 왜곡된 시각으로 바라보기 시작했든지, 아니면 한 여성에게 크나큰 상처를 주는 일을 벌이고도 양심의 가책을 느끼지 못한 남성에게 크게 실망했기 때문인 듯하다.

우리나라는 어떠한 조직에서든지 그러한 일이 발생하면 우선 조용하게 처리하고 싶어한다. 행정 책임자들은 자신의 재임기간에 불미스런 일의 발생을 원하지 않는다.

하지만 문제를 근본적으로 해결하기 위해서는 행정가를 비롯한 고위직에 있는 사람에서부터 성폭력에 대해 평소 무관심했던 사람에 이르기까지, 사고의 전환이 절실히 필요하다.

'그런 일이야 모두 현행법에서도 충분히 처리될 수 있지 않겠는가', '나는 딸이 없으므로 그런 일이 설마 나에게까지'라는 생각을 가지고 살아가는 사람들은 성폭력 범위를 법조문에 명시된 그대로 '강간 등 상해에 해당된 경우'만을 규정하려고 하는 이기적인 인간이 아닐 수 없다.

그들은 전통적인 남녀의 성 역할에 대한 고정관념에 사로잡혀 있기 때문에 범죄행위를 저지르고 법적으로 구속된 자만이 정상인과는 좀 다를 거라고 여긴다.

성폭력이 발생하면 그들 대부분은 희생자보다도 가해자의 입장에서 관용을 베푸는 경향이 매우 강했다. 가해자에게는 억제하기 힘든 젊은 시절의 과오라는 이해와 함께 관용을 베풀어주는 반면, 피해자인 여성에게는 어느 정도 유혹했을 것이라는 가능성을 남겨둔다.

밤늦게 돌아다닌 탓, 술집에 함께 있었거나 취하여 비틀거린 탓, 상대방을 자극시키는 옷차림이나 과다한 화장을 한 탓에다 부모가 잘못 가르친 탓까지 덮어씌우기 일쑤다. 그리고는 가해자 측에서는 몇 푼의 위로금을 내놓을 뿐이다.

피해자 측도 본인은 물론 집안의 명예가 더 이상 훼손되지 않기 위하여 문제가 커지기 전 타협을 하는 사람들이 많다.

이렇게 되어서 나중에는 사건의 본질까지 왜곡되어 버리는 일이 비일비재하다.

또 피해자를 인색하게 보는 눈은 남자들뿐만 아니라 상당수의 여자들도 마찬가지다. 그렇기에 그녀는 불쾌감, 수치, 분노, 당황 등의 감정을 느껴도 억울함을 호소할 길이 막연하다. 문제는 이러한 상황이 그녀 한 사람에서 끝나지 않고, 수많은 여성들이 그러한 일을 당하고도 공개하지 못하고 살아갈 수밖에 없다는 현실이다.

그 이유는 신고하거나 공개한다는 사실 자체가 이중의 고통이나 부담이 된다고 판단했기 때문이다. 숨길 것인가 폭로할 것인가를 수없이 고민하다가 조용하게 넘어가 버리는 것이 더 현명하다고 판단해 버린 셈이다.

그렇지만 사건을 폭로하지 않고 살아간 피해자들은 누구에게도 위로를 받지 못한다. 태연자약하게 살아가려고 노력하더라도 유감스럽게도 그 후유증은 영구적이거나 치명적일 수 있다.

성폭행의 실제 피해자이든, 아니든 성폭행의 상황에 처해졌던 여성들의 후유증의 차이는 크지 않다. 그리고 모든 여성이 일생을 통해 한 번쯤은 그러한 상황에 처해질 가능성 또한 매우 높다. 또 무관심한 여성들이나 가해자격인 남성들도 언젠가는 피해자나 그 가족이 될 수 있다.

그러므로 성폭력 행위는 피해 당사자나 신고자의 문제에 국한되지 않는 범국민적인 피해를 가져다주는 심각성을 내포하고 있다.

남성이건 여성이건 성교 의사가 있으면 상대방에게 솔직하게 묻고 또 대답할 줄 알아야 한다. 남녀간의 태도가 분명해야 한다는 것이다.

여성이 '싫다'고 하는 반응을 남성이 '응낙'으로 해석하거나, 여성

또한 싫지 않으면서 의례적으로 '안된다' 라고 대답한다면 성폭력의 고질적 병폐를 없애지 못한다.

　그리고 두 사람이 동의를 했더라도 자신들의 성행위의 결과가 다른 사회 구성원들에게 피해를 주지 않도록 노력해야 한다.

　이와 같이 동의를 기초로 이루어지는 성행위는 결혼관계에서도 마찬가지다. 부부라도 상대방의 거부 의사가 없을 때 성교가 이루어져야 한다. 술 취한 남편이나 자신을 언어적으로 학대한 남편이 성교를 요구할 때 거부할 수 있는 권리가 부인에게 주어져야 한다.

　또 혼인관계가 아닌 경우 특히 유념해야 할 점은 상대방이 응낙했어도 사회적으로 성인이라고 인정받을 수 없는 자, 또는 술이나 약물 등에 의해 정신이 혼미한 자로부터 얻어낸 동의는 당사자의 의지가 제대로 반영되지 않았음을 알아야 한다.

성범죄와 '화학적 거세'

자신의 수양딸을 성적으로 유린한 혐의로 체포된 한 미국 남성이 법원의 판결을 기다리고 있다. 판사는 피고인에게 지금으로부터 *10*년 동안 약물의 처방을 받을 것인지, 아니면 배심원의 평결에 따를 것인지를 스스로 선택하도록 했다.

배심원의 평결에 따르게 되면 거의 *10*년 정도 감옥생활을 해야 된다는 점을 자신의 변호사로부터 전해 들은 피고인은 곧바로 전자를 택했다.

미국의 일부 지역의 법원에서 *20*세기 말에도 흔히 볼 수 있는 성범죄자들에 대한 판결방식이다. 소위 성범죄를 저지른 남성들에게 '화학적 거세'라는 처벌이 내려진 것이다.

화학적 거세란, 테스토스테론(testosterone)과 같은 남성 호르몬의 수준이 너무 높아 성욕이 고조되면서 죄를 범하게 된다는 믿음에서 고안된 처벌 방안이다.

약물을 이용하여 성욕을 통제시키려는 방법은 *1960*년대 독일에서부터 시작되었다. 이 약물들의 성분은 대부분 인위적인 여성 호르몬제다.

그 호르몬제가 남성들에게 효과를 발휘한다면, 정자의 생산이나 성욕을 억제시킬 뿐만 아니라 발기나 오르가즘까지 어렵게 만든다.

그래서 미국에서는 *1966*년부터 몇몇 주에서는 디포프로베라(Depo-

Provera)라는 상표명으로 판매되고 있는 엠피에이(MPA)라는 약을 남성 범죄자들에게 투여시키고 있다. 엠피에이는 원래 여성들에게 피임을 목적으로 사용하도록 만들어진 여성 호르몬 성분의 화학물질이다.

남성들이 한 달에 한번 정도만 엠피에이 주사를 맞으면 남성 호르몬의 분비 수준이 사춘기 이전의 상태로 낮아진다. 이렇게 되면 범죄에 대한 환상 및 성욕의 감소로 상습적 성범죄가 줄어든다는 것이 기본 논리다.

또 이러한 약물 투여 중에도 성교행위는 가능하다. 그 논리를 그대로 따르면, 화학적 거세는 무고한 부녀자와 아동들을 보호할 수 있는 훌륭한 방안이다.

유감스럽게도 화학적 거세의 선택은 충분한 검토를 거치기보다도 호르몬과 성 행동의 관계를 너무 맹신하고 있는 데서 비롯된 오판이다.

그 약물로 치료받았던 남성들 중에서도 성적 환상이나 범죄의 상습성이 줄어들지 않는 자가 상당수였다는 연구결과도 만만치 않다. 약물이 투여되어도 두뇌가 판단하는 내용까지 통제해 주지 못한다는 말이다.

물론 생쥐와 같은 하등동물의 경우 대부분 호르몬의 영향을 즉각적으로 받는다. 그 반면에 고등동물은 사회적 요인에 의한 두뇌의 활동 때문에 호르몬의 영향은 개인차가 크다. 호르몬의 영향이 하등동물들처럼 곧바로 나타나는 사람들도 있지만, 거의 호르몬의 영향을 받지 않는 사람도 있다는 뜻이다.

즉 화학적 거세를 당하고 있는 집행유예의 기간 동안에도 상습적인 성범죄의 재발가능성이 매우 높아서 이웃사람들에게 공포의 대상이 되는 사람이 있다.

어떤 사람들은 화학적 거세를 강요하는 것 자체가 인권유린이라고 주장하면서 반대하지만, 그 방법이 그렇게 효과적이지 못하다는 점을 먼저 주목할 필요가 있다.

성적 환상이란 고등동물의 경우 호르몬의 상태와 같은 내적 요인보다도 외적 요인에 의해서 더 좌우되기 때문이다. 또 성 범죄자들이 모두 성욕을 해소시키기 위해서 범죄를 저지른 것은 아니다.

그러므로 약물로 성범죄를 근절시키려는 수단은 한계가 있다.

그럼에도 불구하고 미국의 경우 캘리포니아주에서는 *1990*년대에도 *13*세 미만의 아동이 희생자일 때 상대 남성은 의무적으로 화학적 거세라는 처벌을 받아야 하고, 플로리다주에서는 더 가혹하게 화학적 거세나 거세수술을 받도록 한다.

역시 몬태나주에서는 범인을 투옥시키는 것보다도 비용면에서 경제적이기 때문에 화학적 거세에 대한 법안을 통과시켰다.

그런 범죄를 근절시키거나 예방하는 일이 쉽지 않지만, 범죄자를 처벌하는 방법의 개발은 더욱 어려운 실정이다.

성적 소수자의 이해

동성애는 비정상인가

수년 전 여름 필자가 미국의 한 대학을 방문하면서 목격한 풍경을 하나 소개한다. 소나기가 내리다 빗줄기가 가늘어지는 오후 필자는 캠퍼스 일부인 체육공원 안을 자동차로 천천히 둘러보고 있었다.

자동차 운전석에서 직선거리로 10여 미터 정도 떨어진 곳에서 두 사람이 비에 흠뻑 젖은 채로 서서 껴안고 키스에 몰두하고 있었다.

처음에는 서구인들에게서 흔히 볼 수 있는 사랑을 표현하는 남녀 간의 모습이라고 생각하며 지나치려 했다. 자세히 보니 그게 아니었다. 두 사람 모두 여성이었다. 인적이 드문 곳인데다 또 비 때문이었는지 자동차가 다가와 지나갈 때까지도 둘은 아랑곳하지 않고 애무에 열중하고 있었다.

그런 장면이란 서양 영화에나 나오는 이야기가 아니겠는가 하면서 일축해버리는 사람도 있다. 우리의 정서에는 아직 들어맞지 않는 비도덕적이며 불결한 외국의 사례에 불과하다고 하면서.

그러나 이같은 예는 다른 문화권의 이야기만이 아니다. 동성끼리의 사랑을 기록한 역사적 근거를 제시할 필요도 없이, 필자로부터 강의를 받던 한 학생이 제출한 과제물 내용만 보아도 알 수 있다.

그 학생은 귀가 도중 두 여고생이 건물 뒤에서 서로 껴안고 키스하는 장면을 목격한 이야기를 생생하게 표현하였다. 자기에게는 대단히 충격적이었다고 했다.

보다 현실적인 예로 한 여성은 여고 /학년 때부터 한 친구에게 다른 사람들에게서는 느끼지 못한 감정을 느꼈다고 고백했다. 그 친구가 다른 사람과 이야기만 해도 질투심이 생겼고, 친구를 위해 모든 걸 주고 싶을 정도의 감정이었다고 한다.

구체적 내용은 기술하지 않았지만, 결국 동성애 접촉(same-sex contact)까지 시도했다고 시인했다. 그리고 왜 동성끼리의 사랑표현이 사회적으로 용납되지 않는지, 또 동성애자들의 결말은 불행해야 하는지 안타까움과 함께 불만을 털어놓았다.

한국 남성들이 동성애 감정을 느끼거나 동성간 접촉 경험도 매우 현실적이다.

가까운 친구의 깎아낸 지 하루 지난 턱수염을 보고 만지다 보면 같은 남성임에도 불구하고 성적 매력을 느낀다는 대학생, 여성스러운 후배 남성에게 특이한 감정이 느껴지지만 주변의 이목 때문에 그 감정을 억제할 뿐이라고 얘기하는 직장인, 심지어는 유흥업소에서 오랄 섹스와 자위행위는 물론 항문성교 등 온갖 성행위를 경험했다고 하는 익명의 남성들조차도 동성애 감정을 털어놓는 사례 등은 이제 우리 문화권에서도 흔히 들을 수 있다.

또 군대를 다녀온 대부분의 남성들은 고참 사병들의 동성 접촉을 언급한다. 자신이 동성과의 접촉을 원했던 경험이 있는 사람일 경우라도, 실제 그런 행위를 하는 사람들과 동성에게 애착을 보이는 사람과는 구별하고자 노력한다.

동성애를 부정하고 혐오하는 심리 때문에 그렇다. 스스로 동성애자를 정상인으로 보지 않으려는 반발심에서 자신은 동성애자가 아니라고 한다.

동성애 행위는 성경의 「창세기」에도 기록되어 있듯 동서고금을 망라하여 존재하고 있다.

백제 말기 의자왕을 모신 궁녀는 무려 3천명 정도라고 전해진다.

그 여성들이 왕의 성은만을 바라보고 살았다고 판단한다면 너무 순진하다.

그들은 궁궐 안팎에서 다른 남성들과 성적으로 접촉했음은 물론 동성애자가 아니더라도 욕구 충족을 위해 궁녀들끼리 성적 접촉을 했을 것으로 생각된다. 중국에서는 궁녀들 사이의 은밀한 동성애를 '대식(對食)'이라는 용어로 표현했다.

일제시대 한 일본 학자는 준정과 남모가 이끈 신라의 원화제도를 동성애 성격이 짙은 단체로 묘사한 논문을 발표했다.

근래 우리나라의 한 사학도가 그 논문을 반박하는 글을 발표했다. 동성들만으로 이루어진 혈기왕성한 젊은이들의 단체에서는 당연히 동성애 접촉 행위가 존재할 수 있다.

우리 민족의 순수성을 매도하기 위해 원화를 동성애자 단체처럼 묘사한 건 너무 비약적인 제국주의 논리에 불과하다. 그러나 마찬가지로 동성간 접촉행위조차 없었다면서 이를 애써 증명하려는 노력을 통해 우리 민족의 자존심이 세워지는 것도 아니다.

전통적으로 가부장제를 유지시킨 사회나 유태교 및 기독교를 근간으로 형성된 사회문화권에서는 동성애가 비정상이다. 그러나 남미 문화권처럼 남성 사이의 동성애가 비난받지 않는 경우도 있다.

즉 남성 역할을 하는 남성 동성애자는 비난받지 않지만, 여성 역할을 하는 남성은 비난의 대상이 되었다. 이렇게 볼 때 동성애에 대한 일반인들의 비난은 여성차별 의식과 맞닿아 있다.

동성애와 이성애의 이분법

중세 이후 *18세기* 말까지 서구 사회는 종족보존과 상관없는 성적 표현을 병적으로 보았다. *1940년대* 「킨제이(Kinsey) 보고서」 이후 동성애의 통계를 보면, 전체 인구 가운데 남성은 *3~10%*, 여성은 *2~7%* 정도를 차지한다.

고대부터 현대까지의 유명한 인물 중 동성애자로 기록된 사람들은 작가, 황제, 왕, 화가, 영화감독, 교황, 나치 지도자, 신학자, 운동선수, 작곡가, 교수, 국회의원 등 거의 모든 직업을 망라하고 있다.

물론 앞에 제시된 수치는 오로지 동성만을 상대하는 사람이 아니라 양성애자까지 포함한 경우로 보는 게 더 타당하다.

동성애를 정의하는 방식은 생각처럼 단순하지가 않다. 자칭 동성애자라고 하면서도 동성과 성적인 접촉을 가지는 경우도 있고, 또 그렇지 않는 경우도 있다.

반면에 동성애자가 아니라고 하면서 동성의 대상에게서 자주 색정을 느끼거나 동성과 성적 접촉까지 행하는 사람도 있다.

역시 동성과 성적 접촉을 원하고 실제로 경험하면서도 이성과 접촉을 하는 양성애가 많다. 동성만을 상대하고 싶어도 사회 문화적인 여건 때문에 이성도 상대하는 사람들이 있어 그들의 빈도나 특성을 밝히기가 매우 어렵다.

그러나 어느 시대, 어느 문화권을 보더라도 인구 전체에서 동성애의 빈도가 갑자기 높아지거나 줄어들지는 않았다.

단지 동성간의 성적 접촉이나 사랑의 관계를 허용해 주는 정도에 따라서 스스로 동성애자라고 밝히는 사람들의 빈도가 높아지거나 줄어들 가능성이 커질 뿐이다.

동성간의 관계를 억압하는 사회일수록 겉으로는 이성애 생활을 하지만 은밀히 동성애 생활을 추구하는 사람들이 많다.

아예 두 개의 다른 이름으로 행세를 하는 경우도 있다. 이를 이해하지 못하는 일반인들은 성 개방과 함께 동성애자의 빈도가 높아진다고 생각하면서 기존의 사회적 습속이나 도덕적 법규 등도 변화될 것이라고 걱정하고 있다.

동성애자를 인정하는 사회 분위기에서도 그런 걱정을 지나치게 하는 사람은 줄어들지 않는다. 그들은 동성애자의 인권을 존중하고 권리를 보장한다는 것이 인간 본연의 모습에 어긋나며, 그것이 기존의 가치관을 깨뜨려서 사회적 혼란과 문제가 야기된다고 믿는다.

우리는 전통적으로 가정생활의 유지와 자손번식만을 정상으로 여기는 기준 속에서 살아왔다. 가부장 제도에 의한 이성애 기준에서 동성애는 불안과 걱정, 혐오감을 불러일으킨다.

한국사회에서는 동성애자들에 대한 혐오감이 지배적이라고 하더라도, 아직까지 그 공포와 불안은 서구사회에 비하면 미미한 편이다.

동성애는 전체 인구 중 소수자들이 자신들의 성과 사랑을 표현하는 하나의 방식이다. 다수인(이성애자)들의 기준에서 소수자(동성애자)들을 정신병자나 타락자로 매도하는 건 동성애자들에게는 용납하기 어려운 문제다.

최근에는 우리나라에서도 동성애자에 대한 태도가 변하고 있다.

학교에서 강의를 통해서 그들의 삶의 일부를 이해하기도 하고, 영화나 연극 등을 통해서 그들을 다시 보기 시작하고 있다.

이제 자신들의 성적 지향을 숨기고 사는 것이 오히려 정신 건강에

클린턴 대통령이 동성애에 편견이 심한 군지도자를 해임하면서
동성애자의 군생활을 인정하자 퇴역군인들이 기뻐하고 있다.

해롭다고 여기어 '자신의 성향을 밝히고 살아라', '자녀가 동성애자
라도 부모가 받아들여라' 하는 상황에까지 이르렀다.

'대가 끊어진다'는 것에 대해 민감한 반응을 보이는 우리 문화권
에서는 충격적이겠지만, 서구의 동성애자들은 최소한 법적으로는 다
소 인간다운 대우를 받고 산다.

그러나 그들에 대한 일반인들의 편견이나 차별이 쉽게 사라질지는
미지수이다. 어느 정도 정치적 타협에 의하여 그들의 인권이 인정되
고 있기 때문이다.

군대에서 인종에 대한 편견이 심했던 과거의 서구 역사를 보자.

흑인을 해방시켰다고 하는 링컨 대통령은 남북 전쟁 당시 흑인이
군대에 자원하는 것을 처음에는 받아들이지 않았다. 그러나 나중에
백인으로 구성된 북군들의 사상자가 많아지면서 흑인들을 받아들이
지 않을 수 없었다.

수십 년 후 트루먼 대통령은 1948년 군대 내에서 인종차별을 해서
는 안된다고 명령했지만, 최소한 베트남 전쟁시까지도 인종차별이
매우 심했다.

클린턴이 대통령에 두 차례 당선되는 결정적 요인 중의 하나는 동
성애에 대한 차별을 반대하고 나섰기 때문이라는 견해가 지배적이다.

그가 대통령에 취임하면서부터 동성애를 인정하자는 그의 의견에
군대 조직에서는 반발이 거셌다. 남녀가 함께 내무반에서 생활하는
것이 어렵듯이 동성애자와 함께 군대 생활을 하는 것이 어렵다고 보
는 입장도 만만치 않았다.

군대와 같은 조직사회에서의 변화는 시간이 지나면서 어느 정도
나타났지만, 동성애자들은 인간의 권리를 추구하는데 수많은 벽을
넘어야 하는 시대에 살고 있다.

그 동안 지배의 틀 속에 동성애자들은 요즈음 피지배 계급이라는
피해의식에서 벗어나기 위한 의도로 전통적 의복이나 장신구보다도
짧은 머리, 콧수염, 쇼군(將軍)형 헤어 스타일, 가죽옷 등을 즐겨 입
는다. 또 여행이나 콘서트, 연극 등에 돈을 소비하면서 즐기는 생활
을 추구한다.

그 때문에 남성 동성애자들은 아무 사람하고 관계를 가지게 되었
고, 더럽고 추한 사람들로 한동안 에이즈 환자의 대명사로 매도되기
도 했다.

그들의 생활양식이 건전해지면서 일반인들의 편견은 점차 사라지
고 있으며, 또 일반인들의 편견이 줄어들면서 그들의 태도나 생활양
식 또한 더욱 바뀌고 있다.

미소년 신드롬

　고대 그리스나 로마 문화권에서는 남녀간보다도 남성들간의 사랑을 더 미화시켰다. 당시 철학자들은 남성들간의 성행위를 가장 인간적이고, 가장 수준이 높다고 가르쳤다. 그러다 보면 동성과의 관계를 원하지 않는 사람들도 동성과 사랑을 나누어야 했다.

　물론 그들이 미화시킨 동성애는 동년배 남성끼리의 관계가 아니라 이미 성년이 된 연장자와 사춘기를 맞이하려는 미소년간의 관계였다.

　연장자는 어린 파트너에게 사랑의 의미를 비롯하여 성적인 만족, 그리고 어떻게 세상을 살아야 하는가의 사회적 관습을 전달해 주는 교육자 역할을 하였다.

　당시 성인 남성들은 결혼하여 부인과는 종족보존, 또 미소년과는 진정한 사랑을 위한 관계를 형성했다. 곧 그들이 미소년을 유혹하는 행위는 전혀 손가락질을 받지 않고 오히려 사회적으로 부러움을 사고 있었다. 왜냐하면, 진정한 사랑을 위해서 미소년을 유혹할 수 있을 정도로 재력도 있고 지위도 높아야 했기 때문이었다.

　가난한 남성들은 소위 고차원의 사랑을 모르고 살아가야 했다. 성인 남성의 파트너가 된 어린 남성들은 나중에 성인이 될 때 여성과 결혼하더라도 자신의 능력에 따라서 다른 미소년을 상대하게 되는 권리를 가지게 되었다.

　남태평양 파푸아 뉴기니에서부터 수마트라의 북서쪽을 거쳐 멜리

일본의 원조교제 근절 포스터

네시아 군도에 이르기까지 여러 문화권에서는 부족이나 종족간의 남성 동성애가 아주 보편화되어 있었다.

예를 들면, 삼비아족 남성들은 공동체 생활을 통해 인생이 무엇인가를 배웠다. 남아들은 아홉 살이 되면 여자들의 보호로부터 독립하기 위해 미혼자들이 집단으로 거주하는 곳에서 살아가야 한다.

남성공동체에서도 연령에 따라 어린이들은 선배 남성들의 보호를 받으면서 동성애 파트너로 정액도 받아먹어야 하고, 나중에 자라서는 어린아이에게 정액을 먹이는 역할을 잘해야 진정한 남자가 된다고 믿었다.

그곳에서 결혼할 때까지 거의 *10~15*년 동안 살아가는 삼비아족 남성들의 생활은 최소한 *20*세기 중반에까지 관찰되었다.

『고려사』에 의하면 공민왕은 부인이던 노국공주가 산고를 이기지 못해 죽자 정치를 신돈에 맡겨버렸다. 그리고 그가 죽기 *2*년 전 설치했던 '자제위' 소속 동자들과 가까이 하는 생활을 했다. 자제위란 원나라의 간섭을 벗어나 국권이나 왕권을 강화하기 위한 인재양성기관의 일종인데, 주로 귀족의 자제들이 선발 대상이었다.

공민왕은 홍윤, 김흥경, 최만생 등의 동자들로 하여금 자신의 시중을 들도록 하면서 문란한 생활에 탐닉하게 되었다. 그뿐 아니라 동자들에게 방에서 성행위를 하도록 한 후 그 모습을 엿보는 행위를 즐기기까지 했다.

또 공민왕은 동자들에게 부인인 익비와 성교를 하도록 하고서 나중에 임신을 하자 입막음하려고 그들을 죽이려 했지만, 오히려 그들에 의해 살해당했다.

그리스와 삼비아족의 이야기는 남성 위주의, 그리고 현재보다도 덜 개화된 시대적 모습에 불과하다. 시대가 변하여 남녀의 특성을 모두 존중해 주는 오늘날에 그런 모습이 연출되어서는 안된다. 또 공민왕의 사례는 특정인의 이야기에 국한된다.

그럼에도 불구하고 20세기 후반 우리 문화권에서는 중학교나 고등학교에 다니는 청소년을 돈으로 유혹하는 성인들이 부쩍 늘어나면서 사회적인 파문을 일으키고 있다. 물론 최근의 청소년들이 대부분 여성이라는 점에서 과거와 비교되는데, 소위 원조교제라는 이러한 행위는 우리보다도 일본에서 몇 십 년 먼저 유행했다.

오늘날의 사회문화는 자신들의 행동에 아직 사회적인 책임을 질 수 없는 청소년들이 적응하기에는 너무나도 복잡다양하다.

다행스럽게도 일본이나 한국 모두 최근 이러한 행위를 미성년자 보호 및 매춘 규제의 차원에서 범죄행위로 선언했다. 그들을 상대로 한 유혹행위는 원조나 보호가 아니라 인권의 위협으로 해석된 결과다.

남성 중심의 이성애자 문화

*1960*년대 이래로 우리 문화권에서 보인 가치관의 변화 속도는 어느 시대나 문화권과 비교해도 뒤지지 않을 정도로 빠르다. 산업화 사회로 바뀌면서 보인 가치관 변화는 크게 두 가지다.

하나는 성인 자녀가 노부모를 바라보는 눈의 변화다. 과거에는 노부모 봉양이 자녀들의 의무였지만, 이제는 부모들도 노인이 되기 전에 자신의 노후를 대비하는 식으로 달라지고 있다.

두 번째 변화는 여성을 이해하는 문제와 관련된다. 불과 *1970*년대까지만 해도 전통적인 남성 위주 틀을 고수했지만, 근래에는 남녀를 불문하고 평등한 삶을 추구하는 변화가 보이고 있다.

그 두 가지 변화를 받아들이는 과정에서 대다수 기성세대들은 심한 갈등을 겪는다. 나이가 드신 분들에게는 그러한 변화가 못마땅하게 여겨지는데, 산업화시대 말기 및 정보화시대에 와서는 갈등을 초래하는 또 다른 가치관의 혼란을 경험하고 있다.

바로 동성을 사랑하는 사람이 과연 정상인가에 대한 가치관이다. 동성애자들을 인정하게 되면 세상의 종말이 올 것같아서 생긴 갈등이다.

*2000*년 *9*월 하순 한 연예인이 자의반 타의반 자신이 동성애자라고 밝혔다. 이를 계기로 매스컴이나 인터넷 등에서는 수많은 토론이 이루어지고, 아직도 세인들에게 화제거리가 되고 있다.

물론 그보다 훨씬 전에 자신을 동성애자라고 밝힌 자들이 없지 않았지만, 그가 방송매체를 통해 알려진 인물이라는 점에서 파장은 생각보다 컸다. 파장이란 동성애에 대한 불안이나 거부감, 혼란이 더 컸다는 식으로 표현이 가능하다.

그의 동성애 정체성을 인정해주면 나중에 동성애자라고 밝히는 사람들이 더욱 늘어나게 될 것같은 두려움이 생기고, 이렇게 되면 결국 우리 사회가 혼란에 빠져버리게 된다는 불안감에 사로잡힌 사람들이 많았다는 뜻이다.

자신의 자녀가 동성애자라면, 그것도 외아들이 동성애자라고 고백한다면 부모가 경험하는 정신적 혼란은 그 누구보다도 크리라고 짐작할 수 있다. 아마 하늘이 무너지는 심정일 것이다.

지난 20여 년 동안 성을 전문적으로 연구해온 필자도 상당한 시간이 지나서야 동성애자들의 입장을 이해하게 되었다. 그 동안 동성애자는 뿔이 달린 무서운 사람이거나 정신이상자라는 고정관념을 가지고 살아온 탓이었는지 그렇게 오래 걸렸다.

편견을 버리지 못한 시절에는 그들이 무섭고 이상한 사람이었기에 그들을 만나기는커녕 눈도 마주치지 않으려고 노력했다.

기존의 남성 위주 틀에서 여성의 입장을 이해하는 것보다 이성애 위주의 틀에서 동성애의 입장을 이해하는 게 훨씬 더 많은 시간을 소요했다.

하물며 이를 연구해보지 못한 사람들이나 관심이 없는 사람들에게 동성애를 이해시킨다는 건 대단히 어려운 일이다.

이러한 상황에서 동성애를 못마땅하게 여긴 사람들은 동성애를 배척하는 사회 문화적 풍토를 조성해야 동성애자가 나타나지 않는다고 믿는다.

고통받지 않으려면 그들도 동성애 성향을 억제하고 살아갈 것이라고 믿지만, 고통을 받지 않기 위해서 모두 이성애자가 될 것이라는

미국의 동성애 퍼레이드에 참여한 게이 커플(왼쪽). 영화 〈쇼걸〉의 한 장면(오른쪽) 성적 정체감에 대해서는 동성애자 내부에도 차이가 있다.

믿음은 너무 단순하다.

아마 그렇게 보일 수 있지만, 실제로는 그렇지 않다.

그러한 상황에서는 동성애자는 떳떳하게 살 수 없는 세상을 원망하면서 숨어 살아가는 것이다. 필자는 실제로 이중생활을 하는 학생, 교사, 공무원 등으로부터 직접 또는 전화상담을 통해 자신의 원래 모습을 숨기고 살아야 하는 고통을 수 차례 들어보았다.

필자는 동성애에 대한 태도가 어떻게 바뀌는가를 알아보기 위해서 몇 해 전부터 주기적으로 이를 조사해오고 있다. 해가 거듭할수록 동성애를 거부하는 입장이 조금씩 줄어들고 있지만, 조사결과를 들여다보면 동성애자들이 차별을 받지 않고 살아갈 수 있으려면 상당한 세월이 필요할 것같은 느낌이 든다.

그들을 동등한 인간으로 받아주려는 게 아니라 '미워하지는 않을 테니 제발 나타나지 말라,' '숨기고 살아라' 하는 게 요즘의 분위기이다.

이런 상황에서 자신이 동성애자임을 알리는 연예인은 격려를 받기도 했지만, 대다수로부터는 지탄의 대상이 될 수밖에 없었다.

동성애에 대한 부정적인 입장의 내용은 주로 문란한 사생활, 남녀역할 구분의 모호성, 종족보존, 가계 계승 등이다.

동성애를 인정해주는 사회에서는 수 십 년 동안 헤어지지 않는 커플도 많다. 칠순, 팔순의 노부부처럼 살아가는 사람들의 이야기를 읽어보았으며, 필자는 실제 25년째 파트너를 바꾸지 않고 살고 있는 외국인 동성애자와 면담을 시도해본 적도 있다. 그들의 모습을 제대로 알기 전에는 설마 했었다.

역시 전통적인 성 역할의 구분은 이미 시대착오로 드러난 상황이다. 과거에는 동성애자 커플 모두가 한 사람은 남편, 다른 사람은 아내로 구분하여 살아가는 것으로 알았다. 그러나 실제로는 그런 구분을 하지 않고 살아가는 커플이 더 많다.

또 아들을 통해서만 가계가 계승되는 게 삶의 절대적 목표중의 하나라면, 딸만 낳은 사람, 아이를 낳지 않거나 못낳는 부부, 독신으로 살아가는 자들도 함께 심한 비난을 받아야 하는데, 그렇지 않다.

20세기 후반에 정리된 연구결과들에 의하면, 동성애 정체성은 그들이 선택한 게 아니라 거의 결정된 상태이므로 이를 바꾸는 건 오히려 비인간적이다.

여자를 억지로 남자로 바꿀 수 없는 것과 마찬가지다.

생식기로 할일을 나누지 말라

과거에는 누가 동성애자라는 소리를 들으면 측은하게 여기거나 흥미롭고 신기한 대상으로 바라보았다.

최근에는 일반인에게, 특히 기성세대들에게 불안이나 거부감, 혼동을 불러일으켰다는 점에서 다르다. 동성애의 인정으로 결국 우리 사회가 혼란에 사로잡힐 것같은 불안을 떨치지 못하기 때문이다.

대부분 동성애자가 되는 게 선천적인가 후천적인가 그 원인에 관심을 가진다. 이러한 질문 자체는, 그 원인을 정확히 알아낸다면 그들의 동성애를 치료해줄 수 있지 않을까 하는 의도가 담겨 있다.

사실 학계에서 여기에 대한 답을 완벽하게 제시하지는 못했지만, 20세기 후반의 연구결과를 종합하여 후천적 성향은 아닌 것같다는 결론을 제시했다. 그렇다고 동성애를 결정하는 선천적 특성을 제대로 알아낸 것도 아니다.

흔히 자신의 성적 정체성을 동성애라고 스스로 인정하고 타인에게 밝히는 것을 '커밍아웃(coming out)'이라고 한다. 이는 영문의 'coming out of the closet'이라는 구절의 약칭이다.

예전에는 서구의 동성애자들도 신분을 노출하지 못하고 숨어서 살았는데, 1970년대부터 본격적으로 자신들의 권리운동 개시를 '숨어서 살던 상황(closet : 벽장)으로부터 탈피하여 나온다'는 의미로 표현했다.

우리 말로는 이를 드러내기, 노출하기 등으로 번역하는데, 스스로 동성애자라고 드러낸 사람이 곧바로 동성애 권리운동을 하는 공동체 생활에 가담하는 건 아니다.

이러한 맥락에서 서구에서는 자신의 동성애 정체성을 노출한 후 동성애자들로 이루어진 그들의 공동체에 참여하는 것을 '커밍 인 (coming in)'이라고 부른다.

자신의 동성애 정체성을 노출하는 마지막 대상은 거의 대부분 부모다. 자신의 자녀가, 특히 외아들이 동성애자라면 부모가 경험하는 정신적 혼란은 억장이 무너지는 심정일 것이다. 아들을 통해서만 가계가 계승된다는 가족주의 가치관을 고수하고 있기 때문에 혼란과 분노, 자괴감 등이 심하지 않을 수 없다.

아버지는 물론 어머니도 "내 자식이 동성애자가 될 줄 알았더라면 임신하지도 않았을 것을…" 하고 신세타령을 하고, 자신이 무언가 잘못해서 그렇게 되었다고 생각하기도 한다.

하여간 동성애자가 지금보다도 더 안정된 상태로 살아갈 수 있는가는 부모가 동성애를 어떻게 이해하고 있는가와 관계가 깊다. 사회에서 동성애를 용납하지 않더라도 부모가 자신을 이해해 주는 경우보다도, 사회에서 인정해주더라도 부모가 이해하지 못하는 경우 동성애자들은 심리적 고통을 더 심하게 받고 있는 상황이다.

왜 동성애가 못마땅하게 보이는가? 바로 편견과 고정관념 때문이다. 한 심리학자는 *1972*년 동성애를 싫어하거나 두려워 하는 감정을 동성애 혐오증(homophobia)이라고 했다.

일반적으로 동성애를 이해할 때 단순히 성적인 접촉만을 의식하다 보면, 가계 계승이나 종족보존의 개념과 어긋나기 때문에 그 혐오증을 버리기 어렵다.

혹자는 한국 사회에서 동성애의 용납이 아직 이르다고 생각한다. 자신이 살아있는 한 용납하지 못하겠다는 생각도 바로 혐오증에서 비롯된다.

동성애를 혐오하는 현상은 동성애자 자신들에게서도 나타난다. 왜 하필 내가 이런 성향을 가지고 태어났는가를 원망한다.

과거 남성중심사회에서 딸을 낳고 신세타령을 하는 어머니처럼 동성애자를 미친 사람 취급하는 시대에서 그들은 자신의 동성애 성향이 싫은 것이다.

자신의 입장을 원망하다보니 자신의 능력을 발휘하기는커녕 자신의 정체성도 숨기고 살아가는 이중생활을 한다.

동성애자를 인정해 주는 서구 사회에서도 동성애자만을 표적으로 하는 증오범죄(hate crime)가 아주 많다. 극단적인 동성애 혐오자는 폭력까지 행사한다.

폭력을 행사하지 않는 사람이라도 새로 이사 온 이웃이 나중에 동성애자임을 알게 되면 정든 집이더라도 이사를 가버릴 정도로 싫어하는 사람이 많다. 결국 그 옆집에는 또 다른 동성애자만이 이사를 와 동성애자들의 마을로 변해간 곳이 수두룩하다.

우리나라의 경우 자기 집 근처에 동성애자가 살아도 별 문제가 없다고 답하는 사람이 많았다. 사실 누가 동성애자인지를 모르기 때문에 그렇게 쉽게 답했을지도 모른다.

최근에는 자신이 동성애자임을 전혀 부끄럽게 생각하지 않는다고 말하는 청소년들이 생겨났다. 한 여고생은 "내가 여성에 대한 관심이 많은 것을 보니 동성애자일지 모른다. 그런 생각을 자주 하면서 내가 동성애자라는 믿음이 거의 굳어졌다"고 말했다.

그러나 동성애 성향은 그보다 훨씬 어린 시기부터 나타나는 사람도 있고, 또 청소년기에 동성에 관심을 보인다고 모두 동성애자로 발전하지는 않는다.

실제로 정체성 확인과정은 개인마다 다르며, 생각보다 나중에 알아차리는 경우도 허다하다. 즉 성인이 되기 전까지는 전혀 자신의 동성애 성향을 알아차리지 못하고 살아갈 수도 있다.

후자에 해당되는 자들은 동성애자임을 모르고 결혼도 한다. 또 동성애 정체성을 숨기고 결혼하여 이중생활을 하기도 한다. 어떠한 경우이든 배우자가 동성애자임을 알아차리게 되면 대부분 이혼한다.

이때 자녀 양육문제가 제기되기도 하는데, 일반인들은 어떻게 동성애자가 부모 역할을 제대로 하겠는가 하고 회의적 반응을 보인다. 동성애자와 함께 살아가는 아이도 동성애자가 된다고 생각하기 때문이다.

최근 동성애자 밑에서 살아가는 아동이 실제로 동성애자가 되는 확률과, 일반 부모 밑에서 살아가는 자녀가 동성애자가 되는 확률에서 차이가 없다는 연구결과가 나왔다. 이를 계기로 동성애자들은 자신들도 아이를 입양해서 키우고 싶다는 주장을 한다.

부모와 함께 살더라도 정상적인 부모 역할을 하지 못하는 상태에서 자라는 아동들이 의외로 많다. 툭하면 폭력을 일삼거나 싸우는 부모 때문에 집에 들어가기 싫어하는 아이들은 따뜻한 가정을 원한다.

여러 문화권에서 그들의 주장을 받아주고 있다. 동성애자라도 따뜻한 가정을 꾸려주는 양부모가 된다면 아이에게는 더 윤택한 삶을 추구할 수 있다는 결론에 도달했기 때문이다.

20세기 중반까지 서구 사회에서는 동성애자들이 수많은 핍박을 받아왔다. 연구자들에게는 '유전되었을 것이다,' '부모와의 관계에서 어떤 문제가 있었을 것이다' 등 탐구의 대상이 되었다.

또 '어린이를 키울 수 있는 부모의 역할이 가능할까' 라는 고정관념 때문에 이혼 후 자녀의 양육권을 빼앗긴 동성애자도 많았고, 다른 사람의 업무 수행에 차질이 생긴다는 이유로 해고당한 군인이나 직장인도 많았다.

최소한 1980년대 이후부터 동성애 원인을 규명하는 연구는 별로 호응을 얻지 못하고 있다. 아직도 그 원인을 믿을 만하게 규명하지는 못했지만, 이 문제가 정확히 밝혀지려면 어느 정도의 시간을 필요로 할지도 알 수 없다.

혹시 나중에 선천적으로 결정된다고 확증되는 날이 오면, 그 동안 그들이 받아온 핍박을 보상받을 길이 없다. 하여간 동성애 지향은 전형적으로 모체 내에서부터 발달하기 시작하며, 그 성향이 형성·발달하게 될 경우 나중에 거의 변화되지 않는다고 보는 견해가 지배적이다.

그 동안 우리에게 비추어진 동성애자의 모습은 매우 추했다.

서구의 영화에서처럼 상대를 만나기 위해 길거리에서 배회하거나 여자처럼 분장한 남성 동성애자의 치장, 우리나라의 TV 화면을 통해서 보도된 유흥업소 종사자나 할일없는 사람처럼 보이는 모습 등이었다.

이러한 선입견이 동성애를 제대로 이해하지 못하게 만들고 있다.

그렇지만 동성애자를 인정하는 것과 동성애를 미화시키는 것은 다르다. 고대 그리스나 로마문화권에서는 미화시켰지만, 20세기 후반에 들어와 동성애를 이해하는 분위기는 그들을 인정하는 것이지 동성애를 미화하는 것은 아니다.

한쪽 귀고리의 당당한 선언

　내적인 미를 추구하는 일에만 몰두하는 사람도 있지만, 많은 사람들은 이와 더불어 외적인 미도 추구하면서 살아간다.

　가치관의 차이에서 비롯되지만, 외적인 미에 민감한 사람일수록 조금이라도 더 아름답고, 멋있고, 섹시하게 보이고 싶어서 의복이나 화장, 머리염색, 성형수술은 물론 귀고리나 목거리 등 장신구를 동원해서 자신의 아름다움을 최대한 알린다.

　평등 문제를 요즘처럼 거론하지 못했던 20세기 중반까지는 외적인 미를 가꾸는 일은 보통 여성들의 몫으로만 이해되었다. 또 대다수 남성들은 재력이나 권력, 학력을 기반으로 외적인 미가 뛰어난 여성을 소유하기 위해 힘을 썼다.

　그래서 남성들에게 잘 보이기 위해서 스스로 치장을 하는 여성들도 있었고, 아름다운 여자를 소유했음을 과시하기 위해서 일부 남성들은 부인에게 화려한 치장이나 성형수술을 요구하기도 했다.

　근래에는 양상이 좀 달라지고 있다. 외모와 치장에 꽤 시간과 에너지를 투자하고 있는 남성들이 부쩍 늘고 있다. 특히 귀고리를 하고 다니는 남성들이 최근 부쩍 늘고 있다. 연예인이나 운동선수, 대학생을 비롯한 여러 젊은 남성, 심지어는 기혼 남성들도 귀고리를 하고 다닌다.

　물론 고대사회에도 귀고리를 하는 남성들이 있었다. 그렇지만 당

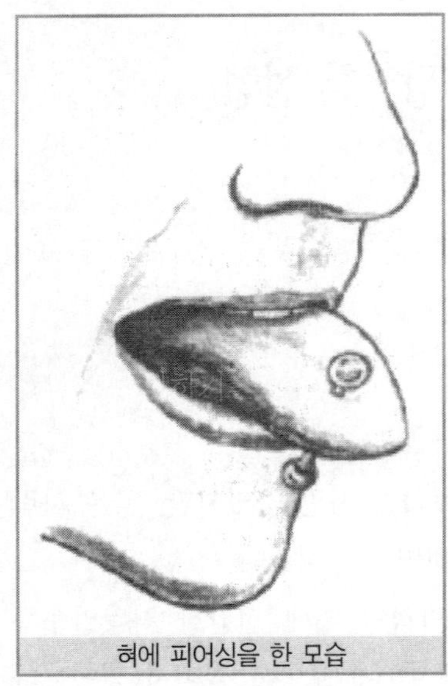
혀에 피어싱을 한 모습

시에는 귀고리가 귀족이나 통치자 신분임을 드러냈다는 점에서 요즈음 남성들이 귀고리를 차고 다니는 것과 구분된다.

최근 남성들의 귀고리 착용은 양쪽 귀가 아니라 한쪽 귀에만 찬다는 점에서 역시 과거와 구분된다.

한쪽 귀에만 귀고리를 하는 행위는 20세기 중반 남성 동성애자들에 의해서 시도되었다. 자신들의 동성애 정체성을 다른 동성애자가 쉽게 알아차릴 수 있도록 하기 위한 수단이었다.

어느 쪽에 차는가에 따라서 자신의 역할이나 기호를 나타내주었다. 남자의 역할을 하는가, 아니면 여자의 역할을 하는가를 알려주었다.

물론 귀고리로 신호하는 방법이 시도되기 전에는 열쇠고리를 허리춤에 차고 다녔다. 그런데 열쇠를 허리에 차면 분실의 위험이 적고 편리해 동성애자가 아닌 사람들도 차게 되면서 이미 자신들의 신호 체제로서 의미가 사라졌다.

아직도 아랍과 같은 일부 문화권에서는 한쪽 귀고리를 차고 다니는 남성을 동성애자로 오인하고 있기는 하지만, 남성들의 귀고리 착용은 유행과 더불어 이미 동성애자의 의사소통 수단과 거리가 멀어졌다.

남성들에게 왜 귀고리를 차고 다니는가 동기를 물으면 멋있게 보이기 때문이라고 답하지만, 이는 외적이 아닌 내적인 멋의 추구와 관련이 더 크다.

　남들이 하지 못하는 행위를 시도했다는 것은, 즉 보통 남자와는 좀 다르게 외적인 미를 추구하려는 것은 바로 영웅심리에서 비롯되었다. 그들은 영웅들이 득실거려 모두 보통 남자로 취급받는 걸 두려워한다. 그때에는 귀가 아닌 다른 신체부위, 즉 코나 입술, 혀, 젖꼭지, 심지어 생식기 부위 등에 구멍을 뚫어 고리를 차고 다니는 행위를 시도하게 된다.

생식기 형태로도 성구별 못한다

여성에게 참정권이 주어지기 시작한 시기는 *1920*년대이다. 그렇지만 그보다 거의 *80*여 년 전 투표에 참가했던 여성이 있었다.

미국 코네티컷주 샐리스버리라는 도시에 거주하던 슈이댐이라는 여성은 *1843*년도 지방자치 선거의 투표에 참여했다. 당시 남성으로 알려진 슈이댐은 현재 공화당의 전신인 휘그(Whig)당 청년당원이었다.

민주당에서는 여성적인 체형의 소유자라는 이유로 슈이댐이 투표에 참여해서는 안된다고 주장하였다. 휘그당에서는 지방선거관리위원회에 남성인 슈이댐이 당연히 투표에 참여할 수 있어야 한다고 청원하였다.

이 문제를 해결하기 위하여 위원회에서는 권위있는 의사에게 그의 성별 확인을 의뢰하였다. 의사는 슈이댐에게 바지를 내리도록 요구한 후 곧바로 다시 올리라고 했다. 그리고 크기는 좀 작은 편이었지만 외부 생식기를 토대를 남자로 판정하였다.

슈이댐은 투표에 참여할 수 있었고, 휘그당은 선거에서 한 표 차로 승리했다. 그러나 투표가 끝난 뒤 며칠 후 그 의사의 진단이 오류였음이 드러났다. 슈이댐에게 월경 현상이 규칙적으로 나타났기 때문이다.

슈이댐의 투표권이 나중에 무효화되었는지, 또 선거결과가 번복되었는지는 알 수 없지만, 이 사례는 성별 결정이 애매한 상태가 존재

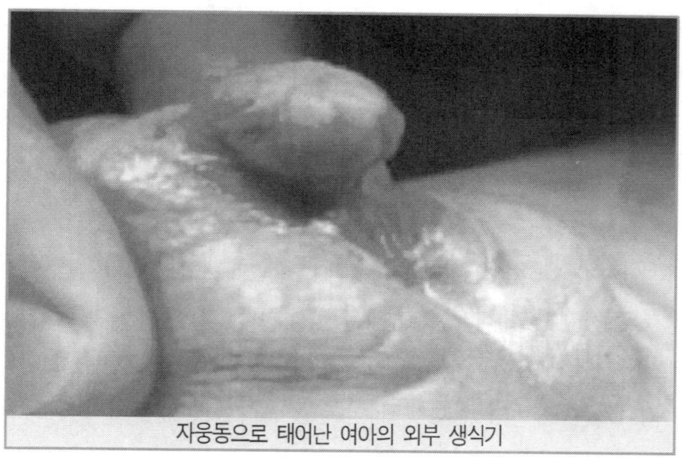

함을 말해준다.

유전적 성별은 수태의 시점에서 성염색체 조합으로 결정된다. 그렇지만 수태 당시의 염색체 결합이 성별을 결정해 주는 최종 요인은 아니다.

성염색체의 결합이 정상적으로 이루어졌을지라도 성별의 결정은 태아상태의 발달과정에서 영향을 받게 된다. 태아는 자신의 성별에 적절한 성선을 수태 후 약 6주 경부터 발달시켜야 한다.

만약 그렇지 못하면 수태 당시의 유전적 성별과 일치하지 못하게 된다. 슈이댐과 같은 사례의 발생은 매우 드문 편이지만, 고대로부터 최근에까지 여러 문헌에 소개되어 왔다.

생물학적 차원에서 이러한 경우를 '자웅동체형(hermaphroditism)'이라고 표현한다. 이는 그리스 신화에서 헤르미즈(Hermes)와 아프로디테 사이에 태어난 아들이 15세 경 자신이 동경하던 요정의 몸과 혼합되어 남녀가 반반이었다는 이야기에서 비롯되었다.

사실 남녀의 생식기관은 초기에는 동일한 조직에서 출발한다. 태아 초기에 발생한 오류 때문에 성 구별이 애매해지거나 외부 생식기가 반대의 성으로 발달하여 태어난다면 그 당사자나 가족에게는 위기가 아닐 수 없다.

그러한 개인에게 정서적 문제를 덜어주기 위하여 초창기 한쪽 성별로 교정해 주는 것이 가능하다. 물론 그러한 치료는 사실상 외부 모습을 근거로 하기 때문에 염색체의 유전적 구조와 상관없이 결정된다.

1997년 미국 CBS방송국에서는 인간의 신체에 대한 의학 다큐멘터리를 제작할 때 공개적으로 애매한 생식기를 지닌 채로 태어난 사람을 찾기도 했다. 이러한 사례의 존재가 인간의 성별을 단순히 남녀로만 이분시키는 기존의 성염색체 이론을 위협했기 때문이다.

남자로 대학 다닌 후 여자로 대학원 입학

미국 노스캐롤라이나주의 한 주립대학에서 발생한 일을 하나 소개
한다.

학부 졸업 후 몇 년만에 20대 후반의 나이로 대학원에 다니던 한
여성이 여학생 기숙사에 장기 근무가 보장된 조교(resident assistant,
RA라고 부름)로 취업했다.

그녀는 심리학을 전공하고 있어서인지 기숙사생들의 고민도 잘 들
어주는 등 꽤 인기높은 생활을 했다. 그런데 조교생활을 시작한 지 1
년 정도 지났을 무렵이던 1995년 그녀에게 위기가 닥쳤다.

키는 크지만 빼빼 마른 몸매의 그녀가 남자일지 모른다는 소문이
나돌았다. 학교측은 진상을 조사하게 되었다. 대학을 다닐 적에는 남
자, 그리고 대학원 진학은 여자로 한 것을 확인했다.

대학 당국은 그녀에게 성전환 수술을 통해 완전한 여자로 변신한
상태인가를 확인하는 증명을 요구했다. 그녀는 아무도 자신의 성별
을 증명할 의무가 없다는 이유로 이를 거부했다.

그녀는 대학 졸업 후 지난 7년 동안 여성이 되려고 상담과 호르몬
치료를 받고 있는 도중이었지만, 그때까지 성전환 수술을 받지 못한
상태였다. 그녀는 당시까지 언젠가는 수술을 해야겠다고 생각하고
살아왔다.

다시 말하면, 호르몬 치료로 몸매가 여성처럼 달라지긴 했지만, 남

성전환을 풍자한 만화

성의 생식기가 그대로 남아 있는 상태였다. 결국 학교 당국은 그녀가 신분을 여성으로 위장하고 취업한 남성으로 판결하고서 조교 직책에서 곧바로 해고하였다.

학교 당국은 그녀의 해고에 대해서 개인적인 비밀에 해당된다면서 아무런 논평을 하지 않았다. 해고 이후 그녀의 입장을 지지하는 단체나 그녀 자신도 해고가 차별에서 비롯되었다고 믿었지만, 소송까지는 제기하지 않았다.

변호사에게 상담한 결과 소송비용이 많이 들고, 또 노스캐롤라이나주에서는 성전환자가 차별금지의 보호를 받지 못해 승산이 거의 없음을 알았기 때문이었다.

또 과거 다른 직종에서 성전환을 이유로 해고당한 사람이 승소하지 못했던 사례가 있었고, 자신도 남근을 그대로 둔 채 여성으로 행세한 건 분명히 세인을 혼동시켰다고 생각했기 때문이다.

하등동물의 경우 성별이 자연적으로 바뀌는 종이 존재하지만, 사람의 경우 인위적으로만 성별을 바꿀 수 있다.

기록상 *1920*년대 유럽지역에서 최초로 성전환 수술이 이루어졌다. 그로부터 수십 년 동안 유럽 지역에서 개최된 운동경기 및 올림픽경기에서는 여성으로 변신했을지도 모르는 소련이나 동구권 선수들의 기량 문제가 시비거리가 되기도 했는데, 그 후유증이 아직도 남아 있다.

다행히 *1970*년대의 올림픽 경기부터 성별검사가 제대로 이루어지기 때문에 성전환이 운동경기에서 더 이상 악용되지는 않고 있다.

물론 어떤 사람들은 선천적으로 자신의 신체기관에 아무런 문제가 없음에도 불구하고 자신의 생물학적 성별에 대해서 불만을 지니고 살아간다.

그들 중 일부는 수술을 통해서 반대의 성으로 살아가는데, 그들을 위하여 구미의 여러 나라들은 1970년대와 80년대 성전환 수술을 합법화시켰다. 대만과 같은 아시아 국가들도 이에 동참하고 있다.

그러나 합법화된 상황에서도 수술 이후 그들의 생활에 제한이 없는 건 아니다. 거의 40년간 남성으로 살아온 한 테니스 선수는 1978년 여성으로 전환한 뒤 뉴욕에서 US 오픈 테니스 경기에 출전하기 위한 소송에서 이겼지만, 윔블던 선수권대회에 출전하겠다는 요청은 남성적인 이점이 있다는 이유로 거부당했다.

최근에도 그런 일이 발생하기도 했다. 호주에서 1999년 여자 아마추어 골프대회 결승전에 패한 자가 6척 장신인 우승자의 성전환 수술 사실을 거론하면서 이의를 제기했지만, 호주여자골프연맹에서는 법적으로 하자가 없다고 답해 버렸다.

또 서구에는 성전환 수술 사실을 숨기고 결혼했다가 배우자와 헤어진 커플들이 간혹 나타나는데, 이와 유사한 사례가 우리 문화권에도 있었다.

1990년대 말 한 노총각의 사례가 바로 그것이다. 폰팅으로 알게 된 여성과 결혼까지 약속했는데, 나중에 고백하기를 돈이 부족하여 아직 성전환 수술을 받지 못한 상태임을 알려와 허무에 빠진 것이다.

간혹 자신의 성별에 적응을 하지 못하여 세 차례 이상이나 성별을 바꾼 사례들도 존재한다. 심지어는 고의적으로 유방과 남근을 동시에 보유한 기괴한 형태의 사람들까지 생긴다.

우리나라에서도 성전환 수술이 적잖게 이루어지고 있지만, 그렇다고 법적으로 성별이 쉽게 변경되는 것은 아니다. 태내에서 염색체 상의 성별이 제대로 분화되지 못했던 자에게 수술 후 원래의 생물학적 성별로 되찾아준 판례가 1990년 초에 있었을 뿐이다.

여장 남자 '드랙 퀸'의 심리학

미국 영화배우 더스틴 호프만(Dustin Hoffman)이 주연으로 등장한 영화 중 *1982*년에 개봉되었던 〈투씨(Tootsie)〉라는 작품이 있다.

외모를 완전히 여성으로 변신시킨 남자 주인공이 TV스타가 되면서 일어나는 여러 가지 생활사를 희극적으로 묘사한 영화였다.

단순히 이성의 의복만을 착용하고 있는 행위(transvestism, cross-dressing)는 얼굴 등의 외모를 토대로 원래의 성별을 추정할 수 있다. 서양에서는 여성의 옷을 즐겨 입는 남성들이 연령이나 직업 등 어느 계층에서나 존재한다.

그들 중에서 동성애 성향을 보이는 자들은 매우 드문 편이다. 또 그들은 대부분 다른 사람들이 보지 않는 상태에서 여자의 옷을 입고서 즐거워한다.

여자의 옷을 입고서 만족을 찾는 행위 자체는 정신질환에 해당되지 않기 때문에 치료할 필요가 없지만, 그들 중의 일부는 여자의 옷을 입고자 하는 강박적인 충동이 커서 스트레스를 심하게 받고 살아간다.

그러나 위 영화 속의 주인공처럼 이성의 복장을 착용하는 단순한 행위는 물론 외모를 이성처럼 위장하여 살아가고 있다.

자신의 생물학적 성별을 타인에게 혼동시키는 행위는 대부분의 문화권에서 고대로부터 관습이나 규율로 금지되고 있다. *15*세기 초반 프랑스의 성녀 잔다르크(Joan of Arc, Jeanne d'Arc, *1412~31*)가 이교

영화배우 에디 머피와 드랙 퀸 / 에디 머피는 1997년 5월 경찰의 검문에서 조수석에 옆 사진의 드랙 퀸을 태우고 있다가 곤욕을 치루었다.

도로 재판받을 때 그녀를 구속했던 주요한 이유들 중 하나는 머리형 태나 복장을 남성처럼 하고 다니면서 평화와 질서를 위반했다는 것 이었다.

신분노출로 인한 피해를 줄이기 위하여 전쟁 도중 피난길에 오르 기도 했던 과거 조선의 여인들 중 신분이 높은 부녀자들은 잔다르크 처럼 남장을 하고 다녔다.

그렇지만 화장이나 머리단장 등 외모를 이성으로 위장하는 자들은 위 영화의 주인공처럼 대부분 남성들이다. 이들은 여성으로 변신을 꾀했기 때문에 드랙 퀸(drag queen)이라고 일컬어진다.

간혹 드랙 퀸으로 살아가는 남성들의 일부가 적절한 직업을 구하 지 못하고 동성애자들을 상대로 매춘의 길로 접어들다 보니 마치 그 들이 동성애자인 것처럼 오인되는 경우가 많다.

그러나 드랙 퀸들 중에서 실제로 동성애자가 차지하는 비율은 매 우 낮으며, 또 동성애자들 중에서도 드랙 퀸처럼 자신의 성별을 위장하고 살아가는 비율도 매우 낮다.

물론 동성애를 심하게 억압하는 문화권에서 살아가는 일부 동성애자들은 자신의 동성애 정체성을 감추기 위한 수단으로 드랙 퀸처럼 성별을 위장한다. 그러나 그들은 드랙 퀸의 행위 자체에서 만족을 얻지는 않는다.

반면 실제의 드랙 퀸은 이성처럼 가장하는 행위 자체에서 성적으로 흥분과 만족을 느낀다. 남들이 자신들의 성별을 오인하는 상황에서 여성처럼 변장한 자신의 모습 속에 남근 및 고환이 숨겨져 있다는 은밀한 사실로부터 스스로 쾌락이나 만족을 얻는다.

또 숨겨져 있는 은밀한 부분을 보면서 즐기는 사람도 없지 않다. 예를 들면, 〈베벌리 힐스 캅〉에서 주연을 맡았던 에디 머피가 바로 그런 행위를 즐기는 것으로 알려지기도 했다.

드랙 퀸들은 이성처럼 변신하고 싶어하는 충동이나 행위가 방해를 받게 되면 쉽게 좌절을 경험하거나 욕구불만에 쌓이게 된다.

그들의 행위가 성적 흥분을 목적으로 나타난다고 하더라도 정신분석학에서는 이를 단순한 성적 장애가 아니라 자아감의 장애로 해석한다.

아동기 시절의 풀리지 못한 격리불안에 기인한 자아의 분열 때문에 자신을 혐오하고, 또 자신에 대한 수치감이나 죄의식이 팽배하여 알코올 중독이나 심한 우울증, 자살에 이르기도 한다.

내시도 발기한다

　　남성이 범죄를 저지를 경우 처벌수단으로 거세를 시키는 형벌은 여러 문화권에 존재해 왔다. 서구에서는 이집트 문명시대에도 거세형이 존재했다고 할 정도로 거세형의 역사는 생각보다 오래되었다.

　　근대 유럽지역에서도 상습적으로 성범죄를 저지른 남성들에게 거세를 하기도 하지만, 고대 로마에서는 범죄의 유형과 상관없이 거세형이 유행하기도 했다.

　　예를 들면, 도미티아누스(Domitian, *81~96* 재위) 황제는 자신이 간통이나 음란한 생활로 유명했던 자였지만, 마음에 들지 않는 남성들의 음경을 불태워버린 잔인한 형벌을 내렸던 인물로도 유명하다.

　　거세형은 고대 중국에서도 유행하였다. 중국에서는 최소한 기원전 *1400*년 경에도 거세수술을 받은 내시(환관)들이 궁궐에 거주했다. 거세의 역사만큼 내시의 역사도 중국처럼 오래된 나라가 없다.

　　중국 황실의 환관은 원래 궁형을 받아 거세된 남성만이 될 수 있었다. 『사기(史記)』를 저술한 사마천, 종이를 발명한 채륜 등이 바로 환관 출신이었다.

　　그 뒤 궁형제가 폐지되자 스스로 거세를 받고 환관이 되려는 자들도 생겨났다. 그 이유는 왕과 가까운 환관들을 매수하려는 사람이 많아서 환관이 되면 쉽게 부를 취할 수 있었기 때문이었다.

　　결국 환관을 선발할 때마다 가난한 농촌 소년들이 몰려 경쟁률이

치열했다. 일단 선발되더라도 그들에게 후회하지 않겠는가를 먼저 묻고 나서 그렇다고 답할 경우 남근과 고환을 제거해 버렸다.

절단된 부위는 선임 환관으로부터 확인을 받은 후 용기에 넣어 귀중하게 보관하며, 사망했을 때 관 속에 함께 넣어 준다. 저승의 신들에게 그가 본래 완전한 남자였음을 알려주기 위해서였다.

왕이 수많은 궁녀를 거느릴 수 있었던 것도 환관들 덕분이었다. 왕을 제외한 다른 남성들은 왕족이더라도 궁녀들의 처소에 함부로 드나들지 못했다.

그러나 환관들은 예외였다. 그들은 왕이 부를 때마다 곧바로 달려갈 수 있도록 왕과 가까운 곳에서 거처했다.

또 그들은 밤에도 궁녀들의 처소를 드나들며 정조를 감시해주는 역할을 했다. 그들은 왕이 가장 신임하는 탐정임과 동시에 왕의 약점도 가장 잘 아는 위치에 있었다. 특히 외부와 접촉이 차단된 채 자라고 있는 왕자에게 어려서부터 자신의 생각을 주입시켰던 환관은 왕의 약점을 누구보다도 더 잘 알고 있다.

어린 왕자에게 술이나 여자를 알게 하면서 도덕적으로나 성적으로 문란한 생활을 가르쳤던 환관은 왕자가 왕이 될 때부터 권세가 마치 자기 손아귀에 있는 것처럼 행동하기도 했다. 그래서 환관들은 정치의 내면에 깊숙이 개입하기도 했다.

환관들은 왕의 은총을 받아보기 위해 노력하는 일부 궁녀들과 결탁하기도 한다. 이러한 역할 때문에 환관들은 아첨이나 비열, 오만의 대명사로 여겨졌다.

환관들은 또한 신체적 특성 때문에 조롱을 받기도 했다. 사춘기에 접어들기 전에 거세되면서 남성 호르몬의 영향을 제대로 받지 못했기 때문에 그들은 다른 사람들과 쉽게 구별되었다.

우선 목소리부터 다르다. 물론 18세기 유럽 오페라 극장에서는 아동기 당시 거세된 남성이 소프라노 음성을 유지할 수 있어 우상화되기도 했다.

그후 이러한 행위는 제약받기 시작했는데, *1878*년부터 로마교황청의 성가대에는 거세된 남성이 참여할 수 없도록 하였다.

또 환관들은 체모도 영향을 받아 수염이 나지 않는다. 그들은 역시 멀리서도 알아차릴 수 있는 독특한 걸음걸이를 보여준다.

두 발을 가깝게 붙이고서 또 짧은 보폭을 유지하면서 움츠리며 걸어가는 모습은 신체적인 결핍 때문이었는지, 아니면 환관들은 원래 그렇게 걸어야 했었는지는 정확히 알 수 없다.

좀더 결정적인 신체적 특성은 성 기능의 상실이었다. 그러나 남성에게 고환만 제거시킬 경우 종족보존의 능력은 상실하더라도 발기능력이나 성욕까지 사라지지는 않는다. 그런데 거세를 당한 남성이 발기도 되지 않는 척, 성욕이 전혀 없는 척하고 살아가면 다른 사람들은 속을 수밖에 없다.

궁궐에서 왕을 위해 궁녀들을 관리하기 위한 수단으로 거세를 했어도 오히려 마음놓고 궁녀들을 농락한 내시들이 아주 많았다. 바로 이 점이 동물과 다르다.

중국의 환관들은 대부분 남근까지 절단했지만, 우리나라에서는 고환만 제거된 환관들이 많았다. 또 그들은 뇌물을 받을 수 있는 위치에 있었다.

야사에 의하면, 조선시대의 선비들중 관직을 얻어내기 위하여 내시를 이용한 사람들이 많았다. 궁녀들의 애인이고 왕을 가까이 모신 내시들에게 딸을 하룻밤 바치면서 출세를 했던 자들은 내시들의 성욕을 이해하고 있었다.

그럼에도 불구하고 우리나라 환관들의 생활은 전혀 성교의 경험이나 성욕이 없는 존재처럼 잘못 이해되었다.

변태의 세계

성기 노출 — 금기를 깨는 스릴

중학교 다니는 남동생과 같은 방에서 지내는데, 어쩌다 급할 때 등을 돌리고 셔츠를 갈아입는다. 그때 가끔 다른 남자 앞에서 옷을 벗는 내 모습을 상상해보면서 야릇한 기분과 함께 흐뭇한 느낌이 들기도 한다.

한 젊은 여성이 고백한 말이다.

자신의 신체나 성 기관을 공공 장소에서 노출하는 행위는 사회적으로 금기되어 있다. 그러나 의복 속에 감춰진 성 기관을 타인에게 노출하는 환상에 빠져본 경험을 해본 사람은 적지 않다. 단순한 환상에 불과할지라도 사회적 금기를 깬 행위에 해당되므로 스릴을 맛볼지도 모른다.

우리 주변에는 실제로 신체 일부를 노출하고 싶은 욕구를 간접적으로 드러내는 사람들이 수두룩하다.

옷 갈아입을 때 창문을 일부러 열어 놓는 사람, 일부러 속옷을 안 입고 다니는 여성, 어깨나 목이 파진 옷을 즐기는 사람, 성기 앞부분이 부풀어 보이는 바지를 입거나 가슴에 돋아난 털이 보이도록 단추를 잠그지 않는 남성 등이 그 예이다.

아마 서구를 여행한 사람이라면 상반신을 노출한 채로 해변가나 학교 강의실 옆의 풀밭에 엎드려 일광욕을 즐기는 여성들을 쉽게 보았을 것이다.

동물과 달리 인간의 문명 창조는 타인에게 본능을 함부로 자극시킬 수 있는 성 기관을 가리면서 시작되었다. 감추어진 성기 등을 함부로 노출할 때 수치심과 불안감, 죄의식에 사로잡히도록 인간의 내적 성향이 발달하였다.

남성 위주의 문화권에서는 남성이 여성을 자극한다고 생각하지 않고, 여성이 성적으로 남성을 더 자극한다고 규정한다.

그러한 이유로 여성은 유혹했다는 오해를 받지 않기 위해서 여러 부위를 가리고 살아왔다. 그러나 문화권마다 신체 어느 부분이 상대방의 성적 본능을 자극시키는가의 관점은 조금씩 다르다.

우리 문화권에서는 여성이 남성을 자극시킨다고 믿어 왔으므로 다리를 가지런하게 모으고 앉아 있어야 한다. 그렇지 않는 여성은 상대방의 말초신경을 건드리는 망측한 여자가 되었다.

일반적으로 상대방을 자극하는 신체 부위를 노출하는 사람은 사회에서 요구한 규범을 어긴 대가로 수치심을 느끼므로, 그 신체 부위를 '치부'라고 한다.

또 타인의 치부를 우연히 본 사람일지라도 규칙을 어기도록 자극(유혹)받았으므로 민망스러움과 불안, 놀라움을 금하지 못한다. 그러나 인간의 내적 성향의 발달에는 또 다른 모습이 내포되어 있다.

즉 어떤 내용이든지 관계없이 무언가를 '규제' 혹은 '금지'하면, 이에 대하여 반발하고 싶은 욕구가 도사리고 있다. 그래서 고의로 치부를 노출시키면서 사회 규칙을 어기고 싶어하며, 그와 같은 행위나 환상을 통해 짜릿한 쾌감을 얻기도 한다.

이를 보는 사람은 유혹을 당하는 불안보다도 상대의 치부를 보았다는 것 자체를 즐거워하기도 한다.

사회 구성원들이 실제 반발의 욕구를 심하게 표출하면 어떠할까?

아마 표출이 심하면 심할수록 치부의 노출 행위에서 수치나 불안을 느끼지 못하게 된다. 나아가 그러한 행위로 인한 쾌감까지도 줄어들게 된다.

예전에 중국인들은 여성의 맨발을 치부로 여겼기에 보면 안된다고 했지만, 요즈음 중국인들은 여자의 발을 쳐다보고서 불안해하거나 민망해 하지도 않으며, 쾌감도 얻지 못한다.

같은 맥락에서 여자 운동선수가 남성들처럼 경기가 끝나자마자 관중에게 유니폼 상의를 벗어 던져버리는 행위를 자연스러운 것으로 받아들인다면, 여성의 젖가슴은 더 이상 성적 관심의 대상이 되지 못할 것이다.

우리 문화권은 남녀의 치부를 서구에 비해 더 수치스러운 부위로 여기고 있음에 틀림없다. 공중 목욕탕에서도 성기 부위를 가리지 않으면 어색해 하는 사람이 꽤 많으며, 미니 스커트나 배꼽티를 입은 여성을 못마땅하게 여기는 사람도 있다.

그래서 자신의 성 기관이나 신체를 노출시켜 상대에게 기쁨을 주기보다는 놀라움이나 불안감을 조성하는 사람도 생겨난다.

유감스럽게도 그러한 사람들은 거의 대부분 남성이다. 그래서 중·고교나 대학교에 다닐 때 바지를 벗어 내리면서 성기를 노출시키는 남성을 한번도 구경하지 못한 여성은 무척 드물다.

반면 그들을 목격한 남성은 매우 드물다. 남자들 앞에서는 그런 행동을 하지 않기 때문이다.

엄마에 대한 아빠와 아들의 경쟁

노출을 시도하는 남성들은 보통 악의가 없이 행하는 부류와 악의를 지니고 행하는 부류로 나누어진다. 두 부류 모두 여성들에게 불안, 호기심, 수치심, 놀라움, 무서움 등을 비롯하여 비정상적인 남성의 이미지를 심어준다.

여성에게 악의가 없었던 한 남성을 K라 하고, 그의 문제를 프로이트의 관점으로 분석해 보자.

K는 보통의 사내들처럼 어려서 아빠보다도 엄마를 더 좋아했다. 프로이트에 의하면, 아이들은 만 3세에서 5세 사이 자기의 신체적 구조가 이성과 다름을 인식한다.

그 나이가 되면 생후 최초로 이성에 대한 관심이 생기기 시작하는데, 그 대상은 자기와 가장 가까운 사람 중에서 선택된다. 그렇다면 남아에게는 엄마가, 여아에게는 아빠가 그 대상이 된다. 이를 근친상간의 성적 욕망이라고 부른다.

엄마를 좋아하는 K나 그 또래의 남아들은 엄마가 아빠의 연인임을 알고서 고민한다. 사내아이는 엄마를 상대로 아빠와 경쟁하는, 소위 삼각관계에 빠지게 된다.

그래서 혹시라도 자신이 엄마를 좋아하는 것을 아빠가 기분 나쁘게 생각하지 않을까 두려워한다. K와 같은 아동이 스스로를 아빠보다 힘이 센 존재라고 생각했다면, 그런 염려는 하지 않았을 것이다.

어느 날 K는 평상시처럼 애교를 부리면서 엄마 젖가슴을 만지고 있었다. 엄마도 K의 그런 행위를 도저히 용납할 수 없는 행동이라고는 생각하지 않았다.

그런데 퇴근 후 집에 돌아온 아빠가 이 광경을 목격한다. 아빠는 "아니, 이 녀석이 아직도 엄마 젖을 만지고 있네"하면서 호통쳤다.

깜짝 놀라 엄마 가슴으로부터 손을 뺐지만, 곧바로 이어지는 아빠 목소리가 K의 머리 속에 강하게 입력되었다.

"아빠가 오늘은 용서를 하지만, 한 번만 더 그러면 고추를 딱 잘라버릴 테니 그리 알아라!"

그 소리를 듣고서 K는 아빠가 더 무서워진다. K는 자신이 엄마를 좋아하고 있음을 아빠가 눈치챈 것으로 생각했다. 그리고 이제부터라도 아버지로부터 해를 당하지 않으려면 조심해야겠다고 다짐한다.

그렇지만 K가 엄마를 좋아하는 감정은 쉽게 수그러들지 않는다. 양가 감정이 생기게 된다.

다음날부터 아빠가 출근한 후 엄마에게 애착을 느낄 때마다 K는 '이러다가 고추가 잘려져 나가는 벌을 받지나 않을까' 하는 불안이 함께 나타난다. 물론 K와 같은 나이 또래들에게는 이런 불안감이 어느 정도 공통적으로 나타나는 게 정상이다.

그러면서도 기회가 생기면 엄마 젖가슴을 만지고 싶어한다.

엄마가 아빠에게 말하지 않는 조건이라면 언제든지 마음놓고 엄마 젖을 만진다.

단 엄마가 화가 난 경우나 엄마 말을 잘 듣지 않았다고 생각될 때는 혹시 아빠에게 사실대로 얘기할지도 몰라 불안해진다.

대부분의 아동들은 커가면서 엄마, 아빠, 그리고 자신의 관계를 이해하면서부터 그 불안이 자동적으로 줄어들게 된다. 그러나 간혹 아동기에 그러한 불안이 너무 심했을 경우 성장한 후에도 그 불안에 대한 후유증이 나타난다.

그 후유증의 발생 여부는 아동과 부모의 관계가 어떠했는가에 달려 있다.

예를 들면, 어머니에 대한 소유욕이 강한 아버지의 진솔한 감정이 아들에게 곧바로 전달되는 경우가 그렇다. 쉽게 말하면, 아이가 생기면서 아내를 아이에게 빼앗겼다고 생각하는 경우를 말한다.

또 남편과의 관계가 좋지 않은 엄마가 아이에게 지나친 애착과 집착을 갖는 경우도 아이의 불안감이 심해진다. 불안감이 심하더라도 그 아이가 성년이 되기 전까지는 인간관계 및 사회 적응에 별다른 문제를 보이지는 않는다.

그러다가 생물학적 성숙이 거의 완료된 성년기부터 후유증이 나타나기 시작한다. 자극을 받을 때마다 불안감이 도지게 된다.

성년이 된 K는 길을 걷다가 '소변금지'라는 문구와 함께 '가위'가 그려져 있는 담벼락 옆을 지나칠 때 못내 불안해 하였다. 그로부터 K는 '내 고추는 그대로 남아 있는 것일까' 하는 불안에서 며칠씩 헤어나지를 못했다.

결국 그는 여학교 주변을 하나 선택하여 학생들이 잘 다니는 골목으로 가 바지를 내려보았다.

여학생들은 이상한 남자가 나타났다면서 놀라 소리를 질러대며 도망쳤다. 괴성과 함께 놀라 당황하는 여학생들을 보며 K는 비로소 안도의 한숨을 내쉰다. '아직 고추가 잘리지 않았구나' 하는 검증이 끝난 셈이다.

그후 그는 곧바로 그곳을 떠나 버린다. 하지만 그러한 안도감은 오래가지 못한다. 또 다른 자극을 받을 때마다 다시 불안을 느끼게 되기 때문이었다.

길을 걷다가 아버지가 전에 쓰던 것과 비슷한 모자를 쓰고 다니는 사람만 보아도 불안해진다. 그럴 때마다 불안감을 극복하기 위해 다시 어떤 장소를 택하여 노출을 시도해야만 한다. 그렇지 않으면 다른 생활을 제대로 못할 것같아서…

K와 같은 남성들은 여성을 사귀는 것도 불안하다. 이들은 여성에게 먼저 접근하기도 하지만, 만약 그녀가 다가오면 '내 고추는 이미 잘렸는지도 모르는데' 하면서 불안을 느끼므로 그들 관계의 지속은 쉽지 않다.

또 자신이 접근할 때 그녀가 거부반응을 보이면 '내가 이미 거세되어서 그렇구나' 하면서 당혹스러워 하기도 한다.

K와 같은 남성들은 여성들 앞에서 성기를 노출시키면서도 공격적인 행위는 별로 하지 않는다. 또 성기가 발기되지도 않는 편이다. 단지 그들은 노출행위를 통해 여성들이 놀라는 반응을 눈으로 보고 확인하는 것만을 필요로 하는 것이다.

그런데 이러한 상황에서 다른 문제가 발생할 가능성도 있다.

만약 자신의 노출을 보고도 여성들이 아무도 놀라는 반응을 하지 않는다면 그는 이미 자신의 고추가 잘리어졌다고 생각한다. 그렇기에 눈에 보이는 성기는 이미 자기 것이 아니라고 생각하게 된다. 이러한 사람은 성전환 수술을 받아 여자가 되고자 한다.

물론 K의 행동이나 성격은 본인이 자발적으로 심리 치료를 받으려고 마음만 먹으면 아주 쉽게 치유될 수 있다.

물리적 상처에 약을 바르는 것처럼, 심리적 상처에 약을 발라준다. 그러면 예전의 아버지나 어머니와의 관계에서 얻은 불안감은 점차 사라지게 된다. 이제는 검증을 위해 노출행위를 시도할 필요가 없어진다.

K와는 달리 쾌감을 얻기 위해 노출을 시도하는 남성도 있다. 이러한 형태의 노출은 여성에 대한 적개심이나 우월감에서 비롯된 경우가 대부분이다.

어두운 골목길에서 여성이 지나가기를 기다리다가 갑자기 앞에 나타나서 노출을 한다. 당황하고 놀란 여성이 도망치거나 비명을 지르는 순간 그곳을 유유히 떠나버린다.

'고추가 잘리지 않았구나' 또는 '내 고추를 보면 무서워하는구나' 따위의 감정을 강박적으로 경험하고자 하는 게 그의 목적이다.

목적을 달성한 그는 그곳을 벗어나자마자 이제는 자위행위를 통하여 쾌감을 얻는다. 이런 애기를 전해 들으면 코미디의 일부처럼 재미있게 생각할지 모른다.

그러나 모르는 남성의 그러한 행동을 갑자기 목격한 여성에게는 평생 잊지 못할 악몽으로 기억된다.

남성들의 그러한 노출행위가 심각한 범죄에 해당되는 이유도 여기에 있다.

'고추'는 여성을 공격하기 위한 무기

노출을 시도하는 남성들 중에서 악의를 지니고 행하는 부류를 보자. 그들은 특정한 목표를 설정하지 않는 대신 기회가 생기면 노출행위를 시도한다.

그들의 일부는 노출을 하고서 곧바로 사라져버리기도 하지만, 다른 일부는 목표 대상을 공격할 의도까지 지니고 있기 때문에 위험한 존재다.

또 그들은 처음부터 그와 같은 노출행위를 과감하게 시도한다기보다도 호기심을 가지고 여러 차례 시행착오를 거친 경험이 있는 자들이다.

그렇지만 이러한 노출상황을 목격한 여성들은 그가 초심자인지 상습범인지에 상관없이 두려워하며, 그 후유증이 생각보다도 오래 지속된다.

한 젊은 여성이 초등학생이었을 때 시골 논두렁을 친구와 함께 지나가면서 경험한 이야기를 들려주었다. 논에서 일하던 아저씨가 갑자기 지나가는 꼬마들에게 "너희는 이런 거 없지" 하면서 성기를 꺼내더니 보라는 듯이 소변을 보더라는 것이다.

꼬마들은 놀라서 마을로 달려갔지만, 성년에 달한 그녀는 아직도 모든 남자들이 정신병자와 같다는 생각을 버리질 못하고 있었다.

이 남성은 자신이 태어날 때부터 달고 나온 고추야말로 여자를 지배할 수 있는 유일한 무기로 생각하면서 살아가고 있다. 남아선호 사상이 팽배한 우리 문화가 그런 의식을 심어주었기 때문이다.

요즈음 젊은 여성들도 어려서 조부모나 어른들로부터 '고추를 달고 나왔으면!' 하는 아쉬움 섞인 얘기를 몇 번쯤은 들어보았을 가능성이 높다.

반면 남자는 고추를 달고 나왔다는 것만으로 귀여움을 받았을 가능성도 높다. 어려서부터 할머니를 비롯하여 주변의 어른들로부터 "고추 한 번만 따주거라!"하는 장난스러운 요구를 애걸로 받아들이면서 고추 없는 여자에 대한 우월감이 싹트기 시작했을 것이다.

사춘기를 지나면서 특히 남성의 신체적인 조건이 여성보다 월등히 우세해진다. 남성은 그 동안 자신들이 대우받아왔던 것을 근거로 여성을 무시하며, 여성들에 대한 차별적인 언행을 당연하게 여긴다.

이러한 우월감은 나중에 여성에 대한 경멸감으로 이어진다. 결국 달고 나온 고추를 여성을 공격할 때 사용하는 무기처럼 착각하게 된다.

고추가 남성의 무기라면 여름철에 여성이 노출이 심한 옷을 입는 행위는 남자를 자극하는 도전으로 해석된다. 전혀 도전할 의사가 없는 여성이라도 남자들은 도전을 했다고 받아들이고 겁탈하려 든다.

그러고도 할말이 있다고 우긴다. '여자가 유혹했다' 는 주장이다. 그 주장에 따르면 여자는 남자를 자극하지 않으려고 노력해야 한다.

그런데 남자가 짧거나 노출이 심한 옷을 입고 다녀도 여자들은 도전이라고 생각하지 않는다. 그렇다면 남자들의 주장은 극히 이기적이다.

성행위의 노출은 신을 즐겁게 하는 것

나약한 인간은 자연의 섭리를 거역하지 못한다. 홍수나 기근 등 자연재해를 만날 때마다 신을 달래기 위해 노력했고, 또 풍작이 들면 잊지 않고 신에게 감사했다. 곧 신을 위한 제사의식들은 원시사회로부터 존재해 왔다.

주기적으로 풍요와 다산의 신에 대한 제사의식에서는 남녀가 신전 앞에서 성교를 하는 의식도 포함되어 있었다. 이러한 원시적 종교의식의 풍습은 현대인에게 매우 충격적이겠지만, 그들 나름대로 이유가 있었다.

한 예로 지중해 연안 지방의 풍성한 포도 수확을 기념하기 위한 박카스 제전(Bacchanalia)을 들어보자. 기원전 2세기에 유행했던 포도주의 신 박카스에게 공물을 바치는 제전이었다.

이 제전에 참가했던 사람들은 모두 포도주를 마시고, 춤과 노래를 부르면서 행진했다. 이때 남성들은 발기시킨 남근을 추켜세우면서 행진하였고, 옷을 벗어 던져버린 여자들은 남자들 앞에서 엉덩이를 흔들어 대면서 행진에 참가했다.

당연히 축제 도중 만난 남녀는 상대가 누구인지를 가리지 않고 성관계를 가졌다. 대부분 만취와 음탕으로 이어진 이러한 광적인 축제는 기원전 186년 로마 원로원에 의해 금지될 때까지 계속되었다.

왜 그런 모습이 나타났는가?

리우 축제에 참가한 드랙 퀸 / 가슴에 맥주를 담고 다니며 빨아먹게 하고 있다.

　바로 종교적이고 주술적인 의도로 신을 기쁘게 해주기 위해서였다. 다음에도 이번처럼 풍성한 수확을 바라는 마음으로 신에게 감사드리는 차원의 성행위였다.

　또 이번에는 흉작이더라도 다음에는 꼭 풍작이 이루어지도록 신을 달래는 마음에서 이루어진 성행위였다. 이런 맥락에서 신전 앞이나 신을 위한 축제일에 나타난 성교행위는 두 가지 의미를 지닌다.

　첫째, 풍작과 다산 등 생산성의 상징이다. 즉 축제 도중 성관계로 여성이 임신했다면, 이는 신에 의한 잉태를 뜻한다.

　둘째, 성교행위를 통해 인간과 신을 동일시하려는 것이다. 사람은 누구나 자신이 성교를 하지 않더라도 타인들의 성교행위를 엿보고 싶어하는 마음이 있다.

　사람들은 신도 자신들처럼 그런 마음을 가지고 있을 거라고 생각하였다. 그래서 성행위를 관람할 수 있는 기회를 충분히 제공받은 신이 기쁨에 찬 나머지 다음 번에는 흉작이 들지 않도록 할 것으로 기대했다.

연약한 인간의 발상이다. 인간의 성을 노출시키는 행위가 곧 신에게 기쁨을 준다는 해석이다.

하여간 이러한 축제에서는 상대를 가리지 않는 난잡한 형태의 성행위가 나타났다. 그 난교 풍습은 지역에 따라 약간씩 다른 모습으로 존속해왔다.

예를 들면, 최근에 이르기까지 최소한의 모습을 갖춘 축제가 바로 남미의 리우 축제이다. 또 일부 밀교에서 나타난 난교의 형태도 바로 그러한 축제 형식에서 변형된 것이다.

이러한 신을 위한 축제 풍습은 로마제국시대에 번성하였다. 루페르칼리아가 바로 그 전형이다. 로마에서 발달한 축제들은 대부분 방탕하기 이를 데 없는 양상으로 발달해 갔다.

나중에는 단순히 신을 위한 제전보다도 자신들을 위한 축하연회로 변모했다.

로마시대 부유층의 연회에서는 남성들을 기쁘게 하기 위하여 나체 무희들이 연회장을 누비고 다녔다.

동로마제국 유스티누아스 1세(Justinian, 483~565)의 왕비 데오도라는 바로 그런 연회장의 누드 스타 출신이었다. 곧 알몸을 보여주는 행위로 상대를 기쁘게 해주었기 때문에, 그 대가로 왕비가 될 수도 있었다.

신체 노출의 사회사

우리 문화권에서는 고구려의 동맹, 부여의 영고, 동예의 무천 등 제천의식이 있었다. 이러한 제천의식도 젊은이들이 술 마시고, 노래하고, 춤추며 다산을 기원했다고 전해진 만큼 축제 형식의 의식이었다.

그렇다면 젊은이들이 가무만을 즐기다가 곧바로 집으로 돌아갔다고 보기는 힘들다. 종교적 의식을 거행하는 목적이 강우나 풍작, 건강을 좌우하는 신들을 달래는 것이었다면, 우리 문화권에서도 색정적인 춤과 노래는 물론 남녀간의 성행위도 등장했을 것이다.

보고 싶거나 보여주고 싶은 사람의 마음을 충족시키는 문화 발달은 시대와 상관없다. 그 예로 중세 이후 북유럽 문화권에서는 온천이 발달하였다.

건강이나 질병의 치료를 목적으로 개발되었던 온천은 대부분 공중목욕탕으로 이용되었다. 또 대다수 목욕탕들은 로마시대의 영향으로 남녀 혼탕이었다.

남녀 손님들을 위하여 안마사나 때밀이 등 종업원들도 등장하였고, 그 종업원들은 결국 감각적 쾌락을 추구하는 손님들 때문에 매춘부로 전락하였다.

건강과 치료를 빌미로 발달한 온천은 보여주고 싶어하는 남녀를 위한 사교장이 되었고, 곧이어 사창가로 변질된 셈이다.

신을 위한 축제에서 성행위를 하거나 알몸으로 돌아다니는 것들이 모두 남을 즐겁게 해주려는 의도에서 출발했다. 그리고 그 대가로 임신이나 풍작 등 생산적인 결과를 기대했다.

중세 유럽의 사창가에서는 매춘부들이 이러한 술책을 이용했다. 그들은 유방을 드러내놓고 거리에 나와 있었다.

돈을 벌기 위한 수단으로 지나가는 남자들을 유혹하기 위해서 그런 경우도 있었고, 아예 자신의 벗은 모습을 남성들에게 보여주면서 흥미거리를 제공하는 경우도 있었다.

즐거움을 맛보려는 남성들은 사창가를 찾을 수밖에 없다. 매춘부들에게는 노출행위 자체가 매우 생산적이었음에 틀림없다.

매춘부가 아닌 여성들도 이러한 술책을 이용했다. 중세 유럽에서는 소매가 없고 등이나 가슴이 드러난 여성들의 의복인 데꼴르떼(decollete)가 유행하였다.

귀부인들 중 일부는 유두를 노출시킨 상태로 데꼴르떼를 입고 연회장을 찾아다녔고, 또 거리까지 활보하고 다녔다. 자신의 미모를 과시하여 남성들의 본능적인 색정을 노골적으로 불러일으켜 부자나 권력자의 아내나 첩이 되고자 했기 때문이었다.

미인대회도 이러한 맥락에서 발달했을 것으로 추정된다. 미인대회의 출전자들이 입는 수영복은 *19세기* 후반 유럽에 최초로 등장하였다. 신체의 일부를 노출한 수영복을 입었는데도 불구하고 보는 사람들이 흥미나 욕정을 일으키지 않는다면 미인으로 입상하지 못한다.

미인대회에서 일단 입상하면 장래가 훤하게 밝아진다고 기대하므로 미인으로 선발되기 위해 수단과 방법을 가리지 않기도 한다.

19세 말 유럽 해안지역에는 수영복을 입은 여성을 구경하기 위한 남성들로 인산인해를 이루었다. 근래의 수영복처럼 노출상태가 심하지는 않았지만, 당시 숙녀가 넓적다리 등 맨살을 남들에게 드러내 보이는 풍속은 과히 혁명적이었다.

바닷물에 흠뻑 젖어 수영복이 몸에 착 달라붙은 여자들의 모습은 당시의 남성들을 반하게 만들었으며, 그런 여자를 보자마자 결혼하자고 달려든 남성들도 많았을 법하다.

우리나라 여성들이 입는 저고리는 길이가 짧은 편이다. 그런 탓으로 어지간히 치마를 올려서 입지 않으면 옷섶 사이로 가슴이 드러나게 된다. 이러한 모습 때문에 저고리야말로 우아하고 섹시한 의복이 아닐 수 없다고 말하는 사람도 있다.

나체주의자의 생활

우리의 전통사회를 생각해 보자. 성을 금기시했기에 양반 집 규수들은 문 밖에 얼굴을 내미는 것까지도 품위의 손상이라고 생각하고 살았다.

그렇지만 서민들의 사정은 달랐다. 저고리를 입고서 들에서 일하는 부녀자들이나 머리에 물동이를 이고 걸어가는 부녀자들은 젖가슴이 드러난 상태로도 곧잘 다녔다.

그들은 젖가슴의 노출을 성적인 유혹으로 생각하지 않았고, 남성에게 즐거움을 준다고 생각하지도 않았다. 또 호미를 들고 가는 여인이 드러낸 젖가슴을 보고 즐거워하는 남성들도 그리 많지 않았다.

근래에는 그러한 견해도 달라졌다. 근대화 과정에서 한국인들은 보여주려는 마음이나 보고 싶은 마음을 모두 수치심과 연결시켜 버렸다. 그래서 서구인들의 모습을 보고 못된 짓이라고 혀를 찬다.

이러한 태도로 바뀐 우리 한국인들은 해외여행을 하면서 어쩔 수 없이 나체상태로 있다가 이성을 만나면 질겁할 수밖에 없다.

진흙탕 온천으로 유명한 일본의 벳부 온천을 다녀오는 한국인들이 상당히 많다. 한국 아낙네들은 샤워를 하고 있다가 남자 청소부가 돌아다니는 것을 보고 깜짝 놀라게 된다.

유럽지역에서 남녀 혼탕을 모르고 들어간 한국 남성들은 갑자기 들이닥친 금발의 여성들 때문에 놀랠 뿐만 아니라 우람함과 왜소함의 비교에서 주눅이 들어버린다.

간혹 자신있는 한국 남성들은 용기를 내어 서양 여자들은 어떻게 생겼는가 시험삼아 들어가 본다. 물론 일부러 여체로부터 즐거움을 얻어보려고 그 탕을 방문하는 남성들은 젊은 여자가 한 명도 들어오지 않으면 아쉬워한다.

유럽이나 미주지역에는 나체주의자들을 위한 공원이나 해변이 여러 곳 있다. 공원 안에는 스포츠시설 등 유락시설이 즐비하다.

입장시 대부분 옷을 벗고 들어가지만, 보여주는 모습에 익숙하지 않는 초심자들은 처음부터 나체로 들어가지 못한다.

처음에는 반쯤만 벗고 다니거나 무언가를 걸치고 다닌다. 옷을 입고 다니면 이방인으로 취급받으므로 그들도 나중에는 큰 결심을 하고 홀랑 벗어버린다.

쌀쌀한 날씨임에도 불구하고 그러한 공원을 찾는 사람들이 끊이질 않는다.

보여주면서 즐거움을 찾는 사람들이 날씨를 걱정할 리가 없다. 그들은 목도리나 털모자를 걸치고서라도 알몸으로 해변을 누빈다.

돈과 권력을 만든 신체의 노출

신체의 노출이 돈이나 권력을 얻거나, 또는 자신의 관심을 이끌어내는 데에도 이용되고 있다.

페루에서는 *1995*년 한 스트립 댄서가 줄곧 엉덩이를 노출한 덕에 국회의원이 되기도 했다. 그녀는 분명히 엉덩이의 노출이 남성들의 표를 얻어내는 무기가 된다고 생각했던 것이다.

*1996*년 여름에는 관중이 너무 적어서 수입을 제대로 올리지 못한 미국 프로야구 마이너리그의 한 야구팀이 사람들의 보고싶은 심리를 이용하였다.

나체주의자들을 입장시켜 인기를 만회하려고 노력했던 것이다. 일부 관중들 중에서 나체에 대한 거부감이나 수치심을 가질지도 모르므로 *3*루쪽 외야 관중석에 설치된 대형 텐트 속에 분리시켜 야구 외적인 흥미를 북돋우고자 했다.

스포츠 경기 도중 일부 관중들은 무언가를 기대하고서 알몸으로 시위를 하기도 한다. 예를 들면, *1996*년 *7*월 *6*일 윔블던 테니스 남자단식 결승전이 막 시작되려는 순간 멜리사 존슨이라는 금발의 미녀가 알몸으로 코트로 뛰어 들어왔다.

관중들은 깜짝쇼에 흥미를 느끼고 환호성이었는데, 미소를 지으면서 두 선수에게 다가서는 그녀의 모습은 더욱 가관이었다. 이와 같은 알몸 시위는 특히 영국처럼 그런 행위에 관대한 문화권일수록 더 자

윔블던 테니스 결승전에서의 스트리킹(1996. 7. 8)

주 발생한다. 폴로와 크리켓을 관람하던 영국의 여왕이나 수상이 알몸 시위를 몸소 체험했을 정도이다.

1996년 8월 24일에는 우리나라에서도 그와 유사한 시위가 있었다. 당시 해태와 한화의 프로야구 경기가 열리고 있던 대전 구장에서의 일이었다. 한 남자 관중이 알몸으로 조명탑 위로 올라가는 바람에 한동안 경기가 중단되었는데, 그 경기는 TV로 생중계를 하고 있었다. 시위자는 수많은 관중들이 시선을 집중하고 있으므로 관심을 끌어내기에 최적의 장소라고 생각한 것이다.

그렇다면 그들은 무엇을 원하는가?

영국에서는 단연 그런 행위를 시도하는 자들이 유명한 스타로 부각되기도 한다.

한국인들은 아마 스타로 부상하려고 그런 행위를 한다고 보기는 어렵다. 뭔지는 몰라도 자신이 원하는 바가 이루어지지 않았기 때문에 관심을 끌기 위해서 그런 행위를 했을 가능성이 높다.

그렇지만 그런 행위자가 처벌되지 않고 흥미 제공자로 여겨진다면 우리나라도 스타가 되기 위한 예비절차로 둔갑할지도 모른다.

일본도 요즈음 나체에 대한 수치심이 거의 사라졌을 정도로 변하였다. 나체가 방송 드라마에 아무렇지 않게 등장한 지 수 십 년이 지났다. 그래서인지 잡지에서 누드 모델을 모집하는 광고가 나가면 응모자들이 벌떼처럼 모여든다.

그들의 대부분은 여자 중고생들이다. 응모를 하는 이유도 다양하다. 돈 벌려고, 스타가 되고 싶어 등이다. 그런데 '멋있는 자신의 추억을 남기고 싶어'라는 응답도 만만치 않다.

또 응모에 상관없이 생일 기념 등으로 사진관에서 누드사진을 찍는 여성들도 적지 않다. 젊은 시절의 아름다운 모습을 남기고 싶어할 정도로 일본인들의 사고방식이 변했다.

우리나라에서도 꽤 획기적인 일이 벌어졌다. 바로 1996년 6월 28일 서울 리츠 칼튼 호텔에서 한국 누드모델 협회가 창립되면서 회원들의 누드쇼가 30분 정도 진행되었다. 그 누드쇼에는 주로 예술인과 기자들만이 초대되었다.

곧바로 음란성 짙은 연기를 한 사실이 알려지면서 경찰과 검찰이 내사에 착수하였다. 그렇지만 여러 검사들이 녹화 테이프를 살펴보았고, 또 관람을 했던 전문가들에게 의견을 물어 본 결과 외설로 보기는 어렵다고 판단되었다.

누드쇼 발생 3개월만에 검찰은 무혐의 처리를 했다.

스트립 댄서들을 연구한 보고를 읽어보면, 처음에는 돈을 벌기 위하여 뛰어 들지만 노출에 중독이 되어버린 여성들도 많다.

누드쇼에 중독이 된 여성은 노출행위를 하지 않으면 정상적인 생활을 영위하지 못한다. 알몸을 보여주면서 쾌감과 만족을 얻기 때문이다.

신을 즐겁게 해주기 위하여 신체를 노출하던 고대인들의 행위가 자신의 만족과 이득을 위하여 노출하는 현대인들의 모습으로 변질되었다.

상당수의 현대인들은 자신이 소유한 신체의 일부를 생존에 필수적인 무기로 인식하고 살아가는 것같다. 특히 열등감에 사로잡혀 있는 사람일수록 자신이 소유한 신체의 일부를 무기로 인식하는 경향이 강한 편이다.

관음증 — 재단사 탐의 비극

　오감 중에서도 눈으로 직접 보면서 얻은 자극에 의한 성적 흥분은 여성보다도 특히 남성에게서 더 중요한 기능을 해왔다.

　곧 여러 남성들은 옷을 갈아입거나 목욕을 하는 여성, 성행위를 하고 있는 남녀를 직접 또는 영상매체로 목격하는 순간 성적으로 쉽게 흥분하게 된다.

　그와 같은 성적 흥분의 정도는 다른 사람들과 함께 목격할 경우보다 혼자서 아무도 모르게 보았을 때 더 큰 편이다.

　보통 남몰래 타인의 알몸이나 성행위를 훔쳐보면서, 또는 이를 계기로 자위행위를 하면서 성적인 흥분과 스릴을 맛보는 행위를 관음증(voyeurism) 또는 절시증(scoptophilia)이라고 부른다. 또 그 행위자를 '피핑탐(peeping Tom)'이라고 부른다.

　타인의 사생활을 몰래 기웃거리기 위하여 밤이 되면 골목을 누비는 남성, 고층 건물이 들어선 근래에는 자신의 아파트 베란다에 망원경을 설치하고서 옷을 벗는 여성의 모습을 포착하려는 남성, 화장실이나 탈의실에 몰래카메라(hidden camera)를 설치해 놓고 여성의 모습을 관찰하는 남성들이 피핑탐의 예가 된다.

　그렇다면 그런 남성에게 왜 탐(Tom)이라는 꼬리표가 붙게 되었는가? 영국 중서부지역에 코벤트리(Coventry)라는 조그마한 도시가 있다. 이 도시는 *1043*년 레오프릭(Leofric)이라는 백작이 건설했다고 알

백마를 타고 가는 고다이바(유화)

려지고 있다.

그는 도시를 건설하고 나서 곧바로 시민들에게 무거운 세금을 부과하기 시작했는데, 이로 인하여 빈민들은 불안과 동요에 휩싸였다. 그때 백작의 부인이었던 고다이바(Godiva)는 도시민들의 고통을 덜어주기 위해 남편에게 한가지 청원을 하였다.

시민들을 위해 세금 인상계획을 백지화시켜준다면, 그녀 자신이 남편을 위하여 대낮에 긴 머리카락으로만 몸을 가린 나체 상태로 백마를 타고 코벤트리 시장거리를 가로질러 보겠노라고 제안했다.

레오프릭이 그 제안을 받아들이자, 고다이바는 세금 인하를 위한 자신의 계획을 시민들에게 발표했다. 그러면서 그녀는 그들 모두에게 자신이 거리를 지나는 동안 집 밖을 절대로 내다보지 말라고 명령했다.

시민들도 그녀에게 감사하는 마음으로 창문까지 모두 커튼으로 가리고 집안에서 기다리고 있었다. 그런데 당시 양복 재단사였던 탐은 고다이바의 알몸에 대한 호기심 때문에 창문 틈새로 그녀의 모습을 훔쳐보고 말았다. 이로 인하여 탐은 곧바로 눈이 멀게 되었다.

백작과 고다이바는 실존인물이었다. 그렇지만 실제로 백작이 무거운 세금을 부과했는지, 고다이바가 나체의 몸으로 말을 타고 거리에 나타났는지, 장님이 되었다는 톰이 실존인물이었는지 여기에 대한 증거는 전혀 없다.

단지 1236년에 사망했던 한 연대기 편자(Roger of Wendover)가 그런 이야기를 기록하면서 전설로 오늘날까지 전해오고 있을 뿐이다. 이후 피핑탐은 성적 만족을 위하여 남몰래 타인의 사생활을 훔쳐보는 남성들의 대명사가 되고 있다.

요즈음에도 코벤트리 주민들은 관광객을 유치하기 위해 이벤트 행사를 마련하고 있다. 바로 5월 하순에서 6월 초순까지 고다이바 부인이 말을 타고 지나는 모습을 재연하는 축제를 벌이고 있다.

빨래줄에 널린 여자 팬티의 자극

중학생 자녀를 둔 한 어머니가 아들 문제로 상담을 신청했다. 어른들이 보는 잡지가 가방에 들어 있는 것을 발견하고 수 차례 아들과 입씨름을 했던 어머니는 아무래도 미심쩍어 하루는 아들이 학교에 간 시간에 아들 방을 뒤지기 시작했단다. 잠겨진 책상 서랍을 억지로 열어보았을 때 앞이 캄캄해져 버렸다.

서랍 구석에 여자 팬티와 브래지어 30여 점이 숨겨져 있었기 때문이었다. 아들이 이미 못된 길로 접어들었구나, 소위 비행 청소년이 되었구나 하고 생각하니 너무 억울해 어떻게 해야 아들이 더 이상 나쁜 길로 가지 않는가를 물어왔다. 아들을 만나보고 싶다고 했더니 가족과 함께 왔다.

그 동안 아들 일로 인하여 가족간의 관계도 매우 복잡하게 얽혀버렸고, 아들 역시 매우 못마땅한 표정으로 가족에 이끌려 왔다. 아들만을 면담 장소에 남겨두고서 가족을 모두 나가도록 했다. 아들에게 아무런 질문도 하지 않고 그 남학생의 상황을 그리면서 다음과 같은 이야기를 전개했다.

이층집에 살고 있던 한 학생이 방에 올라가다가 옆집 빨래줄에 여자 팬티가 걸려 있는 것을 보았다. 그리고 이성을 그리워하는 마음이 생기는 사춘기에 접어든 학생이었기에 여자 팬티는 어떻게 생겼을까, 누구 팬티일까 등의 호기심이 발동했다. 주변을 둘러보니 아무런 인기척이 없어 재빨리 빨래를 손으로 낚아챘다. 그 순간 그의 가슴 속에서는 고동소리가 매우 심하게 울리고 있었다.

낚아챈 팬티를 두 손으로 펼쳐보고서 '여자 팬티는 이렇게 생겼구나!' 하고 감상하고 싶었지만, 누군가에게 들킨다면 난 이상한 사람으로 소문이 날지도 모른다. 그래서 낚아챈 팬티를 얼른 호주머니나 옷 속에 숨기고 자기 방으로 들어갔다. 그리고 팬티를 감상했지만, 이제는 갈등이 생긴다. 팬티를 다시 빨래줄에 갖다놓고 싶어도, 그러다가 들켜버리면 역시 난 이상한 사람으로 취급받을 것이다.

그렇다고 이걸 쓰레기통에 버리면 다른 사람에게 오해나 이야깃거리를 제공하기 때문에 그렇게도 하지 못한다. 남이 전혀 알아차리지 못한 곳에 버리고 싶지만, 그럴만한 곳을 쉽게 찾기 어렵다. 해가 저물어 옆집에서 빨래를 걷어갈 때까지 불안과 초조한 시간을 보낸다. 저녁은 팬티를 돌려주기에 이미 늦어버린 시간이다.

할 수 없이 팬티를 보이지 않는 곳에 임시로 보관하고 있지만, 초조한 마음은 사라지지 않는다. 그리고 시간이 하루 이틀이 지나도 아무런 소리가 없는 것을 보니 옆집에서는 팬티 하나쯤 잊어버린 것을 모르는 모양이라고 생각한다. 이제는 불안과 초조함이 사라지기 시작한다.

그후 숨겨놓은 팬티를 혼자서 다시 만져보면서 여자 생각을 해본다. 팬티의 주인은 어떤 몸매일까, 여자들은 어떻게 생겼을까 하는 환상과 함께 이상야릇한 기분을 맛보며, 자기도 모르게 성적으로 흥분이 되어 자위행위를 한다. 팬티와 성적 흥분의 관계가 형성되기 시작한 것이다.

이때부터는 빨래줄에 걸려있는 다른 팬티나 브래지어가 눈에 뜨이면 우선 가슴부터 뛰게 된다. 예전의 그 빨래줄이든지, 다른 집의 빨래줄이든지 다시 도전하게 된다. 성공했을 때 두 가지 차원에서의 쾌감을 얻는다. 하나는 남의 물건을 훔치는 행위가 들키지 않았다는 스릴에서, 그리고 다른 하나는 앞에서 말한 속옷과 연결된 성적 흥분이다.

혼자만의 공간을 찾아가 여자의 나신을 환상으로 그리면서 자위행위를 한다. 이런 행위가 세 번째, 네 번째 속옷으로 이어지면 이어질수록 남에게 들키지 않으면서 얻는 스릴을 더 원하게 된다. 자신의 행동이 바람직하지 못하다는 것을 알고 있기 때문에 죄의식에 가득 찬 생활을 하지만, 상습성을 버리지 못한다. 그런 행위 자체로부터 이루 말로 표현하기 힘들 정도의 행복감을 맛보기 때문이다.

이와 같은 내용의 이야기를 그 남학생이 알아들을 수 있는 수준으로 하고 나서 소감을 물었다. 고개를 숙이고 말이 없었다. 이야기가 자신의 상황과 얼마나 다른가 물었더니 별로 다르지 않다고 답했다. 이건 고의적인 잘못이 아니라 자신도 모르게 그렇게 발전했지만, 자신이 그렇게 하지 않아야겠다고 마음먹으면 앞으로는 아무 일이 없을 것이라고 확신해 주었더니 의아하게 쳐다보았다.

다시 확신을 한 후에 가족을 대면시켜 앞으로는 걱정하지 않아도 된다고 설명했다. 그리고 아들이 보는 앞에서 어머니에게 "너무 나쁜 애라고 생각하지 마시라"고 당부했다. 몇 달 후 그 가족에게서 연락이 왔다. 가족들의 관계가 전보다 너무 좋아져서 고맙다는 말을 전하고 싶다는 연락이었다.

위 남학생이 보인 행동은 뻬띠쉬즘(fetishism)에 해당되며, 성적 흥분을 가져다준 속옷은 뻬띠쉬즘의 대상으로 뻬띠쉬라고 한다. 뻬띠쉬는 매력에 사로잡혔다는 뜻이고, 사람마다 다르다. 대부분의 뻬띠쉬는 신발이나 양말, 장갑, 속옷, 머리카락, 음모 등 신체와 관련된 것들인데, 서구 문화권에서는 발과 관련된 뻬띠쉬즘에 빠진 자들이 많은 편이다. 특이하게는 여성이 사용하고 버린 생리대만 찾아다니면서 쾌감을 얻는 경우도 있으며, 더 심한 경우는 타인의 소변이나 대변, 썩은 냄새만을 찾기도 한다.

심리학이나 정신의학에서는 빼띠쉬를 보고 만지는 것에서 성적 흥분을 불러일으키고, 이에 따라서 자위행위를 시도하면서 성적 쾌락도 맛보는 등 그런 증상이 최소한 6개월 이상 지속될 경우 변태성욕으로 규정한다.

그런 증상의 소유자들은 빼띠쉬에 대한 애착 때문에 정상적인 사회생활을 유지하지 못한다. 그들은 이성의 친구도 없다. 빼띠쉬 자체가 그들의 성적 상대를 대신해 주고 있다. 그래서 주인이 없는 물건, 예를 들면 아무도 입어보지 않았던 새 팬티는 그들에게 전혀 매력을 주지 못한다. 이러한 이유로 일부 문화권에서는 헌옷을 새로운 옷으로 교환해주는 사업체도 등장했다. 그러나 생각보다 수요가 많지는 않다.

사디즘과 마조히즘의 심리학

꽤 오래 전에 한 고등학생이 자기 어머니로부터 들은 얘기를 물어왔다. 어머니 친구가 어머니에게 하소연하기를, 자기 남편이 자신에게 기회만 생기면 옷을 모두 벗고 앉아있게 하든지, 이상한 모습을 취하라고 요구한다는 것이다. 심지어 최근에는 옷을 벗은 채로 욕실에 들어가도록 하고서, 남편이 밥알을 하나씩 떨어뜨려 주면서 아내에게 이를 받아먹도록 했다는 것이다.

그 동안 어디 가서 그런 얘기를 하는 게 부끄러워 그냥 참았는데, 갈수록 남편이 이상하게 느껴져 견디기 어렵다면서 학생의 어머니에게 실토해 버렸다.

그렇다면 그녀의 남편은 어떤 사람인가? 이를 보다 정확하게 이해하기 위하여 서구인 부부 사례를 두 가지 들어보겠다.

아내의 머리채를 잡아당기는 등 학대를 하면서 아내가 고통받는 것을 보아야 성적으로 흥분하기 시작한 남편이 있다. 남편의 그런 행동도 습관이 되다보니 나중에는 흥분에 도달하는데 필요한 시간이 더 길어지고 더 강도가 높은 행위를 해야 했다. 그러다 보면 발기나 오르가즘을 얻기 위해 살인을 저지르는 환상에 의존해야 했다. 또 아내도 남편의 그런 행위를 전혀 거부하지 않고, 그렇게 해야 자신도 성적으로 흥분하는 반응을 보였다.

그렇지만 일단 성행위가 끝나면 아내는 온몸이 쑤시고 상처가 나 있기도 한다. 그래서 그녀는 남편에게 소리를 지르고 욕설을 퍼부으면서 남편을 꼼짝 못하게 만들기도 했다. 그럼에도 불구하고 나중에도 그런 식으로 자신이 고통을 당해야 흥분을 하게 되었다.

남편은 성 관계를 갖기 전까지는 자신이 고통을 가하는 입장에 있지만, 일단 성교 행위가 끝난 후에는 죄책감으로 자신이 고통을 당하는 기회를 주어 욕을 하더라도 아무렇지 않게 나왔다. 그런 식으로 하지 않으면 나중에 부인이 일방적으로 고통을 당하는 것을 원하지 않게 될지도 모르고, 그렇게 된다면 자신은 오르가즘은 물론 성적 흥분이나 발기도 되지 않기 때문이다.

또 다른 예로 대학시절 결혼했던 20대 후반의 여성이 치료전문가를 찾아왔다. 자신이 기억하고 있는 바에 의하면, 남성이 자신을 거칠게 대해주었을 때 성적으로 흥분하기 시작했다는데, 최근에는 강간을 당하거나 학대를 받는 환상에 젖어들어야 겨우 성적으로 흥분되기 시작한다는 고민을 털어놓았다.

그녀의 남편도 신혼 초까지는 그녀가 거칠게 대해주라는 요구를 별로 어렵게 생각하지 않았다고 한다. 처음에는 단지 자신의 남성다움을 보여달라고 하는 것으로 알고, 남편도 나름대로 거친 행동을 했다. 그런데 시간이 지날수록 두 사람 모두 지치게 되고, 성행위가 끝나고 나면 서로 체신이 서지 않는 상태임을 알게 되었다.

그럼에도 불구하고 남편이 자신을 거칠게 대해주지 않을 때 아무런 만족이나 쾌락을 얻지 못하자, 그녀는 화가 나서 자신에게 폭력을 행사하도록 고의적으로 남편의 자존심을 건들이거나 약을 올리는 행동을 하였다. 결국 남편은 그녀의 성적 요구에 손을 들어버렸다.

그녀는 이제 남편이 아닌 다른 남자들을 찾아 나섰다. 그들에게 접근하여 성행위를 하는 과정에서 자신을 때려준다는 조건으로 모텔이나 차 안에서 관계를 가졌다. 자신의 행위가 남편에게 큰 잘못이라는 것을 알았지만, 지금까지 가져본 그런 극적인 감정을 놓칠 수 없어서 다른 남성들과의 관계를 그만두지 못했다.

치료전문가 앞에서 눈물을 흘리면서 과거를 회상하였다. 그녀는 사춘기에 접어들기 전 또래의 아이들과 비밀 서클을 조직하여 어른들처럼 성교행위를 시도해보기도 했다고 한다. 그때 사소한 말실수로 남자에게 빰을 맞아보았는데, 이상야릇한 느낌이 들었다고 한다. 나중에는 처벌을 받기 위해 고의적으로 서클의 규칙을 어기었는데, 맞을 때마다 기분이 이상함을 맛보았다는 것이다.

비밀 서클과의 관계가 오래가지는 않았지만, 10대 중반에 이르자 혼자서 자위행위를 할 때 실제로 자신이 채찍으로 자신의 몸을 때려보거나 또 고문을 당하는 환상을 하면서 쾌감을 얻었다. 대학에 들어갈 무렵에는 환상이나 실제로 그런 고통이 수반되지 않으면 전혀 쾌감을 얻지 못함을 알았다.

자신의 결혼생활을 그대로 유지하기 위해서 남편에게 다른 남자들과의 관계를 밝히지 않았고, 치료전문가도 이를 비밀로 하고서 치료를 시작했다. 그렇지만 치료가 시작된 지 얼마 안되어 남편이 이혼을 선언하고 그녀를 떠나버렸다.

남에게 고통을 주면서 쾌락을 맛보는 행위나 고통을 받으면서 쾌감을 얻는 행위 모두 정상 범주에서 벗어난다. 이러한 행위가 성적인 쾌락과 관련이 있을 경우 변태성욕에 해당되는데, 고통을 가하면서 쾌락을 얻는 것을 사디즘(sadism), 그리고 고통을 받으면서 흥분과 만족을 경험하는 것을 마조히즘(masochism)이라고 한다.

사디즘과 마조히즘은 서로 대립적인 성격을 보이지만, 거의 항상 함께 나타나고 있다. 어떤 사람은 항상 사디즘만, 또 어떤 사람은 항상 마조히즘만 원하지만, 거의 대부분의 상황에서 자신이 그 둘중 하나를 선호할 뿐이다. 즉 실제이든 환상이든 굴욕이나 학대, 고문, 구타 등을 가하거나 받아야 성적으로 흥분하고, 또 오르가즘을 경험한다는 것이다.

실제로 모든 변태성욕은 과거 경험, 그 중에서도 특히 어린 시절의 경험과 관련이 높다. 아동심리학자들은 어린이들이 공격적인 행동을 배우는 만 2~3세 사이가 가장 민감하다고 믿는다. 또 공격성의 기저는 임신기간 동안에 이미 형성된다는 주장도 있다.

임신을 한 상태에서 임산부가 어떤 음식을 좋아하는가, 어떠한 스트레스를 받고 살아가는가, 약물이나 알코올에 대한 노출은 어떤가 등에 따라서 태아는 그대로 영향을 받게 되므로, 어머니의 경험에 따라 나중에 공격 성향이 높거나 주의가 산만해질 가능성이 높은 아이가 된다는 설명이다. 그래서 일부 심리학자들은 공격성의 예방은 자궁에서부터 출발해야 한다고 말한다.

태어나서 공격성을 처음으로 발휘해 보기 시작한 시기는 어머니의 젖을 빨던 시절이다. 특히 이빨이 돋아나기 전후로 어머니의 젖을 깨물어 본다. 이때 아이는 어머니의 반응을 토대로 남을 공격하는 행위에 대한 느낌이 형성된다. 어머니가 아파하는 표정을 보일 때 아이는 깔깔거린다. 또 젖을 깨문 아기는 어머니가 화를 내면서 엉덩이를 때리더라도 자신이 가한 공격행위의 수준과 비교한다. 자신이 가한 행위에 미치지 못한 반응이 오면 나중에 또 다시 젖을 깨무는 행동이 나타난다.

커나가는 아이들이 어른에게 공격행위를 할 때 어른이 일부러 매우 아픈 척하며 신음소리를 내면 아이는 깔깔댄다. 아이가 깔깔대는 이유는 어른과 함께 장난을 하고 있다는 것보다도 남이 아파하는 모습을 보는 것 때문이다. 타고난 공격성을 점검하는 과정에서 얻었던 보상이 나중에 남을 괴롭히면서 쾌락을 추구하게 만들지의 여부를 좌우한다.

반대로 괴롭힘을 당하면서 쾌락을 얻는 것은 어떠한가? 마찬가지로 과거 경험과 관계가 있다. 어렸을 때 아버지로부터 처벌로 엉덩이를 심하게 맞았지만, 딸이 애처롭게 우는 모습에 마음이 상한 아버지가 딸을 다시 껴안고 어루만져 준다. 처벌도 심했지만, 그후 따르는 보상의 가치가 더 컸다면 어떻게 되는가? 젖을 깨물다가 엉덩이를 맞고 우는 아이를 어머니가 달랠 때도 마찬가지다. 매를 맞는 것보다 더 가치가 높은 보상이 옴을 알아차리면서 맞는 것에 대한 거부보다도 쾌락을 기대한다.

성인의 경우도 다르지 않다. 남편한테 얻어맞고 기가 막힌 아내는 몸져 누워버린다. 대화도 거부한 채 토라진 아내를 남편이 달랜다고 하자. 빌고 또 빌어도 분이 풀리지 않는 아내를 위해 남편은 평소 부인이 갈망하던 물건을 사온다. 또 남편이 손발을 싹싹 빌면서 여자가 시키는 대로 뭐든지 하겠다고 말한다.

아내의 입장에서는 두들겨 맞은 고통을 참아냈더니 살맛이 나는 보상이 돌아오지 않는가? 일부 여성은 그런 경험을 하면서 실제로 고통을 당하는 걸 원하게 된다. 그런 고통과 만족의 관계는 쉽게 성행위로 연결된다. 한 차례 고통을 맛보면서 성행위를 하고 나서 나중에 며칠간이라도 자신이 남편을 마음대로 할 수 있다는 그 자체가 그녀에게는 쾌감을 가져다준다.

근래에는 사디즘과 마조히즘의 형태를 다른 용어로도 표현한다. 명령과 복종(dominance or submission), 구속과 징벌(bondage or discipline) 등이 여기에 속한다. 이들은 세부적으로 의미가 약간씩 다르지만 기본적으로 사디즘과 마조히즘에 해당된다.

이러한 행위들에 숨겨있는 공통성은 분노의 간접적 표출 및 남녀로 구분된 전통적인 성 역할의 극대화이다. 이러한 사고방식을 그대로 받아들인다면, 남성은 여성을 강간하더라도 희생자가 원하는 행위를 시도했을 뿐이라고 답하게 된다.

문화와 성

성과 예술

흔히 인생은 짧지만 예술은 길다고 말한다. 예술이 존재하지 않았더라면 어떠했을까? 아마 고대인들의 발자취를 더듬어 보는 데에 한계가 있었을 것이다.

그런데 여러 문화권에서 출토된 예술 작품들의 내용을 보면, 성에 관련된 작품들이 예상외로 수두룩하다.

왜 인류의 조상들은 동굴벽화를 비롯하여 도자기로 만든 술병이나 음식 접시, 나무 조각이나 천 등에 성행위나 성기, 여인의 나체상 등을 묘사하면서 살아 왔을까? 참으로 궁금하지 않을 수 없다.

출토된 작품들을 분석해 보면, 석기시대까지의 작품은 여인에 관한 내용들이 많았다. 여성문화권이었음을 엿보게 해준다. 그 이후로는 여성에 관련된 작품들보다 남성의 성기나 성행위에 관련된 작품들이 더 많이 출토되었다.

그런데 여러 가지 성교의 형태를 묘사하는 작품은 있었지만, 단순히 키스나 포옹과 같이 사랑을 표현하는 작품은 거의 드물었다. 또 남성의 생식기는 묘사되고 있었지만, 여인의 생식기를 묘사한 작품도 매우 드물었다.

역시 남성에 관련된 작품이더라도 생식기를 나타내지 않고 단순히 몸통만을 묘사한 작품은 거의 없었다. 그렇다면 고대 예술에서 성의 표현은 거의 항상 주술적이고 종교적인 특성을 지녔다고 볼 수 있다.

탄생의 신비를 알지 못했던 조상
들이 성교행위를 통하여 번식된다
는 사실을 알아차리면서 흥분을 감
추지 못했을 것이라고 짐작된다.

또 남성의 생식기가 종족번식과
관계가 깊다는 사실을 알아차리고
신체 중에서 가장 위대한 부위로
여겨졌던 모양이다.

인류의 조상들은 이러한 지식을
기록으로 남기고 싶었는가도 모른
다. 그래서 술병과 같은 도자기에

후미성교하는 모습을 새긴
고대 그리스의 도자기(B.C 5세기)

도 남근을 묘사하고 있다. 이 술병에 든 술을 마시는 것은 현대적인
의미로는 남근을 빠는 행위를 상징한다.

그렇지만 고대인들이 그런 의미에서 도자기를 제작했던 것은 아니
다. 오히려 술이 인간사에 활력을 주는 중요한 요소인 것처럼 남근
도 인간의 영속성에 매우 중요한 상징물임을 나타내고 싶었기 때문
이었다.

남근의 묘사는 남근이 숭배의 대상임을 표현한 것에 불과하다.

곧 고대인들이 성을 표현하는 행위는 현대적인 의미에서 예술 작
품의 창조 차원이 아니라 탄생의 비밀에 관계되는 신성함이나 다산,
풍요를 비롯하여 인간에게 가장 중요하다고 지각한 생활상을 반영한
행동이었다.

시간이 지나면서 종족들간의 교류가 확대되고 인간의 사고능력이
신장되기 시작했다. 이때부터 성을 표현하는 양상이 바뀌었다. 단순
히 신성하고 비밀스러웠던 차원이 아니라 쾌락을 추구하는 차원에서
성이 묘사되기 시작했다.

문자의 발명과 함께 문학도 인간의 생활상을 전달하는데 한 몫을 담

당하였는데, 성적으로 타락한 인간의 생활상도 소재가 되기 시작했다.

성을 타락된 모습으로 표현한 동기는 고정된 틀을 깨려는 거부감이나 기존의 따분한 생활상에서 탈출하려는 시도에 기인했는지도 모른다.

그러한 동기에 의한 표현이야말로 근대적인 맥락에서 소위 예술과 문학이라는 의미를 부여받을 수 있을 것이다. 그러므로 시대에 따라서 예술에서 표현되는 양상이 달라지며, 동시에 이를 바라보는 눈도 달라진다.

그 예로 중세 유럽에서는 특히 회화가 발달했다. 또 인물화 중에서도 풍만한 가슴이나 둔부, 가느다란 허리, 긴 머리카락 등을 지닌 여인의 누드화가 유행하였다.

예술가들은 누드야말로 세상에서 가장 아름답고, 인간적이고, 자연스러운 모습이라고 평한다. 자연물 중에서 인체보다도 더 아름다운 것이 없다고 생각하기에 르네상스 시대 이래로 예술가들은 누드를 소재로 한 작품을 빈번히 추구하고 있다.

물론 미켈란젤로와 같은 조각가는 여성보다도 남성의 누드를 표현한 것이 신성함이 담긴 진정한 예술이라고 말하기도 했다.

그렇지만 남성보다도 여성이 누드화의 대상이 되고 있다. 이는 예술가들이 여성의 몸매에서 둔부 곡선미의 표현이 가장 어렵다고 말하는 것과 관계가 있다.

반면 아무리 누드화라고 하더라도 여성의 생식기나 음모를 대담하게 묘사한 경우는 매우 드물다.

대부분의 예술가들은 음모나 성기의 과장적인 표현은 예술의 차원에서 벗어났다고 보고 있는 것같다. 문명인들이 성기를 표현하는 행위는 고대인들이 인간의 생활상을 후세에게 전하려는 의도와는 다르다.

포르노는 '전쟁에서 잡힌 적국의 여성'

누구나 흔히 목격할 수 있는 광경 하나를 소개하겠다. 이제 갓 초등학생이 된 애들이 학교를 오고가는 길가의 담벼락에 붙여진 영화 포스터의 사진들을 손가락으로 가리키면서 저마다 한마디씩 큰 소리로 주고받는다.

"야, 깨 벗었다." "여기도 엉덩이 보인다." "웃긴다" 등 매우 흥미 있는 반응을 보였다. 신체의 일부분이 노출된 사진을 바라보는 천진난만한 아이들의 솔직하고 서슴없는 표현이다.

어린이들은 무언가 자기들의 기준에 벗어났다고 생각하면서 느낀 대로 표현하고 있다. 그렇지만 누구나 나이가 들어 사춘기를 지나면서부터는 벽에 나체사진이 붙어 있더라도 공공연한 장소에서 자기의 생각을 제대로 표출하기 어려워진다.

아마 이를 똑바로 쳐다보지 못할 가능성이 크다.

그렇기에 그 아이들의 옆을 지나가는 사람들 중에서 일부는 영화 광고보다도 아이들의 표현에서 오히려 흥미를 느끼는 듯했다. 또 어떤 사람은 광고 벽보도 보지 못한 척하고, 아이들의 애기도 듣지 못한 척하였으며, 몇몇 사람은 아이들이 어서 집에나 갔으면 하고 바라는 눈초리를 보내면서 지나갔다.

만약 그 아이들이 나중에 성인이 된 후에도 그런 장면을 어색하게 받아들인다면 인간의 볼 권리나 표현의 권리에 분명히 어떤 문제가

일본 춘화

도사리고 있음에 틀림없다.

　우리가 흔히 포르노라고 부르는 단어(pornography)는 원래 매춘부 또는 전쟁에서 잡힌 적국의 여성이라는 뜻(porne)과, 묘사 또는 그림이라는 의미(graphy)의 합성어이다. 어원상으로 묘사의 대상이 그런 여성이었다면, 이는 주로 남성들의 욕구 충족을 위해서 발달했으리라고 짐작된다.

　고대 사회의 남성들은 전쟁에서 포로가 된 여성을 성적 노리개로 여기었고, 그 포로 여성들을 묘사한 것 자체가 전쟁에 출정하기 전부터 현역병을 비롯한 젊은이들의 사기를 북돋울 수 있었다. 요즘의 연령층으로 말하면, 입대하기 전의 대학생 또래로부터 제대 후의 예비군들까지가 해당될 것이다.

　나중에는 그 의미가 확장되어 여성의 묘사만이 아니라 성욕을 자극시킬 의도로 표현된 글이나 그림, 사진, 영화까지 모두 포르노라고 부르게 되었다.

포르노의 기능도 사기의 진작에서부터 혈기왕성한 젊은이들의 욕구불만의 해소 및 감각적 쾌락의 추구까지 다양해졌다.

포르노가 응용된 사례를 하나 들어보자. 조선을 침공하여 임진왜란과 정유재란을 일으킨 장본인이었던 도요또미 히데요시가 죽고 나서, 17세기 초 도요또미의 아들을 죽이고 막부를 설치하고 등극한 자는 도쿠가와 이에야스(德川家康)였다.

도쿠가와가 가장 염려했던 것은 경제력이나 군대가 있어도 실권을 잡지 못하고 떠돌아다니는 무사(사무라이)들이었다.

사무라이의 불평 불만을 무마시키기 위하여 개발한 곳이 유곽, 곧 기생집이었다. 바로 유곽의 안팎에서는 성행위를 적나라하게 묘사한 춘화(春畵)가 부유하고 힘센 귀족층들의 독점물이 되었다.

또 감각적 쾌락을 가져다주는 기능도 문화권마다 다르다. 일본의 경우 대중매체에서는 음모가 노출되지 않는다는 조건으로 알몸 상태의 배우가 출연할 수 있다.

그러한 이유로 해외여행이 자유화되기 이전 1970년대 우리나라 상류층 남성들은 일본과 가까운 해운대 등으로 휴가를 떠나는 것을 대단한 특권인 양 즐기었다. 그 이유중 하나는 고급 호텔에서 포르노에 가까운 일본의 TV방송을 시청할 수 있었기 때문이었다.

그러나 유감스럽게도 우리나라에서는 1980년대에 들어오면서 포르노 비디오가 유행하였다. 불법이었음에도 불구하고 최소한 장급 여관에서는 손님의 의향과 상관없이 방영되기도 하였고, 젊은이들에게 '문화영화'라고 여길 정도로 확산되다 보니 대낮에 단체로 여관을 찾아갔던 시골 아낙네들도 있었다.

비디오 기기와 같은 전자제품들이 널리 보급되기 시작했던 그 당시, 왜 불법으로 규정된 포르노가 적극적으로 규제되지 못하고 암묵 속에 방치되었던가?

그 까닭도 앞의 맥락과 유사하다. 당시 정부의 지도자가 정통성을 유지했더라면 젊은이들의 욕구불만을 전혀 두려워할 필요가 없었을 것이다.

알게 모르게 고삐를 풀지 않을 수 없었던 시기였으며, 한국 영화 제작진들의 일부도 덩달아 섹스 산업화에 합류하기 시작하였다. 변강쇠, 애마부인, 매춘, 뽕 시리즈 등이 모두 상업적 이윤을 목표로 당시에 제작된 대표적 한국 영화들이다.

금세기 후반 컴퓨터를 이용한 포르노까지 보급되면서 문명의 혜택으로 인한 고충을 통감하고 있다. 특히 변별능력이 아직 성숙하지 못한 청소년들에게 가치관을 흐리게 만드는 문제가 바로 그것이다. 더 이상 성인들이 손을 대기가 어려울 정도로 포르노 문화에 젖어들어 버리지 않았는가 싶다.

포르노에 기죽지 말라

*1980*년대 후반에 청소년기를 보낸 젊은이들에게 언제 처음으로 포르노에 접했는가를 물어보면 중학생 시절이라고 대답하는 비율이 의외로 높게 나타난다.

'어디에서 어떻게 보았는가' 라는 질문에는 자기 집이나 친구 집에서, 그리고 부모가 보다가 놓아둔 비디오를 우연히 감상했다고 답하는 비율이 높았다.

부모들은 비디오방에서 빌려온 포르노를 자녀들 모르게 숨겨놓고 다니지만, 자녀들은 이를 의외로 쉽게 발견하고 감상하게 된 것이다.

'어디에서 이를 찾았는가' 하고 물으면 부모들이 숨겨놓은 장소도 다양하다. 장롱 속이나 위, 선반이나 책꽂이 등은 너무 평범한 장소이고, 냉장고 속 검정 비닐 백에 들어있던 비디오를 감상하게 되었다는 학생들도 여러 명 있었다.

요즈음 청소년들은 부모가 빌려다 놓은 비디오를 몰래 본 비율보다도 자신이 직접 빌려보았거나 비디오방에서 보았다는 비율이 더 높게 나오고 있다.

포르노 영화나 비디오를 감상한 상당수의 청소년들은 나이가 더 들어서도 수치심이나 죄의식, 충격 등이 사라지지 않는다고 말한다.

보는 순간부터 들키면 어떨까 하는 심정으로부터, 보고 난 후에도 부모로부터 의심받지 않기 위해서 노력해야 하는 등 불안과 죄의식에 사로잡히게 된다.

그러나 더 큰 고통은 비디오 내용이 충격으로 다가와 잊어버리고 싶어도 머리 속에 자꾸만 떠오르는 것이다.

비디오를 본 후 자신을 낳아준 부모가 원망스럽고 저주스럽다고 표현한 여학생들도 있다. 그 이유는 포르노의 주인공들처럼 동물적이고 더러운 관계를 통해서 자신도 태어났다고 믿기 때문이었다.

실제로 그러한 반응을 한 여학생들이 의외로 많았다.

또 포르노 감상으로 인한 열등감은 성인이 되어서도 남아있다.

타인과 비교할 때 왜소한 성기, 섹시하지 못한 몸매, 뛰어나지 못한 정력이나 테크닉 등 어느 것 하나 내놓을 만한 게 없다고 믿기 때문이다.

열등감을 조장시키는 포르노들은 내용 자체에도 인간적인 요소가 결여되어 있다. 그런 작품들은 단순히 금전을 목적으로만 제작된다.

제작과정은 너무도 간단하여 여러 명의 배우도, 여러 군데로 옮길 필요도 없다. 불과 며칠이면 한 두 편의 작품을 완성시키기에 충분하다. 오직 시청자에게 감각적인 흥분을 불러일으키기 위하여 몇 사람이 실행하는 성행위 장면만을 찍으면 된다.

흔히 X급 포르노라도 성교 장면에서 성기 부분만을 화면에 모두 담게 되면 포르노의 급수가 달라진다. 후자를 트리플 X급(XXX)이라도 부른다.

우선 시각적 효과를 위하여 보통 사람보다 성기가 더 큰 남성과 가슴이나 둔부가 더 풍만한 여성을 출연 배우로 선택한다.

서구에서 제작된 비디오일 경우 주로 흑인이나 백인 남성들이 등장한다. 그들의 성기의 크기나 여성의 몸 위에 사정하는 정액의 양도 시각적 효과를 가져다준다.

시각효과의 다른 면은 시야가 화면으로 제한된 상태에서는 시야가 제한되지 않은 실제의 상태보다 훨씬 더 크게 보인다.

다시 말하면, 보통의 크기라고 생각하는 사람들도 자신의 신체 일부가 화면에 등장할 때 더 크게 보인다는 말이다.

시청자들의 두뇌를 흥분시키는데 큰 몫을 하는 청각효과를 위하여 신음소리나 괴상한 소리 등을 삽입한다.

그런데 포르노 시청자들이 고민에 빠지는 것은 생리학적으로 타고난 신체기관에 대해서는 어쩔 수 없다고 하더라도 자신들과 비교가 되지 않을 정도로 놀라운 배우들의 정력이다.

심지어는 30분에서 1시간에 걸쳐서 쉬지 않고 지속되는 성교행위에 대부분의 남성 시청자들은 주눅이 든다. 이를 감상한 일부 여성들도 이왕이면 그렇게 훈련이 잘 되거나 능력있는 남성을 은근히 기대하게 된다.

그러나 여기에서 포르노 비디오의 기만술 중 일부를 알 필요가 있다. 배역 중에는 '플러퍼(fluffer)'라는 특수 역할을 담당하는 여성이 있다. 그녀는 화면에는 한 번도 나오지 않는다. 대신 여러 가지 상황에서 전문적으로 남자 배우 성기의 발기상태를 유지시키는 임무를 맡고 있다.

근래에는 약물을 이용하여 발기를 오랫동안 유지시킬 수 있는 쉬운 방법이 이용되면서 그와 같은 여성들의 필요성이 사라진 상태다.

그렇지만 이미 배우들의 성교가 끝났더라도 다른 시간에 동일한 상황에서 연출된 성교 장면을 다시 찍어 필름과 필름을 연결시키면 누구나 뛰어난 정력가처럼 둔갑하게 된다.

누드의 사회사

문예부흥기 말기, 일부 종교 개혁자들은 가려져야 할 신체 부위가 표현된 작품은 이유를 불문하고 성욕을 불러일으킨다는 점에서 모두 외설이라고 평가했다.

우리 문화권에서는 어떠했는가? 조선시대의 윤리관은 여기에 버금간다. 조선 후기 풍속화가들의 작품은 당시에는 물론 아직까지도 예술이 아닌 외설의 시각에서 해석되기도 한다. 예를 들면, 신윤복은 원래 대를 이은 화가였으며, 그림을 그리는 전문직 벼슬을 한 국가 공무원이었다. 그러나 그가 표현하는 그림들이 상스럽다고 하여 그는 공무원 신분을 박탈당했다.

상스럽다는 평가에도 불구하고 그는 목적의식을 지니고 그림을 그렸다. 바로 양반문화의 안팎에 존재하는 모순을 고발하기 위한 목적이었다. 신윤복은 바로 양반과 기녀, 규수와 머슴간의 성관계 등을 그려내면서 양반문화의 허구성을 폭로하는데 앞장선 인물이었다.

유감스럽게도 신윤복이나 김홍도 등의 작품들의 일부는 박물관에는 보관되어 있지만, 일반에게는 아직도 공개의 대상이 아니다.

현대인의 정서에 비추어 보아도 예술이 아닌 외설로 이해될 가능성이 높기 때문이다. 현대의 윤리관에 의하여 과거의 생활상을 살피는데 제한이 된다는 말이다.

역시 근대 작품의 감상도 그 시기 윤리관에 영향을 받는다. 서양

혜원 신윤복의 풍속화

화의 기법이 전해지던 개화기 당시 일본에 유학하던 조선인 화가 김관호(*1890~1959*)는 해가 저무는 대동강변에서 목욕하는 여인들을 유화로 그려냈다.

그가 그린 유화는 *1916*년 일본 문부성 전람회에서 특선을 받았다.

그렇지만 당시의 윤리관 때문에 국내에 도착한 작품은 물론 그 작품을 찍은 사진까지도 신문에 게재되지 못했다. 당시 「매일신보」에서는 '벌거벗은 모습인지라 사진으로도 게재 불가' 라는 기사를 냈다.

또 *1920*년대 동경에서 서양화 및 조각품들의 전시회가 개최되었을 때도 마찬가지였다. 여러 작품들 중에서 키스하는 장면을 묘사한 조각작품이 당시 일본인들의 정서에 맞지 않는다고 판단되었다. 결국 전시장에서 그 작품은 가려놓고 관객의 접근을 막아 버렸다.

사진술이 발달하자 *19*세기 말부터는 누드 사진도 유행하기 시작했다. 프랑스를 비롯한 일부 유럽지역에서는 *20*세기 초 매춘부들의 누드 사진이 인쇄된 우편엽서가 꽤 유행했다. 지금도 여러 나라에서 그런 엽서들이 팔리고 있는데, 그 예로 일본의 거리에서는 춘화가 그려진 엽서를 판매하고 있다.

150명의 알몸(스펜스 투닉 사진, 뉴욕)

　반면 우리 문화권은 누드 조각품이나 누드화의 전시가 아직 정서에 맞지 않는다고 생각하는 분위기임에 틀림없다. 그래서 아무도 최근까지 이를 시도하지 못하였다.

　다행인지 *1996*년 말부터 *97*년 초까지 서울의 한 미술관에서 한국 누드화의 변천사를 볼 수 있는 기회가 마련되었다.

　그러나 사회주의 국가인 중국에서는 이미 몇 년 전에 누드화 전시회가 개최되기도 했다. 바로 *1988*년 *12*월 하순부터 다음해 *2*월까지 북경과 상해에서 중국 최초의 유화 누드전이 열리었다.

　남성 누드화 *3*점을 포함하여 *122*점의 누드 작품이 전시되었다. 당시 관람자는 *1*일 평균 *1*만 명 이상으로 모두 *41*만 명이나 되었다. 상해에서 관람한 사람들 일부에게 감상했던 누드화들을 어떻게 생각하는가를 묻는 설문지를 나누어 주었다.

　그들 중에서 *1,610*명이 답지를 우송해 왔는데, 응답자들의 *80%*는 자기들이 감상한 누드화는 외설이 아니라고 답했다. 누드화를 포르노라고 답한 비율은 단지 *6%*에 해당되었다.

　또 중국에서는 *1995*년 *5*월 중순 *8*명의 남성과 *2*명의 여성이 함께 알몸으로 포개어 누운 모습을 연출하였다. 소위 행위(performance)예술이었다. 제목이 〈알몸 알몸〉이라고 알려진 그 작품의 사진이 국내의 신문에 소개되었다.

그로부터 닷새가 지나자 우리나라에서도 이를 그대로 모방했다. 벌거벗은 남녀들을 벌판 위에다 포개놓은 행위예술을 시도한 것이다. 그리고 주제도 좀 거창하게 〈세계 나 존재〉라고 붙였다.

중국의 작품과 매우 유사한 모습이었지만 제목이 너무 다르다. 예술적인 의미를 부여하기 위한 제목이겠지만, 뭔가를 두려워하는 속사정이 드러난 제목이었다.

무얼 두려워했을까? 중국의 〈알몸 알몸〉과 유사한 제목이었다면 노골적인 성 묘사라는 비난을 받으면서 문제가 제기되었을지도 모른다. 또 중국에서의 소식이 전해지지 않았다면, 우리 문화권에서는 아직 그러한 행위예술에 관한 꿈도 꾸지 못했을 것이다.

만약 한국이 중국보다 먼저 시도하여 일반인들에게 알려졌다면 어떠했을까? 작품은 외설이요, 작품 연출자는 변태성욕자로 매도되었을 법하다.

그러므로 외설이나 음란이라는 개념은 시대와 사회, 문화권, 상황에 따라서 달라지는 상대적인 차원의 문제다.

곧 윤리관에 의하여 예술작품을 해석하는 일은 지극히 상대적이다. 다시 말하면, 음란성의 판단기준은 음란한 표현 자체보다도 그것을 둘러싼 외부 환경의 조건에 따라서 설정되고 있다.

〈미드나잇 카우보이(Midnight Cowboy)〉라는 영화가 있었다. 이 영화가 막 개봉되었을 당시 남성 동성애자들의 생활을 그렸던 탓에 외설(X-rated) 등급으로 판정받았다. 그렇지만 *1970*년 아카데미상을 받게 되자 예술성이 뛰어난 영화로 다르게 평가되지 않았는가?

예술과 외설 사이

하나의 작품이 어느 정도 훌륭한가, 어느 정도 저질인가의 기준은 작가가 누구인가에 따라서도 달라진다.

여인의 누드화라고 하더라도 3류화가의 작품인가, 아니면 피카소의 작품인가에 따라서 의미를 다르게 부여하고 있지 않는가? 문학작품도 마찬가지이다.

사실 상업성이 가미된 포르노 작품이 출현하면서 진정한 예술이나 문학의 기준 설정에서 혼선이 빚어졌다.

그 기준이 작가나 제작자의 의도에 따라 판단돼야 한다는 주장도 어느 정도 설득력이 있지만, 관객이나 독자가 작가의 의도를 간파하지 못할 가능성도 있다.

또 말로는 예술이나 문학성을 주창하는 작가일지라도 다른 의도를 숨기고 있는지도 모른다. 분명 작품에 담긴 메시지가 희박한 대신에 감각자극만을 전달한다면 예술로 평가되기는 어렵다.

그 경우는 오락상품으로밖에 볼 수 없다. 유감이지만 상업적 이윤을 목적으로, 말하자면 예술성보다도 오락성이 더 효과가 크다.

한 예로, 1995년 9월 〈젖소 부인 바람났네〉라는 비디오 영화가 출시되었다. 이 영화가 인기를 끌자 속편들이 제작되었고, 이미 수 만 개의 테이프가 팔렸다. 또 이름을 모방한 다른 작품들도 줄지어 출시되었다. 여성을 비하시키는 제목을 붙이지 않았다면 그 정도 인기를 얻기 어려웠을지도 모른다.

할리우드 영화들은 대부분 고가의 제작비 때문에 상술을 겨냥하여 만들어진다. 데미 무어가 출연한 〈스트립티즈〉가 우리나라에서 1996년 여름 개봉되었다.

그녀는 상반신을 노출하고 여러 가지 에로틱한 동작으로 춤을 추는 댄서로 출연했는데, 출연료가 당시 우리 돈으로 무려 96억 원이었다.

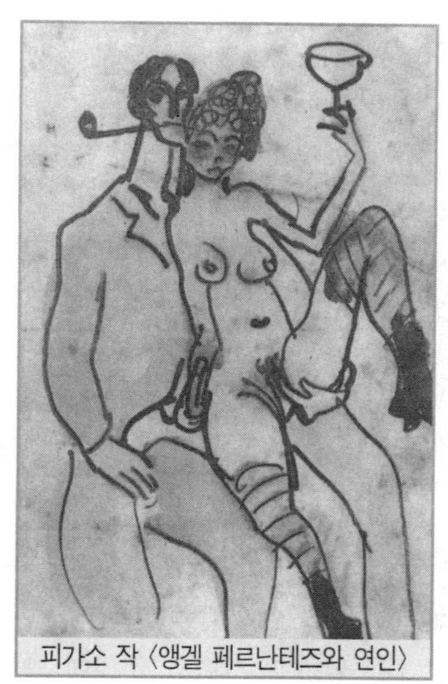
피가소 작 〈앵겔 페르난테즈와 연인〉

정작 미국 내에서는 별다른 흥행을 이루지 못한 영화였으나 우리나라에서는 인기를 얻었다. 국내에서 인기를 얻었던 이유 중의 하나는 바로 광고문구였다.

당시 기자들은 이야기 소재가 부족했던 탓인지, 수준이 낮았던 탓인지, 아니면 수입업자를 도와주려는 탓인지는 몰라도 '내용은 묻지 말고… 날 보러 와요'라는 개봉 소식을 신문에 보도하였다.

성범죄로 구속된 자들의 대부분이 그들의 범죄동기를 성인용 비디오나 인쇄물의 내용으로부터 자극을 받았다고 증언한다. 범죄를 저지른 책임을 사회로 전가하려는 의도가 있지만, 음란물에 대한 노출에서 어느 정도 동기를 부여받았다.

인쇄물은 매체의 특성 때문에 작가의 의도에 상관없이 감각적 도취가 짙게 표현된 부분만을 골라서 읽을 수 있다. 인체 해부에 관한 서적에서도 생식기와 관련된 사진을 위주로 책장을 넘기는 행위가 그 예이다.

청소년들이 옆 친구에게 소개할 때도 야한 부분, 즉 작품의 일부 내용만을 토대로 전달해 버린다. 그렇기 때문에 작품 내용의 전체적인 맥락은 외설이 아니더라도 일부 독자에게는 부정적인 영향을 줄 수 있다.

또 대중매체 등에서 외설이라고 떠들면 떠들수록 그 작품은 전혀 관심이 없던 사람들에게까지 보고 싶은 충동을 불러일으킨다. 서적을 출판하는 회사들은 오히려 그런 식으로 사회적 분위기가 시끄러워지기를 은근히 바라기도 한다.

판매금지 조치를 당하더라도 나중에 외설 논쟁은 흐지부지되므로 검찰에 소환되는 고비만 넘기면 돈방석에 앉게 된다는 속셈이다.

관객의 다수가 감동을 받았다거나, 많은 것을 배웠다거나, 삶의 의미를 찾았다고 하는 작품일지라도 일부 관중은 그 작품의 감상에서 불쾌감이나 혐오감을 받을 수 있다. 그러므로 작품에 노출되기 전 무슨 내용인가를 선별해 준다면, 일부러 그 작품을 찾아가서 불쾌감이나 혐오감을 받으려고 하지 않을 것이다.

흔히 대부분의 문화권에서는 청소년이나 성적으로 민감한 자들에게 미치는 영향을 고려하여 외설의 기준이 마련된다.

단순히 시대착오적인 법적 제재를 가하려는 것보다도 외설 작품에 노출되지 않기를 원하는 자들이나 연소한 청소년들을 위한 합리적인 대안이 필요하다.

그래서 영화와 같이 작품에도 등급을 매기는 방법이 상당히 설득력을 가진다.

외설작품 '비판적 읽기'

우리 문화권에서 *1990*년대 전반기 일부 소설가들의 작품이 외설 논쟁에 휘말려 법적인 심판을 받았다.

이와 반대로 사전심의 제도가 폐지되자마자 당시 연극단체 일부는 포르노성 연극을 공연하다가 거센 반발을 사기도 했다.

작가들은 표현의 자유에 대한 억압이나 문화 말살이라고 주장했지만, 이를 규탄하던 사람들은 외설이라고 맞서왔다.

예술이나 문학작품에 대한 외설 여부의 판단 기준은 일반적으로 동시대의 성적 도덕관념이나 사회규범에 어긋나면서 보통사람들에게 성적 수치심을 불러일으키는 내용을 토대로 설정된다. 또 누구의 작품인가도 그 기준을 좌우한다고 언급했다.

조선시대의 유명한 학자나 정치가들 중에서 문집을 남기지 않았던 사람이 별로 없었는데, 문집마다 음담패설이 가득차 있다. 옆에 누가 있다면 민망할 정도의 내용도 유명인의 작품이었기에 외설이 아니라 골계문학 정도로 취급한다.

또 춘화가 일본인들에게는 신혼부부의 교과서가 될 수 있고, 『플레이보이』 잡지가 미국인들에게는 교양서적이라고 하지만, 우리에게는 외설에 해당된다.

역시 작가의 의도와는 달리 작품이 평가될 때도 있다. 사회의 부패상을 고발한 작품이 외설로 해석될 수 있고, 성욕을 불러일으키기

위하여 만든 작품이 남녀간의 애
절한 사랑이나 낭만을 노래한 작
품으로 평가될 수도 있다. 즉 외
설의 기준은 매우 상대적으로 적
용되고 있다.

외설 시비를 일으켰던 영화 〈자유부인〉

　연극에서 배우들의 알몸 장면
이 많이 나오거나 소설에서 성교
를 묘사하는 장면이 나오면 대부
분의 한국인들은 성적 수치심을
느낀다. 그렇지만 단순히 벗는
장면이 많이 나온다고 해서 외설
로 규정하는 건 바람직하지 않다.

　작품을 비판하기 위해서는 작품의 내용에서 인간의 존재 가치와
관계되는 다양한 측면을 고려해야 한다. 감상을 통하여 얻는 것보다
잃어버린 것이 더 많다면, 문학이나 예술로서 가치가 없다.

　여기에서 얻는 것이란 인간적인 요소를 뜻하는 반면, 잃어버린 것
이란 비인간적인 요소를 뜻한다. 비인간적인 요소란 성적 수치심을
불러일으키는 내용이 포함되는 것뿐만 아니라 폭력의 정당화, 생명
의 경시, 여성의 종속화, 인종차별, 아동이나 노약자 학대 등의 내용
을 의미한다.

　이 경우에는 예술이나 문학의 탈을 쓴 상업주의에 입각했으므로
작품의 감상을 제한할 필요가 있다.

　왜냐하면, 심리학 연구 결과들은 그러한 작품을 많이 감상한 사람
들은 작품의 내용에 동조하는 경향이 어느 정도 나타난다고 시사하
기 때문이다.

　실제로 성관계를 자주 경험하고 성적 환상을 빈번히 하는 사람이
그렇지 않은 사람보다도 연애소설을 더 많이 읽었다는 연구결과가

그 적절한 예가 된다.

　그렇지만 단순히 제목만 보고서 또는 끝까지 작품을 감상하기 전에는 작품 속에 담긴 숨은 의미를 제대로 간파하기가 어렵다. 이 때문에 작품 감상의 권리를 제한하는 일보다 작품 제작을 제한하는 일이 더 현명하다.

　이를 위하여 작품에 대한 시비가 생길 때마다 단순히 작가의 수준만을 거론하는 것보다 감상가도 적극적으로 책임지는 자세가 필요하다. 바로 비판의 자세다.

　유감스럽게도 문제는 다른 면에 있다. 교묘하게도 일반인들은 다양한 감각을 추구하기 때문에 비인간적인 요소가 배제되면 흥미를 느끼지 못한다.

　또 자주 비슷한 상황에 접하다 보면 내용에 식상하게 된다.

　그러므로 제작자들은 법규를 위반하면서 더 자극적인, 선동적인, 비인간적인 요소를 가미시켜 작품 제작을 시도하게 된다.

　이러한 상태에서 가장 비인간적인 형태의 포르노를 흔히 스너프(snuff) 영화라고 하는데, 여기에서는 배우가 살해되는 장면도 추가된다. 물론 작품에서는 살해되어도 실제로는 죽지 않는다.

　관람자의 대다수는 비싼 요금을 내며 사회의 눈총을 피하여 작품을 감상한다. 그런 연유로 그들은 두근두근한 심장 고동 속에서 쾌감을 얻지만, 약간의 수치심과 죄의식도 함께 수반된다.

　심리학 연구에 의하면, 그런 작품을 비싼 값에 감상한 사람들일수록 그 작품이 비싼 돈을 낼만한 가치가 충분했다고 생각하는 경향이 크다. 그렇다면 당연히 제작자들은 높은 가격을 매기면서 이득을 보게 된다.

　반면에 그런 작품을 감상할 의향이 전혀 없었지만, 우연히 그것도 나이가 어릴 때 보았다면 쾌감은 고사하고 불안, 죄의식, 수치심 등만 심하게 얻게 된다.

특히 *10*대들은 감정이나 인지능력이 아직 성숙된 상태가 아니므로 포르노 등에 노출되면서 성에 관한 왜곡된 지식을 액면 그대로 받아들일 가능성이 높다.

외설작품을 감상한 뒤 비인간적인 요소를 우선적으로 비판하지 못한다면, 이러한 작품에 노출된 청소년을 비난할 자격도 없고, 더 이상 외설작품을 감상할 능력이 없다. 작품의 비인간적인 요소를 토대로 비판하는 사람이 많아질수록 상업적 목적으로 등장하는 작가들이 꿈을 버리게 된다.

그러나 벗는 장면만을 문제삼아 막연하게 전통윤리나 도덕의 파괴 등을 운운하면서 반대하는 것도 별로 바람직하지 않다.

섹스 즐기려고 결혼도 기피한 로마인들

고대사회로부터 근대에 이르기까지 대부분의 왕족들은 여러 부인과 첩 등을 두고 살았으며, 평민들도 능력에 따라서 축첩이 가능했다.

또 일부일처제가 엄격하게 유지되었더라도 남성들은 하녀나 기녀 등 아내 이외의 여성들과 자유롭게 또는 은밀하게 관계를 맺어왔다.

예를 들면, 로마시대 초기 남성들은 혼외정사를 마음껏 즐길 수 있었다. 여성은 결혼 후 간음하거나 술을 마시면 이혼을 당할 수 있었지만, 남성들은 공인된 매음굴을 찾거나 유부녀들과 목욕탕에서 밀회를 즐기었다.

서기 79년 베시비우스(Vesivius)산의 화산 폭발로 매몰된 나폴리 근처의 옛 도시 폼페이의 유적이 1755년부터 발굴되면서 이러한 추론이 증명됐다.

로마 남성들은 일부일처제에 얽매이지 않고 성적 욕구를 보다 노골적으로 추구하기 위해 결혼을 기피하기도 했다. 역시 로마 여성들도 어떻게 하면 임신이 되지 않는가에 관심을 두고 살았다.

황제 티베리우스(서기 14~37 재위)는 남녀간의 성행위가 매우 문란해지면서 입술 부위의 포진(herpes)이 유행하자 공공장소의 키스 행위를 금지하기도 했다. 이러한 사회적 분위기를 대변해준 자는 바로 황제 클라우디우스(서기 41~54 재위)가 맞아들인 네 왕비 중 셋째 메살리나였다.

당시 탕녀생활을 하던 그녀를 왕비로 맞이하는데 비난 여론이 빗발쳤지만, 오히려 그녀를 비난한 원로원 의원 35명과 기사 300여 명이 희생당했다. 클라우디우스가 죽자 즉위한 왕은 바로 그녀가 양자로 맞아들인 네로다.

남성의 외도 상대가 주로 여성이다보니, 부녀자들도 남성 못지 않게 외도에 연루되었다. 모든 남성이 매춘부를 상대한 것은 아니기 때문이었다.

남성 위주의 시대였지만, 고대 그리스 도시국가 시대에서도 여성이 상당히 자유분방한 생활을 했다는 기록들이 많다.

예를 들면, 기원전 4세기 전후 스파르타에서는 남성들이 나라의 일에 파묻히고 국외로 출정하는 일이 잦았다. 또 남편들이 도시국가내에서 근무하더라도 군대에서 공동생활을 해야 하는 일이 빈번했던 까닭에 여성들은 남편들과 접촉할 수 있는 일이 드물었다. 이 때문에 스파르타 여성들은 다른 도시국가 여성들보다 더 외도를 즐겼다고 전해진다.

우리 문화에서도 부녀자들의 외도에 관한 기록들이 전해지고 있다.

신라 49대 헌강왕의 중매로 결혼한 처용이라는 사나이의 얘기가 설화처럼 전해지고 있다. 추남이었던 처용 앞에서 아내는 보라는 듯이 외간 남자와 바람을 피운다.

시대적으로 그런 교제가 인정되었는지는 모르지만 처용은 화를 내지 못하고 노래로 자신의 심정을 달랠 뿐이었다. 「처용가」에 얽힌 이야기가 우리나라 여성들의 외도에 관한 최초의 기록인 듯싶다.

조선시대에는 삼국시대나 고려시대보다도 부녀자들의 행동을 제한시켰다. 조선의 여성들은 함부로 외출할 수도 없었고, 외출 시에도 신분이 노출되지 않도록 신경을 써야 했다. 1년 중 마음놓고 외출이 허용된 날은 단오뿐이었다.

남편을 일찍 여읜 여성은 개가를 하지 않아야 시댁이나 친정에서 대우를 받았다. 열녀나 효부로 칭송되는 것은 그녀들에게는 일종의 굴레였다. 그 같은 굴레 속에서 그녀들은 본의 아니게 성욕을 억제시키면서 살아야 했다.

이러한 상황에서도 조선시대의 부녀자들은 나름대로 외출을 위한 빌미를 찾아냈다. 그 예가 바로 몸이 아파서 굿을 해야 한다는 핑계로 무당집을 자주 찾아가서 자고 오는 일이었다.

그곳에는 남자 무당이 여장을 하고서 기거하기도 했기 때문이라고 한다. 남성들은 외도를 즐기면서 부녀자들의 욕구를 금지하려고 했던 데서 비롯된 현상 중의 하나라고 하겠다.

억압받았던 조선의 여성들이 성적 적극성을 발휘한 예를 또 하나 들어보자. 물론 궁녀의 이야기이지만, 그 전말은 다음과 같다.

조선 성종 임금 시절 문과에 급제한 조위(1454~1503)라는 학자가 궁궐 내에서 글을 읽고 있었다. 어느 날 저녁 성종이 궐내를 순시하다가 조위의 문전에 이를 때 궁녀 한 명이 글을 읽고 있는 조위의 방으로 들어가는 것을 목격하였다.

성종은 몰래 그 방 옆으로 다가섰다. 조위는 궁녀를 거들떠보지도 않고 글을 읽고 있었다. 한참 후에 말없이 방에 들어와 앉아 있는 궁녀에게 "그대는 어떤 여인이기에 깊은 밤 남의 남자 방에 들어왔는가"라고 물었다.

그녀는 고개를 숙이고서 자기 소속을 말한 후 "궐내에서 잔치가 베풀어질 때마다 어르신의 모습에 반하여 연정을 느껴왔습니다. 이제는 그리움이 병이 되었기에 부끄러움을 무릅쓰고 당돌히 이 자리에 왔습니다"라고 했다.

조위는 그래도 행실이 옳지 못하다고 꾸짖으면서 그녀에게 돌아가기를 권유했다. 그러자 그녀는 칼을 꺼내어 가슴에 대며, "상사병으로 죽는 것보다 님이 보시는 앞에서 죽겠다"면서 자해하려고 했다.

조위는 재빨리 칼을 빼앗아 던지며 "그대의 뜻이 그렇다면 소원을 들어줄 테니 그런 생각은 말라"고 하였다. 결국 그들은 불을 끄고 동침하게 되었다.

이 모습을 엿들은 성종은 내시에게 명하여 그들이 잠들 무렵 살며시 비단 이불을 덮어주게 하였다. 그리고 나중에는 두 사람을 짝지워주었다.

발렌타인 데이의 유래

우리의 건국신화가 곰과 관련이 있다면, 로마의 건국신화는 늑대와 관계된다.

곧 로마는 마르스(Mars)라는 신의 아들 로뮬러스(Romulus)에 의해 건설되었는데, 그의 쌍둥이 형제는 리머스(Remus)였다.

신화에 의하면, 그 쌍둥이 형제들은 어려서부터 늑대의 여신(Lupa)에 의해 팔라틴(Palatine) 언덕의 동굴에서 양육되었다. 그러나 로마 초창기에 숲속에 살던 늑대들은 매우 사나웠으며, 심지어는 도심지까지 나와서 포효하고 다녔다.

로마인들은 늑대들의 침입이 두려워 루페르쿠스(Lupercus)라는 신에게 이를 막아달라고 부탁했으며, 그 은혜에 보답하기 위해 매년 루페르칼리아(Lupercalia 또는 Lupercal)라는 축제를 열었다. 이 축제의 중심지는 앞서 말한 동굴이었다.

축제일은 2월 15일이었지만, 전야제 행사도 성대히 개최되었다. 당시 로마의 젊은 남녀는 매우 엄격하게 구별된 생활을 했지만, 전야제 행사에서는 연인을 쉽게 만날 수 있었다.

마치 단오절에만 숫처녀들의 바깥나들이가 허용되었던 우리 문화권의 모습과 흡사했다.

전야제에 참가한 로마의 젊은 여성들은 자기 이름을 적은 종이쪽지를 항아리에 담아 놓는다. 그러면 젊은 남성들이 나타나 항아리 속에 들어있는 쪽지를 하나씩 뽑아갔다.

　일단 이름이 뽑히면 여성은 축제기간 동안 그 남성의 연인이 되었다. 또 나이가 어린 연인들은 그로부터 다음 해의 축제기간이 돌아올 때까지 1년간 짝꿍이 되기도 했다. 짝꿍이 된 그들의 일부는 실제로 사랑에 빠져 나중에 결혼하여 부부가 되기도 했다.

　축제 당일 성직자들은 염소와 개를 잡아 피묻은 가죽을 몸에 걸치고, 또 그 가죽으로 만든 채찍을 들고서 팔라틴 언덕 주변을 누비었다. 이때 부녀자들은 성직자들이 휘두르는 채찍을 맞기 위해 언덕 주변으로 몰려들었다.

　세월이 흐르자 귀족 젊은이들이 그 성직자들의 역할을 대신하게 되었다. 축제 날 그들은 동물의 가죽만 걸친 채 알몸의 상태로 가죽채찍을 들고서 떼를 지어 거리를 활보했다.

　그리고 거리에서 마주친 부녀자들의 엉덩이에 채찍을 후려갈겼다. 그렇지만 그들의 채찍질은 여성을 학대하는 행위가 아니었다.

　당시에는 임신하지 못한 부녀자들은 이 채찍에 맞아야 아들을 잉태할 수 있고, 임신중인 여성들은 순산하게 된다고 믿었기 때문에 서로 채찍을 맞으려고 앞을 다투어 남자들을 쫓아다녔다.

　한 마디로 고대 로마인들에게 루페르칼리아는 다산과 번영을 기원하는 축제였다. 축제일이 2월 15일로 결정된 것은 봄이 되어 새들이 교미를 시작하는 시기와 관계가 있다. 참고로 당시의 2월은 겨울이 아니라 봄이었다.

　그러나 전쟁을 즐기던 로마황제 클라우디우스(Claudius) 2세(268~70 재위)는 군대가 약해지는 것을 두려워했다. 황제는 로마 남성들에게 군에 입대할 것을 요구했지만 젊은이들은 꺼렸다.

　젊은이들이 전쟁터에서 싸우는 것보다 가족이나 연인과 헤어지지 않으려고 한다고 생각한 황제는 급기야 미혼 남성들의 결혼과 약혼을 중지시켜버렸다.

이러한 상황에서 발렌타인(Valentine)이라는 기독교 성직자는 황제의 칙령을 무시하고 기독교를 믿는 가난하고 곤경에 처한 자들의 결혼식을 몰래 주선하였다.

이로 인하여 체포된 발렌타인은 죽도록 맞았으며 참수되었다. 그가 처형된 날이 공교롭게도 270년 루페르칼리아 전야제가 있던 2월 14일이었다.

교회의 세력이 강해지면서 발렌타인은 성인으로 추대되었으며, 교황 겔라시우스(Gelasius)는 496년 루페르칼리아 축제를 금지시켰다. 그 대신 발렌타인이 처형된 날을 성인 발렌타인이 순교한 날로 바꾸어버렸다.

그 유래에 상관없이 현대인들은 2월 14일을 발렌타인 데이(St. Valentine's Day)로 부르면서 연인에게 선물을 보내는 날, 여자가 남자에게 쵸콜렛을 주면서 사랑을 고백한다는 날로 이해하고 있다.

그러나 발렌타인이라는 말은 연인뿐만 아니라 배우자, 자녀, 부모, 선생, 제자, 애완동물 등 자신에게 의미가 있는 대상을 뜻한다.

이는 성직자 발렌타인이 처형되기 전에 자신이 도와주었던 감옥 간수의 딸에게 고별 메시지를 보내면서 '당신의 발렌타인으로부터(from your Valentine)'라고 쓴 구절에 유래한다.

중세에 들어와서는 연인이 되어주기를 바라는 상대에게 사랑을 고백할 때 '나의 발렌타인이 되어주오(Be my Valentine!)'라는 구절을 사용했다.

나중에는 그와 같은 사랑을 나타낸 글을 주로 금테를 두른 장식용 종이에 써서 보내기 시작했다.

이러한 맥락에서 사랑을 표시한 그림이나 글로 장식된 카드나 편지를 발렌타인이라고 이해했다. 또 그러한 발렌타인은 대부분 자신이 직접 만들어 보낸 것을 의미했다.

그러다가 1830년대 문구상을 운영하는 아버지 밑에서 일하던 미국의 한 여대생이 영국으로부터 수입한 레이스, 카드 등의 물건을 발렌타인에게 보내는 선물로 이용하기 시작하면서 기계로 만든 물건이 유행하기 시작했다.

곧 연인들에게 선물을 보내고 사랑을 고백하는 풍습은 바로 상인들이 고안했던 것에 불과하다.

그것도 부족하여 일본에서는 3월 14일을 '화이트(white) 데이'라고 부르면서 남자가 여자에게 선물을 주면서 사랑을 고백하는 날, 발렌타인 데이에 보답을 하는 날로 만들었고, 우리나라도 이를 따르고 있다.

의미를 제대로 이해하지 못한 요즈음 젊은 세대들은 발렌타인 데이나 화이트 데이를 마치 사랑을 고백하는 풍습인 양 챙기고 살아간다.

그것도 부족하여 아예 매월 14일을 발렌타인 데이에 맞추어 남녀 간의 사랑의 관계를 설명하는 날로 작명하기도 했다.

예를 들면, 4월 14일은 발렌타인 데이나 화이트 데이에 아무 것도 주고받을 상대가 없었던 남녀가 검은 색의 구두나 옷, 양말 등을 신고 다니면서 짝이 없음을 알리는 블랙(black) 데이라고 하는데, 그들은 그날 음식도 자장면이나 블랙커피 등을 먹고 마신다.

국가가 관리했던 빅토리아 시대의 섹스

성행동의 연구는 다른 학문 분야와는 달리 연구자에 대한 편견이 심한 불리한 여건 속에서 이루어지고 있다. 특히 기독교 문화권에서는 *19*세기까지 인간을 다른 동물들과 구별시킨 탓에, 동물의 번식과정(reproduction)에 관한 연구는 진행되었지만, 인간의 성에 관한 연구는 금기시되었다.

이러한 상황에서 인간의 성 행동을 연구한다는 건 특별한 용기가 없이는 불가능했다. 연구 대상 자체가 여타 학문 분야와는 달리 어려움이 많았음에도 불구하고 여러 성 연구자들이 자신을 희생시켜가며 전통적이고 보수적인 금기나 관례에 도전하면서 성과학을 발전시켰다.

서구 과학자들은 *1800*년대 중엽 다아윈의 진화론이 대두하면서부터 인간과 동물의 간격이 넓지 않음을 인식하게 되었다. 이를 계기로 성 연구자들은 인간의 성도 연구대상이 될 수 있다는 명분을 찾았다.

그들이 누구인가를 살펴보자. 서구 사람들은 근대의 성 연구 개척자 중의 한 사람으로 독일과 오스트리아 지역에서 개업했던 정신과 의사 크레프트 에빙(Richard Krafft-Ebing, *1840~1903*)을 꼽는다.

그는 빅토리아(Victoria) 왕조시대에 살았다. 남녀 모두에게 섹스를 더러운 행위로 인식시키는데 총력을 기울인 시기에 성을 연구했다는 뜻이다. 여기서 빅토리아 왕조시대의 특징을 찾아보자.

빅토리아는 *19*세기 세계에서 가장 강력한 나라였던 대영제국의 여

왕이었다. 당시의 영국은 세계 모
든 나라의 군사적 우두머리일 뿐
만 아니라 도덕적 지도자이기도 했
다. 그녀는 이러한 시기의 절정기
이던 1837년 18세에 즉위하여 거의
64년 가깝게 통치했던 인물이다.

여왕은 과학자들이, 대부분 의
학자들이, 그때까지 내놓은 연구
결과를 믿었다. 영국이 군사력이
나 윤리 도덕적인 면에서 전세계
의 지도국가로 군림하기 위해서는
국민들이 건강해야 했고, 그러기

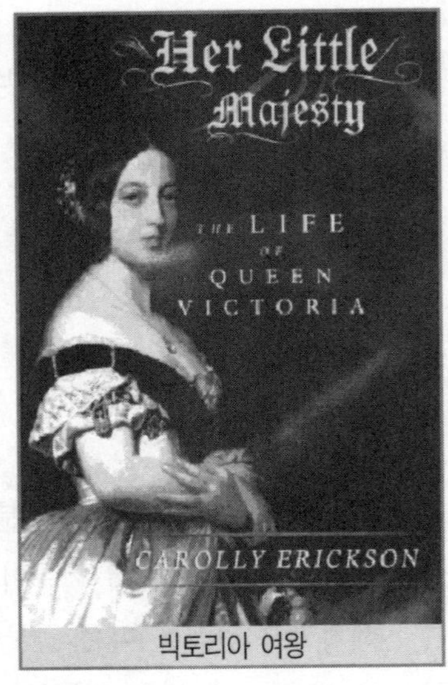

빅토리아 여왕

위해 모두 하느님의 말씀에 따르도록 했다.

당시 기독교 문화권에서 가장 강력했던 영국의 통치이념을 하느님
이 유태인 조상인 아브라함에게 명한 것에서 찾았다. 바로 성욕은 자
녀생산의 목적으로 표출되었을 때만 용인되는 것이었다.

여왕은 19세에 사촌오빠 앨버트(Albert)와 결혼하여 21년 정도 지
나 사별했지만, 그 동안 자녀를 아홉이나 출산했다. 여왕도 남편과
사별한 후 정절을 지키면서 모범이 되려고 노력했다.

그녀는 기혼 남성들에게도 스스로를 위해, 그리고 부인의 건강을
위해, 나아가 대영제국의 번영을 위해서 한 달에 한 번 이상 성관계
를 가져서는 안된다며 철저한 금욕을 강조했다.

또 청소년이나 여성들은 성에 대한 어떠한 것도 알아서는 안된다
며 맹목적으로 정숙함을 강조했다.

결국 1857년 38세의 여왕은 성적 묘사가 노골적인 책을 외설이라면
서 판매금지시켰다. 세익스피어는 물론 밀턴과 달톤의 작품, 심지어
는 성경의 내용도 검열대상이 되었으며, 어느 것이든지 외설적 내용

이 발견되면 삭제시키거나 수정하였다.

기독교 입장에서 유혹자인 이브 때문에 여성은 성적으로도 남성을 유혹하는 존재로 여겨졌다. 빅토리아 왕조시대에는 영국에서 여성들의 다리도 보기 어려웠다.

여자들은 다리나 엉덩이가 노출되지 않도록 전분으로 딱딱하게 부풀려 올린 치마를 입어야 오해를 받지 않았다.

정숙함의 강조가 너무 지나쳐 피아노나 가구의 다리까지도 덮어두고 살았다. 또 닭고기와 같은 요리에서도 다리나 가슴 쪽은 상 위에 내놓지 못했다.

심지어 의사들에게도 여성의 몸을 만지지 못하게 했다. 의사는 '마네킹과 같은 모형'을 근거로 여성 환자가 아픈 곳을 가리키도록 하면서 진단했을 정도였다.

당시에는 성을 연상시키는 어떠한 것도 죄의식과 수치로 해석되었으므로 성은 비밀과 은둔의 대상이었다. 그래서 성을 생각하고 이야기하는 것은 물론 연구하는 것도 어려웠다.

이러한 분위기에서도 용기를 지닌 자가 바로 앞에서 언급한 크레프트 에빙이다. 그는 인간의 성을 열심히 연구 노력한 정직한 사람이었다.

그러나 그의 성 연구는 두 가지 측면에서 왜곡될 수밖에 없었다.

우선 그는 경찰 업무를 돕는 의사였기 때문에 그의 연구 대상자는 주로 성적인 면에서 적응하지 못해 경찰에 잡힌 사람들이었다. 결과적으로 그는 성을 의혹의 시선으로 바라볼 수밖에 없었으며, *1902년* 정신병리학적인 관점에서 『성의 정신병리학(*Psychopathia Sexualis*)』이라는 저서를 냈다. 이 책의 독자들은 쉽게 성을 두려움의 대상이 되는 행위라고 결론짓게 되었다.

또 다른 왜곡된 관점은 여성들에 대한 편견이나 차별의식이었다. 그는 빅토리아 왕조시대에 살아온 인물답게 여성의 성을 이해하는

데 있어서 남성과 다른 기준을 적
용했다. 그럼에도 불구하고 그는
성 연구의 개척자로서 훗날 엘리스
와 프로이트에 직접 영향을 끼쳤던
사람이다.

엘리스(Havelock Ellis)는 그때까
지 이루어진 의학자들의 연구 중심
에서 벗어나 성을 연구한 최초의
심리학자이며, 프로이트(Sigmund
Freud)는 심리학 연구 영역에 영향
을 미친 정신 의학자였다. 엘리스
와 프로이트의 관점은 물론 기본적
으로 다르다. 엘리스는 모든 성행

하이트 보고서 표지

동이 상대적이므로 정상이라고 했던 반면, 프로이트는 정상을 벗어
난 성행동이 주요 관심사였다.

그들에 이어서 나타난 근대적인 성행동 연구의 대가는 바로 킨제
이(Alfred Kinsey)다. 그는 원래 말벌 연구로 유명한 생물학자였는
데, *1938*년 미국 인디아나 대학교 동물학과 교수로 재직할 당시 여학
생회로부터 '사랑과 결혼'이라는 주제의 강좌를 한 학기 동안 맡아
달라는 요청을 받고 응낙했다.

그러나 강의 준비를 위해 문헌을 찾았지만, 킨제이는 그때까지 인
간의 사랑과 성, 부부생활 등에 대한 자료가 별로 없다는 점을 알지
못했다. 이게 바로 킨제이가 인간의 성을 연구하기로 결심하게 된 동
기다.

나중에 성 반응을 생물학적으로 연구한 대표적인 인물은 *1960*년대
의 마스터즈(Masters)와 존슨(Johnson)이며, 성에 대한 일반인들의
생각을 그대로 묘사하여 정리한 사람은 하이트(Hite)다.

지금까지 소개했던 학자들이 발표한 연구 결과들은 성욕의 표출을 병적으로 묘사한 경우를 제외하고는 모두 달갑지 않은 평가를 받았다.

함부로 동성애를 질병으로 취급해서는 안된다는 엘리스의 사례연구보고서가 외설로 취급되기도 했듯이, 킨제이가 일반 대중으로부터 얻은 정보는 외설이라는 이유로 「뉴욕 타임즈」의 광고를 몇 차례 거절당했다.

마스터즈와 존슨의 연구 내용도 너무 기계론적인 연구라는 혹평을 받았고, 또 근래의 「하이트 보고서」를 쓰레기와 같은 것이라고 혹평하는 사람들도 있었다.

요즈음도 성에 대한 연구를 적절하지 못하다고 생각하는 사람이 많다. 그들은 특히 청소년을 대상으로 연구를 하는 것은 위험하다고 본다. 청소년들을 성에 노출되어서는 안되는 계층으로 바라본다면, 당연히 그들을 대상으로 하는 연구를 달갑게 여기지 않는다.

우리나라 부모들은 대부분 자기 자녀들이 별다른 문제없는 청소년이기를 바라고 있다. 그렇기 때문에 자녀가 성에 대한 조사나 연구 대상자가 되는 것을 꺼린다.

때가 되면 자동적으로 알게 되리라고 믿고 아무런 문제가 없는 사람이 되기만을 바란다. 그러한 생각을 지닌 부모들의 목소리는 "우리 애는 매우 순진하다," "너무 어리다," "아무 것도 모르는 아이에게 충격을 주고 싶지 않다"는 등 거의 공통적이다. 아이가 순진하기보다도 부모가 순진한 생각을 하고 있다.

에이즈를 비롯한 질병, 매춘, 미혼모, 낙태, 원하지 않는 임신, 성폭력, 성차별 등과 같은 사회문제는 왜 발생하고 있는가? 연구를 하지 않으면 알 도리가 없다.

연구를 해야 예방책도 찾을 수 있다. 보다 나은 교육이나 예방, 보호에 대한 프로그램을 만들기 위해서는 연구 결과가 있어야 한다.

학민글밭 72
문화 속의 성

지은이 | 윤가현
펴낸이 | 김학민
펴낸곳 | 학민사

주소 | ⑨ 121-080 서울시 마포구 대흥동 303번지
전화 | 716-2759, 702-3317
팩시밀리 | 703-1494
등록번호 | 제10-142호
등록일자 | 1978년 3월 22일

http://www.hakminsa.co.kr
E-mail | hakminsa@hakminsa.co.kr

1판 1쇄 | 2001년 7월 20일

ISBN 89-7193-128-0(03330), Printed in Korea